Alan Watts · Im Einklang mit der Natur

Alan Watts

Im Einklang mit der Natur

Der Mensch in der natürlichen Welt
und die Liebe von Mann und Frau

Kösel-Verlag München

Übersetzung aus dem Amerikanischen: Susanne Schaup, München. Die Originalausgabe erschien unter dem Titel »Nature, Man and Woman« bei Pantheon Books, New York.

CIP-Kurztitelaufnahme der Deutschen Bibliothek

Watts, Alan:
Im Einklang mit der Natur : d. Mensch in d.
natürl. Welt u. d. Liebe von Mann u. Frau /
Alan Watts. [Übers. aus d. Amerikan.:
Susanne Schaup]. – München : Kösel, 1981.
   Einheitssacht.: Nature, man and woman ⟨dt.⟩
   ISBN 3-466-34051-9

ISBN 3-466-34051-9
Copyright © 1958 by Pantheon Books, Inc.
This translation published by arrangement with Pantheon Books,
A Division of Random House, Inc.
© 1981 für die deutsche Ausgabe by Kösel-Verlag GmbH, München.
Alle Rechte vorbehalten.
Gesamtherstellung: Kösel, Kempten
Umschlag: Graupner & Partner, München

Der lieben Kumpanei von Sonne, Mond und Sternen,
dem Ozean, der Luft und dem schweigenden All;
dem Dschungel, dem Gletscher und der Wüste,
der sanften Erde, dem klaren Wasser und dem Feuer
meines Herdes.
Dem Wasserfall in einem Wald im Gebirge,
dem nächtlichen Regen auf meinem Dach
und den großen Blättern,
den Gräsern im Wind, dem Zanken der Spatzen im Strauch
und den Augen, die den Tag erleuchten.

Inhalt

Vorwort

Wenn ich mich in meiner Bibliothek umsehe, befällt mich oft ein seltsames Unbehagen, daß meine Bücher sich so glatt in Kategorien einordnen lassen. Die meisten meiner Bücher sind Werke über Philosophie, Psychologie und Religion vom Standpunkt aller großen Weltkulturen. Doch mit einer wahrhaft bedrückenden Monotonie fügen sie sich in die abgedroschenen, gelegentlich durch vernünftige und phantasielose Kompromisse variierten Dualismen philosophischer und theologischer Argumente. Jeder Band gibt gleich zu erkennen, ob sein Inhalt supranaturalistisch oder naturalistisch, vitalistisch oder mechanistisch, metaphysisch oder positivistisch, spiritualistisch oder materialistisch ist, und die Kompromisse der übrigen Bände sind im allgemeinen so verwässert, daß sie wie Kompilationen von Binsenweisheiten und sentimentalen Sprüchen anmuten.

Hinter diesen Dualismen scheint eine grundsätzliche Meinungsverschiedenheit zu stehen, die sich auf die zwei großen Pole, menschliches Denken und Geist einerseits und Natur andererseits, bezieht. Manche Leute sind einfach »für« das eine und »gegen« das andere. Manche sind vorwiegend für das eine, räumen dem anderen jedoch eine gewisse untergeordnete Rolle ein. Andere versuchen, eine Synthese herzustellen, aber das menschliche Denken bewegt sich in so eingefahrenen Gleisen, daß es am Schluß meist unversehens wieder für die eine oder andere Seite Partei ergreift. Ohne Zweifel ist es ein kühnes Unterfangen, wenn ein Philosoph behauptet, er habe sich von diesen Denkgewohnheiten befreit und gleichzeitig eine sinnvolle Aussage gemacht. Die philosophische Diskussion ist in so hohem Maße ein Jonglieren mit Kategorien, daß der Bruch mit ihnen gewöhnlich zum Abbruch der Diskussion führt.

Doch dieses Problem ist nicht nur eine Frage von Kategorien,

Logik und philosophischen Argumenten. Der Gegensatz zwischen Geist und Natur ist auch eine Frage des Lebens und des Gemüts. Seitdem ich mich mit diesen Dingen befasse, stelle ich mit Verwunderung fest, wie wenig die Verfechter des Geistigen in der Natur und in ihrem eigenen Körper zu Hause sind, denn auch wenn sie das Natürliche nicht gerade mit dem Bösen identifizieren, verurteilen sie es durch ihr zurückhaltendes Lob. Meine Sympathien waren oft auf seiten der dreisten heidnischen Rebellion gegen diese körperlose Geistigkeit, und trotzdem schloß ich mich ihr nie an, denn das letzte Wort dieser Weltanschauung von »Pflücket die Rose, eh' sie verblüht« ist immer Verzweiflung – oder ein leerer Utopismus, der sich mit der Zeit verbraucht und daher auf dasselbe Resultat hinausläuft. Für Menschen, die von Geburt an leiden, für die Opfer von Unfällen, für die Armen und Sterbenden hat diese Weltanschauung keine Botschaft.

Ist es jedoch nötig, zwischen der Freude am Körperlichen und der Wonne des entkörperlichten Geistes eine Entscheidung zu treffen? Ich erkenne immer deutlicher, daß die Verfechter gegensätzlicher Weltanschauungen dieselben, meist unbewußten, Prämissen teilen. Diese Prämissen werden obendrein durch soziale Institutionen, wie die Struktur einer Sprache und das erlernte Rollenspiel, weitergegeben und drücken uns unmerklich ihren Stempel auf. So kann es geschehen, daß der konventionelle Heilige und der konventionelle Sünder, der Asket und der Sinnenmensch, der Metaphysiker und der Materialist so viel gemein haben, daß ihr Gegensatz verblaßt. Wie bei Fieberkranken, die abwechselnd von Hitze und von Frost befallen sind, kann es sich um Symptome derselben Krankheit handeln.

Unbewußte Prämissen dieser Art treten zutage, wenn wir in Kulturen eindringen, die von unserer eigenen weit entfernt sind. Auch jene haben ihre verborgenen Voraussetzungen, aber wenn wir diese Kulturen mit der unsrigen vergleichen, kommen die grundlegenden Unterschiede deutlich ans Licht. Dies gilt insbesondere für die Kulturen des Fernen Osten, denn hier haben wir es mit Hochkulturen zu tun, die sich abseits vom Westen entwickelten, mit Denk- und Sprachstrukturen, die sich von der indoeuropäischen Überlieferung auffallend unterscheiden. Das Studium der chinesischen Sprache und des chinesischen Denkens hat daher nicht nur den Wert, daß wir lernen, uns mit den Chinesen zu verständigen, was an und für sich schon wichtig wäre. Es ist vielmehr so, daß ein derartiges Studium uns viel über uns selbst offenbart, gerade weil die chinesische Kultur in ihrer Denkweise von allen großen Weltkulturen am weitesten von der unsrigen entfernt ist.

Deshalb hat es mich immer entzückt, daß die chinesische Philosophie nie ganz in die westlichen, nicht einmal in die indischen Bahnen des Denkens paßte, und zwar besonders hinsichtlich der Problematik von Geist und Natur. Denn im chinesischen Denken gibt es keine Entsprechungen zu Geist und Natur als Kategorien, wie wir sie verstehen. Bei den Chinesen existiert der Konflikt zwischen Geist und Natur so gut wie gar nicht, und in ihrer Malerei ist das »naturalistischste« Bild oder Gedicht gleichzeitig die »geistigste« aller Kunstformen.

In diesem Buch möchte ich jedoch keine Abhandlung über die chinesische Naturphilosophie geben. Dies habe ich ausführlich in meinem früheren Buch, *Der Weg des Zen,* getan, das dem großen Werk von Joseph Needham, *Science and Civilization in China,* wesentliche Aufschlüsse zu verdanken hat. Es liegt nicht in meiner Absicht, philosophische Systeme darzulegen und miteinander zu vergleichen; vielmehr möchte ich ein großes menschliches Problem im Lichte der chinesischen Naturauffassung betrachten, wie sie uns vor allem bei Lao-tzu und Chuang-tzu begegnet. Die Dringlichkeit dieses Problems, nämlich der Beziehung des Menschen zur Natur, und die allgemeine Zielsetzung dieses Buches habe ich in der nun folgenden Einführung wohl hinreichend erläutert. Darin gehe ich auch auf die Frage ein, warum das Problem der Beziehung des Menschen zur Natur gleichzeitig das Problem der Beziehung zwischen Mann und Frau aufwirft – eine Frage, die von den geistig interessierten Mitgliedern unserer Gesellschaft bezeichnenderweise mit so viel Prüderie behandelt wurde. Weil ich in diesem Buch ganz ungeniert »laut denke«, möchte ich hier einige Bemerkungen aus dem Vorwort meines Buches *Supreme Identity* wiederholen:

Ich bin nicht einer von jenen, die es für eine notwendige Tugend des Philosophen halten, daß er sein Leben lang irgendeinen konsequenten Standpunkt verteidige. Es ist sicherlich ein Zeichen geistigen Hochmuts, sich des ›lauten Denkens‹ zu enthalten und vor der Veröffentlichung einer These zurückzuschrecken, wenn man nicht gewillt ist, sich auf Tod und Leben für sie einzusetzen. Die Philosophie ist wie die Wissenschaft eine soziale Funktion, denn der Mensch kann als Einzelner nicht richtig denken, und der Philosoph muß seine Gedanken auch deshalb publizieren, um von der Kritik zu lernen, und nicht nur, um zur Summe der Weisheit einen Beitrag zu leisten. Wenn ich daher manchmal in autoritativer oder dogmatischer Weise eine Äußerung von mir gebe, dann geschieht es um der Klarheit willen und nicht aus dem Wunsch, mir die Rolle eines Orakels anzumaßen.

Im Westen herrscht die Meinung, daß die Beschäftigung mit geistigen Dingen und mit Philosophie eine unwesentliche Verbrämung unserer Kultur und viel weniger wertvoll sei als Aktivität und technische Fertigkeiten. Es besteht die große Gefahr, diese Ansicht mit der Anschauung des Ostens gleichzusetzen, daß wahres Wissen nichtverbal und jenseits von Begriffen sei. Doch unser Tun ist fast immer von einer zweckorientierten Philosophie bestimmt, und je weniger bewußt diese ist, desto schlechter ist sie, desto verheerender sind ihre Konsequenzen. Die sogenannte »Nichtintellektualität« des Ostens steht so weit über dem Denken, wie ein reiner Aktivismus unter diesem steht. Ein solches Wissen läßt sich nicht erlangen, indem man die Begriffe ins Unbewußte abdrängt in der verfehlten Meinung, damit dem Intellekt zu entsagen. Falsche Prämissen kann nur der aufgeben, der bis zu den Wurzeln seines Denkens hinabsteigt und diese erforscht.

Mill Valley, Kalifornien
Februar 1958   *Alan W. Watts*

Einführung

Auf dem Grund des klaren Wassers schimmern bunte Kiesel. Fische, die man zunächst nur an ihrem Schatten erkennt, verharren reglos in dem flüssigen, ewig sich wandelnden Netz des Sonnenlichts oder schießen blitzschnell hindurch. Diesem Spiel könnten wir stundenlang zusehen, der Zeit und unserem eigenen drängenden Leben entrückt, in ein Bild versunken, das sich vielleicht schon seit zwei Millionen Jahren gleich geblieben ist. Manchmal beschleicht uns ein wehmütiges Gefühl, wenn es uns scheint, daß wir aus dieser Welt der gesunden, dauerhaften Wirklichkeit gleichsam vertrieben sind.

Doch diese Empfindung vergeht, denn wir *wissen,* daß es sich anders verhält. Wir wissen, daß die Fische ständig um ihr Leben bangen, daß sie reglos im Wasser stehen, um nicht gesehen zu werden, daß sie vorüberschnellen, weil sie ganz aus Nerven bestehen und davonflitzen, wenn die geringste Gefahr droht. Wir wissen, daß die sentimentale »Liebe zur Natur« nur die Oberfläche der Dinge sieht – daß die Möwen nicht aus Lust am Himmel schweben, sondern auf Fische zum Fraß lauern, daß die goldenen Bienen nicht in den Kelchen der Lilie träumen, sondern so geschäftig den Honig einsammeln, wie ein Beamter, der die Miete kassiert, und die Eichhörnchen, die sich scheinbar so frei und fröhlich in den Zweigen tummeln, sind nichts weiter als frustrierte kleine Bällchen aus Gier und Angst. Wir wissen, daß die friedliche Rationalität, die entspannte kulturelle Atmosphäre und die gelassene Normalität des zivilisierten Lebens nur eine dünne Kruste der Gewohnheit ist und Gefühle verdeckt, die für die meisten von uns zu gewaltsam und zu schmerzhaft sind, als daß wir sie ertragen könnten. Hier ist das Leben nach seinem mühevollen Aufstieg aus der ursprünglichen, natürlichen Welt mit ihrem gnadenlosen Kampf und Terror zum ersten Mal zur Ruhe gekommen.

Doch wir *glauben* nur zu wissen, denn diese handfeste, harte Realität ist nicht weniger eine Nachschöpfung der natürlichen Welt nach unserem Bilde als die romantische Wirklichkeitsflucht einer schwärmerischen Naturbegeisterung. Unsere Anschauung der Natur unterliegt weitgehend dem Wechsel intellektueller und literarischer Moden, denn die Natur ist uns zu einer merkwürdig fremden Welt geworden. Diese Entfremdung wird noch größer in einer Zeit und in einer Kultur, in der die Meinung vorherrscht, daß wir von den Prinzipien, die bisher die Evolution des Lebens steuerten, abrücken müssen. Die künftige Organisation der Welt, so heißt es, könne nicht mehr den vielschichtigen, subtilen Prozessen des natürlichen Gleichgewichts überlassen bleiben, auf dem alles, auch das menschliche Leben, beruht. Als der Prozeß die menschliche Intelligenz hervorbrachte, wurde ein gänzlich neues Ordnungsprinzip eingeführt. Von jetzt an, so wurde behauptet, dürfe die Organisation des Lebens nicht einfach *geschehen;* sie müsse *kontrolliert* werden, so kompliziert diese Aufgabe auch sei. Der menschliche Intellekt könne sich nicht mehr auf die angeborene, natürliche »Weisheit« des Organismus, dem er entstammt, verlassen, sondern müsse alleine stehen und alles aus sich selbst hervorbringen. Der Mensch – besser gesagt: die bewußte Intelligenz des Menschen – müsse von nun an nolens volens die Welt regieren.

Dies ist ein erstaunlich voreiliger Schluß für ein Wesen, das sich selbst so wenig kennt und sogar zugibt, daß die Wissenschaften, deren Gegenstand die Erforschung der Intelligenz ist, wie die Psychologie oder die Neurologie, noch in den Kinderschuhen stecken. Denn wenn wir nicht einmal wissen, worauf unser Bewußtsein und unsere Intelligenz aufbauen, ist es mehr als voreilig anzunehmen, wir wüßten, welche Rolle der bewußten Intelligenz zukommt und ob sie überhaupt befähigt ist, der Welt eine Ordnung zu geben.

Diese Unwissenheit über, mehr: die Entfremdung von uns

selbst ist der Grund, weshalb wir uns von der Natur isoliert fühlen. Wir sind gleichsam gespalten in ein begrenztes Zentrum der Bewußtheit, das »Ich«, und einen ungeheuer komplexen Organismus, den wir nur über seine unbeschreiblichen, beunruhigenden Gefühle und über abstrakte biologische Gesetzmäßigkeiten kennen, nämlich das sogenannte »Selbst«. Im Laufe seiner Geschichte hat der von der abendländischen Kultur geprägte Mensch eine seltsame Entfremdung von sich selbst und daher auch von der natürlichen Umgebung durchgemacht, in die sein Organismus eingebettet ist. Die christliche Philosophie, die so viel über das Wesen Gottes zu sagen hat, weiß sehr wenig über das Wesen des Menschen, denn neben den genauen und wortreichen Definitionen der heiligen Dreifaltigkeit stehen nur unbestimmte und knappe Angaben über Seele und Geist des Menschen. Es wird zwar widerwillig eingeräumt, daß der Leib als eine Schöpfung Gottes gut sei, aber in der Praxis gilt er als ein Territorium, das der Teufel in seiner Gewalt hat. Daher beschränkte sich das Studium der menschlichen Natur größtenteils auf deren Schwächen, und die Psychologen folgten darin treu den Theologen. Obwohl der Wissenschaftler theoretisch die Natur studiert, neigt er dazu, die menschliche und jede andere Natur als eine Welt zu betrachten, die man erobern und umgestalten, die man der Technik des rationalen Verstandes unterwerfen muß, welcher seine Wurzeln in eben dem Organismus, den er angeblich verbessern möchte, verleugnet und abgeschüttelt hat. In Wirklichkeit ist das technische, rationale Bewußtsein dem natürlichen Menschen ebenso fremd, wie es die übernatürliche Seele war. Für beide sind die Natur und der natürliche Mensch gleichermaßen ein Objekt, das immer mittels einer Technik zu erforschen ist, die das Objekt immer als etwas Äußerliches und deshalb vom subjektiven Beobachter Getrenntes betrachtet. Denn wenn nur das »objektive« Wissen Geltung hat, können wir nur erkennen, was wir *nicht* sind, und können daher niemals das Subjekt erkennen. So entsteht das Gefühl, daß wir die Dinge nur von außen sehen, nie von innen, daß wir es immer mit einer Welt undurchdringlicher, ineinander verschachtelter Oberflächen zu tun haben. Kein Wunder, daß unsere Vorstellungen einer inwendigen Ansicht der Natur ein von der jeweiligen Mode bestimmtes Rätselraten sind.

Doch das wissenschaftliche Denken spielt sich in mancher Hinsicht nicht mehr so selbstherrlich auf wie am Anfang dieses Jahrhunderts, wenn auch nur deshalb, weil ein größeres Wissen gleichzeitig die Erkenntnis von Unwissenheit mit sich bringt. Außerdem kann auch der nüchternste Verstand nicht mehr über die Tatsache hinwegsehen, daß wir in einer organischen Welt leben. Die scharfe Trennung von Geist und Natur, Seele und Leib, Subjekt und Objekt, von Kontrollierenden und Kontrollierten wird immer mehr als eine ungeschickte Redensart entlarvt. Ein solcher Sprachgebrauch ist irreführend und ungeeignet zur Beschreibung einer Welt, in der alle Ereignisse sich gegenseitig bedingen. In dieser Welt herrscht eine immense Vielfalt fein ausgewogener Beziehungen, die gleich einem unendlichen Knoten kein loses Ende aufweisen, mit dessen Hilfe man diesen Knoten entwirren und in eine angebliche Ordnung bringen könnte.

Es ist nicht so, daß Geist zu Natur oder zu dem früheren Begriff von »Natur«, oder daß Seele zu Körper reduziert wurde. Wir haben immer weniger Verwendung für Worte, die Stoffe, Entitäten und Substanzen bezeichnen, denn Geist und Materie gehen in dem *Prozeß* ineinander über. Dinge sind zu Ereignissen geworden, in denen wir Muster, Gestalt und Struktur sehen, so daß die Frage: »Aus welchem Stoff ist dieses Muster?« ihren Sinn verloren hat. Das Wichtige daran ist, daß eine Welt einander gegenseitig bedingender Beziehungen, in der die Dinge nur wechselseitig, eins durch das andere, zu erklären sind, eine nahtlose Einheit bildet. In einer solchen Welt ist es unmöglich, den Menschen als getrennt von der Natur zu betrachten, als einen »Geist im Exil«, der diese Welt dadurch kontrolliert, daß er selbst einer anderen zugehört. Der Mensch ist selbst eine Schlinge in dem endlosen Knoten, und während er in einer Richtung zerrt, merkt er, daß er von einer

16

anderen gezogen wird, und kann den Urantrieb dieser Bewegung nicht finden, denn seine Art zu denken hindert ihn daran. In seiner Vorstellung ist er selbst das Subjekt und die Natur das Objekt. Wenn er den Ursprung weder in dem einen noch in dem anderen finden kann, ist er verwirrt. Er kann sich weder mit dem Voluntarismus, noch mit dem Determinismus zufriedengeben. Aber die Ursache seiner Verwirrung sind seine verworrenen Gedanken, nicht der verschlungene Knoten.

Im heutigen Klima des westlichen Denkens hat die Erkenntnis, daß Mensch und Natur vollkommen miteinander verflochten sind, vielleicht etwas Deprimierendes; sie ist demütigend für eine Kultur, die immer meinte, Herr und Meister der Natur zu sein. Auch jetzt noch, obwohl die warnenden Stimmen immer lauter werden, setzt die Kultur weiterhin auf die Macht der Technik. Trotz ihres Lippenbekenntnisses zu einer Philosophie, die ein Leben in der Zukunft gewährleistet, reicht ihre Voraussicht nicht weiter als übermorgen. Sie beutet nach wie vor die Schätze der Erde und die Energie der Atomkraft aus, ohne zur Kenntnis zu nehmen, welche komplexen Beziehungen dadurch gestört werden. Das Deprimierende ist ja nicht nur, daß das Universum nicht so gedankenlos mit sich umspringen läßt, sondern daß die Geisteshaltung, mit der wir dies versuchen, selbst eine Illusion ist. Denn wenn der Mensch in nahtloser Einheit mit der Natur verschmolzen ist, dann müssen seine Ideale des Guten schließlich eine rationale Rechtfertigung von Gier und Gewalt, des blinden Kampfes ums Überleben sein, als die großen Urkräfte, in denen wir den Grundantrieb der Natur sehen.

Bevor wir uns jedoch der Depression hingeben, könnten wir etwas über das Innere der Natur in Erfahrung bringen. Die Entdeckung unserer totalen Verstrickung ist von größter Bedeutung, so daß die wichtigste Aufgabe der Philosophie darin besteht, das Wesen und innere Wirken des endlosen Knotens zu erforschen. Wie bereits angedeutet, kommen wir dann vielleicht dahinter, daß unsere Vorstellung von blinden Urkräften ein reiner Mythos ist. Wäre es nicht möglich, daß diese Begriffe eine Modeerscheinung des anthropomorphen Denkens sind, ein Pendelschwung zum entgegengesetzten Pol, nachdem die ältere Vorstellung, daß der Urantrieb der Wille eines persönlichen, gütigen Gottes sei, abgedankt hat? Die ganze Vorstellung von Anstößen, Kräften, Motivationen und Trieben ist vielleicht nichts weiter als ein abstraktes intellektuelles Gespenst, so unfaßbar wie das seltsame »Es« in dem Satz: »Es regnet«. Dieselbe grammatikalische Konvention, die vorschreibt, daß ein Verb ein Subjekt haben müsse, ist möglicherweise der einzige Grund, warum wir annehmen, daß hinter Handlungen irgendwelche Triebe stehen. Doch eine solche Denkweise könnte noch beunruhigender sein, da sie ein Universum des Lebens ohne irgend eine Triebkraft vorauszusetzen scheint – nicht einmal den »Lebenstrieb« –, und eine Welt ohne jede Absicht, ohne Sinn und Zweck, wäre die deprimierendste aller Möglichkeiten.

Die Vorstellung einer sinnlosen Welt ist jedoch deshalb schrecklich, weil sie unvollständig ist. Das Verlangen nach Sinn ist vorzüglich ein menschliches Attribut. Wenn wir sagen, daß die Welt keinen Sinn habe, bedeutet das, daß sie nicht menschlich ist, oder, um mit dem *Tao Tê Ching* zu sprechen:

Himmel und Erde haben kein menschliches Herz.

Gleich darauf heißt es jedoch:

Der Weise hat kein menschliches Herz.

Denn was nicht menschlich ist, erscheint nur dann als »unmenschlich«, wenn der Mensch sich über die Natur erhebt. Dann scheint die Unmenschlichkeit der Natur den Menschen zu verneinen, und ihre Sinnlosigkeit scheint seine Zwecke zu verneinen. Wenn man jedoch sagt, daß die Natur nicht menschlich und ohne Sinn und Absicht sei, so sagt das nichts darüber aus, was sie statt dessen ist. Der menschliche Körper als Ganzes ist nicht eine Hand, aber deshalb verneint er nicht die Hand.

Es wäre der reinste Anthropomorphismus, wenn wir annehmen wollten, daß die Abwesenheit einer menschlichen Eigenschaft in einem Vogel, einer Wolke oder einem Stern die Anwesenheit einer totalen Leere bedeute oder daß das Nichtbewußte einfach nur unbewußt sei. Die Natur entspricht nicht unbedingt dem System sich gegenseitig ausschließender Alternativen, das typisch für unsere Sprache und unsere Logik ist. Wäre es nicht auch denkbar, daß wir, wenn wir die Natur »blind« und die materielle Energie »unintelligent« nennen, einfach die Leere auf sie projizieren, die wir empfinden, wenn wir versuchen, unser Bewußtsein als Objekt zu erkennen oder unsere eigenen Augen zu sehen oder unsere eigene Zunge zu schmecken?

Es deutet vieles darauf hin, daß die Menschen, als sie die Kraft der bewußten Aufmerksamkeit und des rationalen Denkens erlangt hatten, so fasziniert von ihren neuen Werkzeugen waren, daß sie alles andere vergaßen wie hypnotisierte Hühner, die ständig auf einen weißen Kreidestrich picken. Unsere gesamte Sensibilität identifizierte sich mit diesen partiellen Funktionen, so daß wir die Fähigkeit verloren, die Natur von innen und, mehr noch, unsere nahtlose Einheit mit der Welt zu erspüren. Unsere philosophische Anschauung des Handelns kennt als Alternativen nur Voluntarismus und Determinismus, Freiheit und Schicksal, denn wir haben kein Organ für die Ganzheit des endlosen Knotens und die Identität seiner Handlungen und der unsrigen. So sagte Sigmund Freud:

Ursprünglich enthält das Ich alles, später scheidet es eine Außenwelt von sich ab. Unser heutiges Ichgefühl ist also nur ein eingeschrumpfter Rest eines weit umfassenderen, ja – eines allumfassenden Gefühls, welches einer innigen Verbundenheit des Ichs mit der Umwelt entsprach.[1]

Wenn das stimmt, dann dürfen wir uns den Hunger und die Ängste der Pflanzen und Tiere nicht gemäß unserer eigenen,

---

[1] Freud: 1 (Bibl.), S. 425.

ausschließlich egozentrischen Wahrnehmungsweise vorstellen, die sich einzig und allein für das getrennte Ich interessiert, weil wir uns einbilden, dies und nichts anderes zu sein. Unser Dilemma besteht nicht darin, daß wir bewußte Aufmerksamkeit entwickeln, sondern daß wir die umfassendere Weise des Fühlens als Grundlage verloren haben, dieses Gespür für das Inwendige der Natur. Vielleicht verbirgt sich eine Ahnung dieses verlorenen Gefühls in unserer ewigen Sehnsucht nach dem »natürlichen Leben« und dem Mythos eines Goldenen Zeitalters, von dem wir abgefallen sind. Kann sein, daß es keinen Grund gibt zur Annahme, daß eine Rückkehr zu dem verlorenen Gefühl nur unter Verzicht auf das individuelle Bewußtsein möglich sei, denn das eine schließt das andere nicht aus. Wir können ein einzelnes Blatt in voller Klarheit sehen, ohne seine Beziehung zum Baum aus den Augen zu verlieren. Der Unterschied zwischen uns und den Tieren ist möglicherweise der, daß diese nur eine äußerst rudimentäre Form des individuellen Bewußtseins besitzen, dafür jedoch ein hohes Maß an Sensibilität gegenüber dem endlosen Knoten der Natur. Wenn das stimmt, dann wäre die extreme Unsicherheit ihres Lebens keineswegs so unerträglich für sie wie für uns.[2] Ohne irgendeine Kompensation dieser Art hätten andere Gattungen von Lebewesen außer den Menschen das Spiel des Lebens seit so vielen Jahrmillionen wohl kaum der Mühe wert gefunden.

In unserem Bemühen um ein Verständnis der Natur, in dem der Mensch mehr ist als ein frustrierter Außenseiter, finden wir eine der wertvollsten Quellen der Erkenntnis in der taoistischen Tradition der chinesischen Philosophie, die sich im

---

[2] Bedeuten die blitzschnellen und »nervösen« Bewegungen, mit denen Tiere einer Gefahr ausweichen, daß sie wirklich Angst haben? Menschliche Stadtbewohner sind ebenso behende, sie preschen vor und schlängeln sich durch und führen dennoch diese notwendigen Manöver mit relativer Sorglosigkeit aus. Und wie steht es mit den zahllosen Reaktionen unseres Nervensystems, die uns durch ihre Blitzgeschwindigkeit davor bewahren, daß wir beim Gehen oder Laufen stürzen, daß wir beim Essen ersticken oder uns beim Ballspielen verletzen?

Zen-Buddhismus und im Neokonfuzianismus weiter entwikkelte. Joseph Needham weist im zweiten Band seines großen Werkes *Science and Civilisation in China* anhand vieler Beispiele nach, wie relevant für die Probleme der modernen Wissenschaft und Philosophie die alte chinesische Naturphilosophie ist. Es wäre gut, wenn wir einige dieser Punkte näher untersuchen würden. Der taoistische Standpunkt ist besonders wertvoll und interessant, weil er eine Form des Naturalismus ist, der sich von unseren mechanistischen und vitalistischen Naturalismen völlig unterscheidet. Er vermeidet nämlich deren antimetaphysisches Vorurteil und ihre simplistische Reduzierung der Natur auf abstrakte Systeme, die mit dem, was die Chinesen unter Natur verstehen, absolut nichts zu tun haben.

Außerdem ist die taoistische Naturphilosophie viel mehr als ein theoretisches System – ja, man kann sie kaum ein solches nennen. Sie ist in erster Linie eine Lebensform, in der das ursprüngliche Gefühl für die nahtlose Einheit der Natur ohne den Verlust des individuellen Bewußtseins wiederhergestellt ist. Sie führt zu einem neuen Stil menschlichen Handelns in Beziehung zur Umwelt, zu einer neuen Einstellung zu technischen Fähigkeiten, durch die der Mensch willkürlich in die natürliche Welt eingreift. Sie erfordert eine grundlegende Überprüfung unseres verstandesmäßigen Denkens bis zu den Wurzeln, insbesondere im Hinblick auf den Lebensinstinkt, das Streben nach dem Guten und Angenehmen bis zur Eliminierung des Bösen und Schmerzhaften, sowie im Hinblick auf die Funktion von Anstrengung und Disziplin oder Willenskraft beim schöpferischen Tun.

Für unsere Zwecke ist es jedoch am besten, wenn wir die chinesische Naturphilosophie nicht anhand einer systematischen historischen Darstellung des Taoismus studieren.[3] Wir wollen ihn lieber in unsere allgemeinen Überlegungen über die Beziehung des Menschen zur Natur auf eine Weise einführen,

---

[3] Das wäre jedenfalls ein sehr untaoistisches Verfahren, das Holmes Welch in seinem Werk *Parting of the Way* (Bibl.) dennoch mit glänzendem Erfolg angewandt hat.

daß dadurch auch die westliche Einstellung zu dem Problem geklärt wird.

Von zentraler Bedeutung in einer solchen Diskussion sind die praktischen Mittel, durch die wir zur Wahrnehmung der nahtlosen Einheit gelangen, da diese ganze Untersuchung mehr im Bereich des Fühlens als des Denkens, mehr im Geist der Poesie als der strengen Philosophie stattfindet. Doch diese Mittel, von denen wir sprachen, sind freilich problematisch und paradox, denn die verlorene Wahrnehmung läßt sich nicht durch irgendwelche »Mittel« wiederfinden. Willkürliche Handlungen unseres Ichs können die gespaltene Bewußtseinsform lediglich bestärken, und dies ist zunächst sehr frustrierend für einen Menschen, der keine andere Art des Handelns kennt. Trotzdem ist uns die Unaufrichtigkeit und Widersprüchlichkeit nur zu bewußt, wenn man natürlich sein *will,* vor allem dann, wenn es dringend nötig ist, daß wir natürlich und ohne Befangenheit handeln. Der taoistische Begriff der Natürlichkeit geht weit über das schlicht normale oder bloß unaufdringliche Verhalten hinaus. Er meint die konkrete Erkenntnis, daß all unsere Erfahrungen und all unser Tun Bewegungen des Tao sind, des Weges der Natur, des endlosen Knotens, einschließlich der Erfahrung, ein Individuum, ein wissendes Subjekt zu sein.

Die chinesischen Silben, die gewöhnlich mit »Natur« übersetzt werden, lauten *tzu-jan,* wörtlich: »so aus sich selbst«, was besser mit »Spontaneität« zu übersetzen wäre. Dies entspricht beinahe der aristotelischen Vorstellung von Gott als dem unbewegten Beweger, denn nach der taoistischen Anschauung wird die Natur, in ihrer Ganzheit und in ihren Teilen, von keiner äußeren Kraft bewegt. Jede Bewegung in dem endlosen Knoten ist eine Bewegung des totalen Organismus, und trotzdem gelten die Teile oder Schlingen des Knotens nicht als passive Entitäten, die vom Ganzen bewegt werden. Diese Teile sind nur im figurativen Sinn, zum Zweck ihres Erkennens und der Diskussion, vom Ganzen getrennt. In Wirklichkeit sind sie Schlingen des Knotens, Unterschiede innerhalb einer Identität wie die zwei Seiten einer Münze, von denen keine von der anderen wegzudenken ist.[4] Daher werden Kunst und Kunstwerk und jede menschliche Handlung als dasselbe empfunden wie die natürliche oder spontane Handlung. Sie drückt ein Weltgefühl aus, das in der chinesischen Lyrik und Landschaftsmalerei mit ihrer faszinierenden Technik des »kontrollierten Zufalls«, der Kunst, ohne bewußte Anstrengung oder Absicht genau das Richtige zu tun, wunderbar zutage tritt.

Die Technik fernöstlicher Kunst ist jedoch etwas zu exotisch, um für Menschen des Westens die Anwendung dieser Naturphilosophie anschaulich zu machen. Die spezifische Anwendung dieser Philosophie bedarf der Erörterung, und aus mancherlei Gründen schien der am besten geeignete Gegenstand dafür die Beziehung zwischen Mann und Frau, insbesondere im sexuellen Bereich, zu sein. Das liegt zum Teil daran, daß zwischen der Einstellung des Menschen zur Natur und der Einstellung des Mannes zur Frau eine deutliche symbolische Entsprechung besteht. So phantastisch diese Symbolik manchmal anmutet, so hat sie doch sowohl im Osten als auch im Westen einen ungeheuren Einfluß auf die sexuelle Liebe ausgeübt. Zweitens ist in Kulturen mit einer starken Entfremdung des Menschen von der Natur, vor allem in einem Bereich, der als minderwertig oder böse angesehen wird, die sexuelle Liebe eine schwierige und problematische Beziehung. Es braucht nicht erst betont zu werden, daß die christliche, insbesondere die angelsächsische Kultur, in einer Weise von Sexualität besessen ist, die den Außenstehenden befremdet, und wir wissen selbst, daß wir in außergewöhnlich hohem Maße »Sex im Kopf« haben. Wir werden diese Besessenheit nicht los, indem wir sie einfach vergessen, wie uns die Moralisten seit zweitausend Jahren raten. Sie läßt sich auch nicht in einem engen medizinischen oder psychiatrischen Sinn »wegbehandeln«, als wäre sie eine reine Sache der Biologie.

---

[4] Eine noch bessere Illustration ist vielleicht der Möbius-Streifen: Ein Papierstreifen wird einmal gedreht und zu einem Ring zusammengefügt. Er hat seine zwei Seiten, die jedoch identisch sind. Vgl. S. 33.

Vor allen Dingen gibt es keine intensivere, dramatischere Art, sich im normalen Leben mit einem Wesen außerhalb des eigenen Selbst zu vereinen und sich bewußt zu ihm in Beziehung zu setzen, als die Sexualität. Sie ist der lebendigste Ausdruck der organischen Spontaneität, die positivste und kreativste Möglichkeit der Befreiung vom bewußten Willen. Es ist daher kaum verwunderlich, daß in Kulturen, in denen das Individuum sich von der Natur isoliert fühlt, die Menschen auch prüde in ihren sexuellen Beziehungen sind und diese oft als entwürdigend und böse ansehen, besonders diejenigen Menschen, die sich dem Leben des Geistes verschrieben haben. Die unordentliche Sexualität der westlichen (und einiger anderen) Kulturen ist sicher auf den Umstand zurückzuführen, daß die sexuelle Beziehung noch nie in eine Lebensphilosophie einbezogen und von daher beleuchtet wurde. Sie bekam in dem Bereich der spirituellen Erfahrung nie einen Platz zugewiesen. Ja, sie hat es nicht einmal zur Würde einer Kunst gebracht wie im indischen *Kamasutra* und steht in unserer Achtung offensichtlich weit unter der Kochkunst. Theoretisch wird die sexuelle Beziehung durch das christliche Sakrament der Ehe zwar geheiligt, aber praktisch erfolgt diese Heiligung nur indirekt und durch Verbote. Wir haben diese Beziehung mit dem Etikett »animalisch« belegt und haben zugelassen, daß sie weitgehend animalisch geblieben ist. Die Ehe hat sie nicht geadelt, sondern vielmehr eingeengt in dem naiven Glauben, daß die »wahre Liebe« schon einen Weg finden würde, um die Beziehung heil und heilig zu machen. Dies hätte sich vielleicht auch ereignen können, ohne raffinierte Techniken, wenn gewisse andere Bedingungen vorhanden gewesen wären. Das hätte ganz von allein, spontan, geschehen können, wenn die Kultur eine Ahnung von wirklicher Spontaneität gehabt hätte. Aber dies war und ist unmöglich, wenn die menschliche Persönlichkeit ihren ausschließlichen Mittelpunkt in einem Ego hat, das wiederum der Natur entgegengesetzt wird als die von ihr entfremdete Seele oder der entfremdete Geist. Allgemein gilt, daß unser philosophischer Stil und der von uns kultivierte Typ der spirituellen Erfahrung für eine konstruktive Anwendung auf die Sexualität ungeeignet waren.

Es ist gut für den Mann, kein Weib zu berühren. ... Aber den Unverheirateten und Witwen sage ich: Für sie ist es gut, wenn sie bleiben wie ich bin. Doch wenn sie sich nicht im Zaum halten können, sollen sie heiraten. Es ist immer noch besser zu heiraten, als in Flammen zu stehen. ... Heiratest du aber doch, so hast du nicht gesündigt; und heiratet ein Mädchen, so hat es nicht gesündigt. Nur eben: wer das tut, nimmt künftige Nöte in Kauf... Wer unverheiratet ist, sorgt sich um die Sache des Herrn, wie er dem Herrn zu Gefallen sein kann. Wer verheiratet ist, sorgt sich um die Sache der Welt, wie er seiner Frau zu Gefallen sein kann.[5]

Diese widerwillige Duldung der Sexualität als ein unerträglicher Drang, der hin und wieder nach strengen Regeln zur Entladung kommen muß, stellt sie auf eine Stufe mit der Notdurft als ein bedauerlicher Überrest der animalischen Natur, die wir im Himmelreich gottseidank hinter uns lassen. Die Sexualität als solche hat überhaupt keine positive Beziehung zum Leben des Geistes.

Es war jedoch ein Glück für die Entwicklung der christlichen Spiritualität, daß Paulus diese Worte als einen Rat, nicht als Befehl von sich gab. Ein Gegensatz dazu ist das *Hohelied Salomos,* das bisher als eine Allegorie der »geistigen Ehe zwischen Christus und seiner Kirche« oder zwischen Christus und der Seele interpretiert wurde. Wie wir noch sehen werden, bietet das Erbe des Christentums nicht nur Möglichkeiten für die Entfaltung sexueller Liebe in der Ehe als ein Weg zum kontemplativen Leben, sondern auch für die Überbrückung des grundsätzlichen Bruchs zwischen Geist und Natur, der die christlichen Kulturen des Abendlandes so bedrängt hat.

Nach akademischem Brauch müßten wir die Auswirkungen der taoistischen Lebensphilosophie auf die Sexualität wohl in der Weise studieren, daß wir zunächst die erotischen Sitten und die Literatur des Fernen Ostens untersuchen. Anstelle dieser schwierigen und zeitraubenden Methode wollen wir uns einer

[5] 1. Korinther 7.

einfachen und praktischen Abkürzung bedienen, indem wir uns mit den Grundprinzipien der Philosophie vertraut machen und diese direkt auf unser Problem anwenden. Nur auf diesem Wege kommen wir weiter, denn im Fernen Osten hat die taoistische Philosophie immer nur einen indirekten Einfluß auf die Kultur der Massen ausgeübt. Diese Philosophie hatte im Unterschied zur taoistischen Religion, die etwas ganz anderes ist, nur relativ wenige Anhänger. Es gibt zwar Dokumente über sexuelle taoistische Praktiken, doch sie erinnern mehr an die psycho-physiologischen Theorien der taoistischen Religion als an die Naturphilosophie eines Lao-tzu und Chuang-tzu. Trotzdem trifft der Grundton dieser Dokumente annähernd das, was man sich unter der Anwendung der taoistischen Philosophie auf die Sexualität vorstellen würde. Außerdem ist die sexuelle Liebe in den fernöstlichen Kulturen auch für die breite Bevölkerung viel weniger problematisch als bei uns, denn zweifellos übte das taoistische Gefühl für die Natürlichkeit des menschlichen Zustands immer einen starken, wenn auch indirekten, Einfluß auf das tägliche Leben der Menschen aus.

Abgesehen vom Taoismus, haben auch andere asiatische Überlieferungen zu beiden Aspekten unserer Frage einen wesentlichen Beitrag geleistet. Verschiedene Richtungen der hinduistischen Philosophie, die wir in unserer Zeit allerdings aus dem Blickfeld verloren haben, erhellen das Thema mit einer wunderbaren Symbologie, die Heinrich Zimmer in seinen Werken mit tiefer Einsicht interpretierte. Kein Weg erfaßt das Wesentliche, die Erkenntnis oder die Erfahrung der nahtlosen Einheit der Natur, auf eine so direkte, einfache und konkrete Weise wie der Zen-Buddhismus, der als Lebensform viel dazu beigetragen hat, die Naturphilosophie der Japaner zu vertiefen. Es ist beinahe tragisch zu nennen, daß wir uns in unserer heutigen Situation von diesen aus Asien stammenden, allgemein menschlichen Erkenntnissen angesprochen fühlen, daß wir aber gleichzeitig die asiatischen Völker mit einem militanten Nationalismus assoziieren, den wir als eine ernste politische

Bedrohung empfinden. Diese Gefahr ist vermutlich noch viel ernster, als wir denken. Hat es jedoch einen Sinn, darauf hinzuweisen, daß Asien diese politische Gesinnung als Reaktion von uns Abendländern gelernt hat und daß, auf je verschiedene Weise, Gandhi, Nehru, Nasser, Mao Tse-tung und andere Führergestalten des asiatischen Nationalismus sowohl in ihrer Persönlichkeit als auch in ihrer Lehre weitgehend westlich geprägt sind? Fast jeder von ihnen ist das Produkt des vom westlichen Kolonialismus eingeführten Erziehungssystems, und ihre politischen Anschauungen und Ambitionen sind weit entfernt von den Grundsätzen der Staatskunst, wie sie beispielsweise im *Tao Tê Ching* dargelegt sind.

Die »Weisheit des Ostens« hat immer weniger mit dem modernen Asien zu tun, mit den geographischen und politischen Grenzen unserer Welt, in der wir den Osten vom Westen, Asien von Europa und Amerika räumlich abgrenzen. Immer mehr bedeutet »der Osten« einen inneren, nicht einen geographischen Raum, eine zeitlose Philosophie, die in verschiedener Form der Besitz von traditionsbewußten, unhistorischen Kulturen in allen Erdteilen war. Denn der spirituelle Gegensatz zwischen Osten und Westen ist in Wahrheit ein Kontrast zwischen zwei Kulturformen, zwischen zwei grundverschiedenen Kategorien gesellschaftlicher Institutionen, die nie ganz dem Kontrast zwischen Europa und Asien in ihrer geographischen Unterschiedlichkeit entsprachen.

Wir können diese beiden Kulturformen progressiv-historisch einerseits und traditionsbewußt-unhistorisch andererseits nennen. In der ersteren gilt, daß die menschliche Gesellschaft vorwärtsschreitet, daß der politische Staat einem biologischen Organismus gleicht, der dazu bestimmt ist, zu wachsen und sich auszudehnen. Ein Blick auf die Überlieferung zeigt, daß die progressive Gesellschaft die Vergangenheit als Geschichte, das heißt, als eine Folge bedeutender Ereignisse rekonstruiert, die ihr Schicksal ausmachen, als eine Bewegung in Richtung spezifischer, endlicher Ziele für die Gesellschaft als Ganzes. Die Urheber einer solchen Geschichte vergessen leicht, daß ihre Auswahl der »bedeutenden« Ereignisse aus der Fülle des Überlieferten subjektiv ist und häufig von der Notwendigkeit bestimmt wird, ihre eigenen politischen Ziele zu rechtfertigen. Geschichte existiert als eine Macht, weil sie hier und jetzt geschaffen oder erfunden wird.

Die traditionsbewußten Gesellschaftsformen dagegen sind unhistorisch, insofern sie nicht die Vorstellung haben, daß sie sich linear auf irgendwelche endlichen Ziele zubewegen. Ihre Überlieferung enthält keine progressive Historie, sondern schlichte Chroniken, die keine andere Struktur aufweisen als die zyklische Bewegung menschlicher Ereignisse gleich dem Wechsel der Jahreszeiten. Ihre politische Philosophie besteht darin, das Gleichgewicht der Natur zu bewahren, auf das die menschliche Gemeinschaft angewiesen ist und das durch öffentliche Riten, in denen die zeitlosen Entsprechungen zwischen der sozialen Ordnung und der Ordnung des Universums gefeiert werden, zum Ausdruck kommt.

Daher richtet sich das Augenmerk der traditionsbewußten Gesellschaft nicht auf die Zukunft, sondern auf die Gegenwart, auf »den ruhenden Punkt der sich drehenden Welt«. Alle handwerklichen Erzeugnisse werden wegen ihres unmittelbaren materiellen Nutzens, nicht wegen eines abstrakten finanziellen Gewinns oder wegen psychologischer Werte wie Prestige und Erfolg hergestellt. Solche Gegenstände werden daher ganz ohne Hast und Eile geschaffen; nicht, indem man polierte Oberflächen zusammenkleistert und sich innen jede Mühe erspart. Das Auge des progressiven Handwerkers dagegen ist auf die Uhr fixiert – auf den Feierabend, auf die Freizeitgesellschaft, die einen Fünfjahresplan erfüllen soll. Daher beeilt er sich, seine handwerklichen Erzeugnisse so rasch wie möglich fertigzustellen, und aus eben diesem Grund lohnt es nicht, mit ihnen zu spielen, wenn die Zeit zum Spielen gekommen ist. Wie ein verwöhntes Kind wird er seiner Spielsachen bald müde (und genau das sind die meisten seiner Produkte),[6] und läßt sich

[6] Die Autotypen Cadillac oder Thunderbird sind derzeit eher Spielzeugraketen als wirklich zweckmäßige Transportmittel.

durch die Aussicht auf immer sensationelleren, im Unterschied zu materiellem, Plunder zu seiner Arbeit zurücklocken.

Es ist nämlich völlig verkehrt, die progressiven Kulturen als materialistisch zu bezeichnen, wenn wir den Materialisten als einen Menschen ansehen, der konkreten Stoff, Material, liebt. Keine moderne Stadt erweckt den Eindruck, als sei sie von Leuten erbaut, die eine Liebe zum Material besitzen. In Wahrheit haßt der progressive Mensch das Material und tut alles, was in seiner Macht steht, um den Widerstand, die räumlichen und zeitlichen Grenzen des Materials, aufzuheben. Seine Welt besteht immer mehr aus End- und Zielpunkten, und was an Zeit und Raum dazwischen liegt, hat der Düsenmotor abgeschafft. Daher bringt uns das Erreichen des Ziels so wenig echte Befriedigung, denn ein Leben voll von Zielen und Endstationen ist so, als wollte man seinen Hunger dadurch stillen, daß man die beiden Enden einer Banane verzehrt. Die konkrete Wirklichkeit der Banane ist jedoch all das, was zwischen den beiden Enden liegt, sozusagen der Weg, den der Düsenmotor eliminiert. Wenn Zeit und Raum zwischen den Stationen eliminiert werden, dann werden diese einander immer ähnlicher. Je schneller wir nach Hawai oder Japan oder Sizilien reisen können, desto schneller werden diese Ferienziele »verdorben«, wie die Touristen sagen, und damit meinen sie, daß sie immer mehr Städten gleichen wie Los Angeles, Chicago oder London.

Wiederum sehen wir, daß es dem progressiven Menschen in Wirklichkeit um psychische und spirituelle Ziele geht, um Sensationen und Lustgefühle, denen die materiellen Realitäten leider nur als notwendige Handhaben dienen. Sein Haß auf die Materie ist der ständige Ausdruck der tiefen Kluft zwischen seinem Ich und der Natur. Im sexuellen Bereich ist sein Ziel weniger die konkrete Persönlichkeit der Frau als der Orgasmus, den sie hervorruft, und zwar nicht als integrales weibliches Wesen, sondern als ein Aggregat aus stilisierten Lippen, Brüsten und Gesäßbacken – als eine Abstraktion, nicht als diese oder jene individuelle Frau. Wie Denis de Rougemont in

L'amour et l'Occident[7] so klar darstellte, liebt eine solche Liebe nicht die Frau, sondern das Verliebtsein an sich und drückt eine dualistische, entfremdete, den Geist liebende und die Materie hassende Lebenseinstellung aus. Aber nicht weniger unbedarft und widernatürlich ist eine Auffassung der Liebe, die ihr einziges Ziel in der Fortpflanzung sieht, zumal nach dieser Auffassung eine *Seele* gezeugt werden soll, die nolens volens an einen Körper gebunden ist, dessen sie sich nie wirklich erfreuen darf. Auch hierin sehen wir eine wesentliche Kontinuität der westlichen Einstellung vom historischen Christentum bis zum modernen »Heidentum«.

Diese Kontinuität beruht auf der Tatsache, daß sowohl Gott als auch der Teufel gleichsam Anhänger derselben Philosophie sind, denn beide bekennen sich zu einer Kosmologie, in der Geist und Natur einen Gegensatz bilden. Außerdem waren die Schöpfer dieser Kosmologie sich der gegenseitigen Wechselwirkung oder der Korrelativität von Gegensätzen nicht bewußt, und das ist der hauptsächliche Grund, warum sie die innere Identität von Geist und Natur, Subjekt und Objekt nicht wahrnahmen und nicht bemerkten, daß Gott und Teufel ein heimliches Abkommen getroffen haben, sich gegenseitig hervorzubringen. Sie merkten es nicht einmal dann, als nach der endgültigen Festlegung der Begriffe Gott und Teufel manchmal ihre Rollen tauschten, so daß das Bild Gottes diabolisch und das Bild des Teufels göttlich wurde. Denn das Bildnis Gottes als Inbegriff des Guten, als Inbegriff der Macht, wurde unerträglich und monströs. Das Bildnis des Teufels dagegen war an keine Gesetze gebunden, und so konnte der Mensch seiner schöpferischen Phantasie und ihren verdrängten, sinnlichen Inhalten freien Lauf lassen. Daher rührt der beständige Reiz des Satanischen und die Faszination des Bösen.

---

[7] Erweiterte Neuausgabe, Plon, Paris 1956. Weiter unten werden wir uns mit einigen historischen Aspekten dieses bemerkenswerten Buches auseinandersetzen, dem es gelungen ist, dem historischen Christentum eine Doktrin der Liebe zu unterlegen, die in Wirklichkeit eine moderne, neue Entwicklung des Christentums darstellt und die Kirchenväter vermutlich entsetzt hätte.

Wenn die Wechselwirkung der Gegensätze verkannt wird, dann ist es möglich, einen Zustand herbeizusehnen, in dem es ein Leben ohne Tod, Gut ohne Böse, Freude ohne Schmerz und Licht ohne Finsternis gibt. Das Subjekt, die Seele, soll von der konkreten Begrenzung durch das Objekt, den Körper, befreit werden. Daher sieht die christliche Lehre von der Auferstehung des Leibes eine solche Wandlung des Leibes durch den Geist vor, daß der Körper nichts Körperliches mehr an sich hat. Er wird zu einem Phantasieleib, der alle irdischen Eigenschaften verloren hat – schwerelos, geschlechtslos, alterslos. Die Vorstellung, daß man das Gute dem Bösen entreißen, das Leben für immer vom Tod erlösen könne, ist der Kerngedanke der progressiven, geschichtsbewußten Kulturen. Seit ihrem Erwachen scheint die Geschichte einen plötzlichen Sprung vorwärts getan zu haben, und innerhalb weniger Jahrhunderte haben sich die Bedingungen des menschlichen Lebens, die Jahrtausende davor relativ konstant geblieben waren, radikal und immer schneller verändert.

Es geht jedoch weniger darum, daß die Geschichte einen plötzlichen Sprung vorwärts getan hat, als daß die Geschichte mit den progressiven Kulturen überhaupt erst entstanden ist. Die Verfechter des Geschichtsbewußtseins schätzen sich glücklich, daß sie aus der zyklischen in eine lineare Zeit, aus der statischen in eine dynamische und »fortschreitende« Weltordnung eingetreten sind, und dabei entgeht ihnen, daß nichts so zyklisch ist wie ein Teufelskreis. Eine Welt, in der man immer leichter und schneller Orte erreichen kann, die es immer weniger wert sind, daß man sie besucht, und in der man immer mehr Nahrungsmittel mit immer weniger Nährwert produzieren kann, ist, um nur am Rande liegende Beispiele zu nennen, ein solcher Circulus vitiosus. Er besteht darin, daß man einen Punkt verfolgt bzw. flieht, der untrennbar mit seinem Gegensatz verbunden ist, und solange man dies nicht erkennt, wird die Jagd immer hektischer. Der plötzliche Einbruch der Geschichte in den letzten fünfhundert Jahren mutet eher wie ein Krebsgeschwür als wie ein gesundes Wachstum an.

Diese Worte klingen vielleicht so, als sollte eine revolutionäre Doktrin verkündet werden, aber das ist keineswegs meine Absicht. Nichts liegt mir ferner, als zu einer Rückkehr zur traditionellen und zu einem Aufgeben der progressiven Kulturform aufzurufen. Jede traditionalistische oder »Zurück-zur-Natur!«-Romantik irrt insofern, als sie selbst progressiv ist und von dem künftigen Zustand erwartet, daß er besser sei als die Gegenwart. So wie das Ego nichts tun kann, um sein isoliertes Bewußtsein zu überwinden, so kann die Gemeinschaft nichts tun, um die Befreiung von dem progressiven Irrtum herbeizuführen, denn dies würde den Widerspruch einer künstlichen Natürlichkeit bedeuten. Das »Ziel« der traditionsbewußten Kultur ist nicht die Zukunft, sondern die Gegenwart. Das heißt, sie trifft zwar materielle und praktische Vorsorge für Nahrung und Obdach im Hinblick auf künftige Zeiten, aber auch nicht mehr. Sie hat es nicht auf den psychischen Genuß abgesehen, den die Mahlzeiten der Zukunft einmal bringen werden. Mit einem Wort, sie strebt nicht nach Glück.

Die weisen Mitglieder einer solchen Kultur suchen nicht einmal den Genuß des gegenwärtigen Augenblicks. Denn sobald man den Augenblick fassen und etwas von ihm haben will, scheint er sich aufzulösen. Vielleicht liegt der Grund darin, daß Genuß eine Funktion der Nerven, nicht der Muskeln ist, und daß die Nerven automatisch und passiv empfangen, während die Muskeln aktiv zupacken. Freude ist immer gratis und kann nur aus sich selbst, also spontan, kommen. Sie erzwingen zu wollen, ist ein Versuch, die Zukunft zu erleben, bevor sie eingetroffen ist, das psychische *Resultat* des Lebens in der Gegenwart anzustreben und dadurch die Erfahrung selbst zu verstümmeln oder auszuschalten. Ein Mensch, der von seiner gegenwärtigen Erfahrung etwas »haben« will, fühlt sich offensichtlich getrennt von ihr. Er ist das Subjekt, und sie ist das Objekt. Er begreift nicht, daß er die Erfahrung *ist* und daß etwas von ihr haben zu wollen, lediglich bedeutet, sich selbst nachzujagen.

Normalerweise betrachten wir Selbstbewußtheit als die Wahrnehmung des Subjekts seiner selbst. Die Dinge wären weniger verworren, wenn wir einsehen würden, daß Selbstbewußtheit beides ist, die Selbstwahrnehmung des Subjekts *und* die Wahrnehmung des Objekts zugleich. Denn der Wissende ist das Gewußte in ähnlicher Weise, wie die zwei Seiten des Möbius-Streifens in Wirklichkeit eine einzige sind. Wir können die Analogie noch fortführen und sagen, daß die bewußte Erfahrung wie der Möbius-Streifen eine Drehung um sich selbst vollzieht:

Es ist also nicht so, daß ich sowohl andere Dinge als auch mich selbst erkenne, sondern die Totalität des Erkennens erstreckt sich auch auf sich selbst.

Wir werden auf dieses Problem der Wahrnehmung der Gegenwart später noch ausführlicher zurückkommen, wollen uns aber schon an dieser Stelle wenigstens mit dem Prinzip vertraut machen, damit wir verstehen, wie illusorisch es ist, dem Leben etwas abgewinnen zu wollen im Sinne eines guten, glücklichen oder angenehmen psychischen Zustands. In unserer gewohnten egozentrischen Denkweise meinen wir vielleicht, daß wir zu unserer ursprünglichen Einheit mit der Natur zurückkehren sollten, aber darum geht es gar nicht. Wir können nämlich gar nicht von ihr loskommen, so sehr wir uns dies einbilden mögen. Ebensowenig können wir die Zukunft erfahren ohne die Gegenwart. Aber wenn wir dies analysieren wollen, so wäre das wieder ein Versuch, die Zukunft zu erfahren. Ein Logiker mag vielleicht einwenden, daß dies eine tautologische Äußerung ohne Konsequenz sei, und er hätte recht. Aber es geht uns nicht um Konsequenz. Wir sagen nicht mehr zu allem »Na, und?«, als ob unsere gegenwärtige Erfahrung nur insofern Bedeutung hätte, als sie zu einem Ziel führt, so als würden wir dauernd einen Tänzer mit der Frage unterbrechen: »Wo wollen Sie eigentlich hin, und was ist, genau genommen, der Sinn Ihrer Bewegungen?«

Es gibt natürlich einen Ort, wo ein Kommentar, wo Interpretationen der Natur und Vorhersagen ihrer zukünftigen Richtung angebracht sind. Doch wir müssen wissen, wovon wir reden, und dazu bedarf es als Grundvoraussetzung der Kontemplation, der inneren Stille und des einfachen Beobachtens, ohne zu fragen und voreilige Schlüsse zu ziehen. Wollen wir also zu den Kieselsteinen auf dem Grund des Wassers und zu den Fischen im glitzernden Sonnenlicht zurückkehren ... und einfach mal beobachten?

Teil I:
Der Mensch und die Natur

1 Urbanismus und Paganismus

Im frühen Christentum hatte das Wort »Heide«, *paganus,* die Bedeutung von »Landbewohner«. Im Gegensatz dazu entstanden die ersten christlichen Zentren in den großen Städten – in Antiochia, Korinth, Ephesus, Alexandria und Rom selbst. In den ersten Jahrhunderten, als das Christentum sich allmählich im Römischen Reich verbreitete, zog der wachsende merkantile Reichtum Roms außerdem immer mehr Menschen in die Städte, so daß bereits 37 n. Chr. die Regierung des Kaisers Augustus sich mit Besorgnis über den Verfall des Ackerbaus äußerte. Die *Georgica* des Vergil, im Auftrag der Regierung zum Lob des Landlebens geschrieben, gab dieser Besorgnis unmittelbar Ausdruck:

O fortunatos nimium, sua si bona norint agricolas!

Überglücklich die Bauern, wenn sie ihrer eigensten Güter inne würden!

Daß das Christentum in den Städten gedieh, zu einer Zeit, als die Großstadt wie heute das Zentrum des ökonomischen und kulturellen Lebens war, ist ein Umstand, der auf den ganzen Charakter der Religion eine tiefe Auswirkung haben mußte. Denn das Christentum als solches hat einen ausgesprochen urbanen Charakter und dies gilt nicht nur für den römischen Katholizismus, sondern auch für den Protestantismus, der zunächst in den bürgerlichen Städten Westeuropas entstand. Als das Christentum dem Abendland das Evangelium brachte, hatte es fünfzehnhundert Jahre lang vor allem gegen die Macht der zähen Naturreligionen der Landbevölkerung zu kämpfen. Vielleicht kann ich die Auswirkung dieses Sachverhalts auf das Christentum am besten anhand eines persönlichen Eindrucks vermitteln, den andere mit mir teilen. Solange ich denken kann, hat es mich immer verwundert, daß ich mich nur dann als Christ fühle, wenn ich mich in einem geschlossenen Raum befinde. Sobald ich ins Freie komme, verliere ich jeglichen Bezug zu den Vorgängen in einer Kirche, sowohl zum Gottesdienst als auch zur Theologie. Es ist nicht so, daß ich ungern in einer Kirche bin, im Gegenteil. Einen Großteil meiner frühen Jugend verbrachte ich innerhalb des Bezirks einer der ehrwürdigsten Kathedralen Europas und konnte mich von ihrem Zauber nie ganz befreien. Romanische und gotische Architektur, Gregorianischer Gesang, mittelalterliche Glasfenster und illuminierte Handschriften, der Duft des Weihrauchs oder auch nur der modrige Geruch alter Steine und vor allem das Ritual der Messe – dies alles übt auf mich dieselbe magische Wirkung aus wie auf den glühendsten katholischen Schwärmer. Ich bin auch nicht unberührt von der Tiefe und der Herrlichkeit der christlichen Philosophie und Theologie und bin mir dessen bewußt, daß meine Erziehung mir schon früh die bittere Süße des christlichen Gewissens ins Gemüt pflanzte. Doch all dies gehört in einen luftdicht verschlossenen Raum, besser gesagt: in ein Heiligtum, in welches das Licht des freien Himmels nur durch den symbolischen Schmuck bemalter Glasfenster dringt.

Es wird oft gesagt, daß die ästhetische Atmosphäre des Christentums ohne Belang sei. Das christliche Leben ist nicht, was das Gefühl, sondern was der Wille, der dem Gefühl meist diametral entgegengesetzt ist, einem vorschreibt. Der kontemplative Mystiker würde sagen, daß man Gott dann erkennt, wenn man ihn eben nicht fühlt, wenn man ihn durch die Liebe des Willens in »einer Wolke des Nichtwissens« kennt, in der dunklen Nacht des Geistes, in der Gott jeglichem Empfinden völlig abwesend ist. Wer also das Christentum weitgehend von seiner ästhetischen Pracht her kennengelernt hat, der kennt es mitnichten.

Illuminierte Missale – Kirchentürme –
große Bilder und geschmückte Chöre –
all dieses liebe ich, und auf den Knien

dankte ich mir selbst, daß ich es kannte,
und sah, wie das Sonnenlicht am Morgen
durch die bunt bemalten Scheiben drang,
und in der Luft voll farbiger Strahlen
kniete ich nieder und dachte, der Herr sei hier.
Jetzt, da ich im dichter werdenden Nebel liege,
weiß ich, daß es diesen Herrn nicht gab.[1]

Doch diese Verleugnung des Gefühls, so heroisch, männlich und standhaft sie sein mag, ist nur ein weiteres Symptom der Tatsache, daß die christliche Welt, so wie wir sie kennen, nur eine halbe Welt ist, die das Gefühl und das symbolisch Weibliche nicht assimiliert hat. Das Gefühl als Mittel der Erkenntnis und des Urteils ist denjenigen verdächtig, die mangels Übung und Pflege nicht wissen, wie man es gebraucht. In einer Umgebung, in der das Gefühl unterschätzt oder mißachtet wird, entlarvt es, wenn es sich einmal Bahn bricht, das grundlegende geistige Klima jedoch um so mehr.

Ich gewann aus meiner Erfahrung den Eindruck, daß zwischen der Atmosphäre des Christentums und der Atmosphäre der natürlichen Welt eine tiefe, eine ganz außerordentliche Unvereinbarkeit besteht. Es scheint beinahe unmöglich, Gottvater, Jesus Christus, die Engel und Heiligen zu dem Universum in Beziehung zu setzen, in dem ich wirklich lebe. Wenn ich Bäume und Felsen, wenn ich den Himmel mit seinen Wolken oder Sternen, wenn ich das Meer oder einen nackten menschlichen Körper betrachte, befinde ich mich in einer Welt, zu der diese Religion einfach nicht paßt. Ja, es ist sogar typisch für die christliche Gesinnung, daß sie diesen Eindruck bestätigt, denn »mein Reich ist nicht von dieser Welt«. Wenn Gott aber diese Welt geschaffen hat, wie ist es dann möglich, daß der Gott der Kirche und des Altars sich bei all seiner Pracht so ganz anders gibt als die Welt des freien Himmels? Es würde niemandem im

---

[1] John Betjeman, »Before the Anaesthetic or A Real Fright«, in: *Selected Poems.* John Murray, London 1948.

Traum einfallen, ein Landschaftsbild von Sesshu etwa Constable oder eine Symphonie von Hindemith etwa Haydn zuzuschreiben. Ebenso wenig vermochte ich, den Urheber der christlichen Religion mit dem Urheber des physikalischen Universums in irgend eine Beziehung zu setzen. Damit will ich kein Urteil über die relativen Vorzüge dieser beiden Welten fällen, sondern möchte nur sagen, daß sie nicht von demselben Schöpfer stammen können und sich schlecht miteinander vertragen.

Dies wurde natürlich schon früher festgestellt und mit folgendem Argument erklärt: Während die Schönheit, so hieß es, und die Seinsweise der physikalischen Welt natürlich ist, so ist die Schönheit des Christentums übernatürlich. Am ehesten finden wir übernatürliche Schönheit in der physikalischen Welt in der Schönheit des Menschen, insbesondere des menschlichen Geistes. Das Christentum strahlt eine urbane, nicht eine ländliche Atmosphäre aus, denn in der ersteren sind wir von Werken des Geistes umgeben. Es stimmt zwar, daß alle Geschöpfe unter der Sonne von Gott geschaffen sind, aber der Mensch und selbst die Werke des Menschen nehmen in der Schöpfung einen viel höheren Rang ein als alles andere. Sie offenbaren mehr vom Wesen Gottes als Sonne, Mond und Sterne, denn was wir künstlich nennen, ist dem Übernatürlichen oft näher als dem Natürlichen.

Es ist leicht, so hieß es weiter, die ästhetische Oberfläche der Natur zu lieben, solange wir uns nicht gegen die gefühllose Grausamkeit, den bitteren Lebenskampf, der darunter liegt, zur Wehr setzen müssen. Einzig und allein im Menschen haben sich jedoch ethische Begriffe entwickelt, die der Natur gleichsam ein fühlendes Herz verleihen, und dies wiederum zeigt, daß Gott sich in der Natur nirgends so klar spiegelt wie im Menschen. Um uns von der Häßlichkeit der Menge und der Städte zu erholen, fliehen wir zwar manchmal in die Einsamkeit der Natur, aber dies geschieht nur deshalb, weil das Schlechteste die Korruption des Besten ist. Das Böse im Menschen übertrifft bei weitem das Böse einer Spinne oder eines Hais,

aber nur deshalb, weil auch das Gute im Menschen unermeßlich größer ist als das Gute in einer Frühlingslandschaft.
Bedenken wir nur, wie kalt und verlassen auch das lieblichste
Antlitz der Natur einem einsamen Menschen erscheint, der
bereit ist, die ganze Schönheit der Natur für ein einziges
menschliches Gesicht einzutauschen.

Ein noch stärkeres Argument wäre, daß das Christentum, so
schlecht es sich mit der Natur verträgt, doch wie keine andere
Religion im Einklang mit der menschlichen Natur steht. Im
großen und ganzen bieten die Naturreligionen dem Menschen
keine größere Hoffnung, als daß er sich philosophisch in das
Unvermeidliche schicken und mit edler, aber trauernder
Resignation die Wahrheit zur Kenntnis nehmen muß, daß die
Natur jenseits von Gut und Böse ist und daß Leben und Tod
notwendige Gegenpole sind wie Freude und Schmerz. Dabei
entsagt der Mensch jedoch seiner menschlichsten Regung – der
ewigen, kindlichen Hoffnung, daß die tiefste Sehnsucht seines
Herzens sich eines Tages irgendwie erfüllen werde. Wer könnte
so stolz und gefühllos sein zuzugeben, daß er nicht vor Freude
berauscht wäre, wenn dieses tief in ihm verwurzelte Verlangen
durch einen seltsamen Zauber in Erfüllung ginge? Wenn es
jenseits des Todes doch ein ewiges Leben gäbe? Wenn wir uns
für immer mit denen vereinigen könnten, die wir liebten?
Wenn es immerdar und in alle Ewigkeit eine Vision und eine
Vereinigung der Herzen gäbe mit einem Gott, dessen Seligkeit
die tiefste Freude, die wir je empfunden haben, unermeßlich
übersteigt – der die ganze Vielfalt der Formen und Farben, die
Einmaligkeit und Individualität, der wir auf Erden einen so
hohen Wert beimessen, in sich begreift? Nur das Christentum,
so könnte man argumentieren, besaß die Kühnheit, diese von
der Welt verneinte große Hoffnung zu bestätigen, und daher ist
es die einzige Religion mit einer im Grunde fröhlichen
Botschaft. Daher setzt es bedenkenlos auf eine Weltordnung,
die unsere Hoffnungen letztlich erfüllen wird, und fordert den
Menschen auf, mit der ganzen Kraft seines Glaubens an der
Vorstellung festzuhalten, daß sein wahres Wesen als Mensch

nach dem Ebenbild Gottes, der höchsten Wirklichkeit, geschaffen sei. ... Und wenn wir die Wette verlieren, so dürfen wir hinzufügen, werden wir dies niemals erfahren.

Dies mag vielleicht nicht die profundeste Version des höchsten christlichen Ideals sein, aber eine bezeichnende. In unserer Erörterung der Einstellung des Christentums zur Natur greife ich noch nicht auf die tiefsten Quellen der christlichen Überlieferung zurück. Ich möchte vielmehr die Einstellung des Christentums darlegen, die von einer großen Anzahl intelligenter Menschen vertreten wird und daher einen erheblichen Einfluß auf die westliche Kultur ausgeübt hat. Der einzelne Christ wird, wenn er die folgenden Seiten liest, den Einwand erheben, daß seine Auffassung des Christentums eine andere sei, und vielleicht wird er besonders die theologische Unzulänglichkeit der Darstellung bemängeln. Ich habe aber die Erfahrung gemacht, daß christliche Theologen, die man im Rahmen eines subtilen, mystischen Gesprächs eindringlich befragt, was sie denn *wirklich* meinen, eine Antwort geben, die sich immer weniger von anderen Religionen, etwa vom Vedanta, unterscheidet. Hier wollen wir aber auf die Merkmale eingehen, die das Einzigartige des Christentums ausmachen, und die Mehrzahl der intelligenten Christen, die keine andere Religion neben der ihren gelten lassen, besteht in der Tat auf ihrer Einzigartigkeit, auch wenn ihre Kenntnisse anderer Überlieferungen weniger als mangelhaft sind. Wir wollen vor allen Dingen die Atmosphäre untersuchen, die Qualität des Gefühls, die das Christentum ausstrahlt und die sich so nachhaltig auf die Kultur auswirkt. Der Einfluß dieser Gefühlsqualität ist so gewaltig, daß der Einzelne sich oft von ihr hinreißen läßt, auch wenn seine Einsicht in die Dinge des Glaubens einen hohen Grad intellektueller Reife beweist. Das Christentum appelliert an starke, menschliche Gefühle – an die Liebe zu den Mitmenschen, an die ursprüngliche Sehnsucht nach Heimat und Volksgemeinschaft, es vermittelt die Faszination des Heroischen samt dem Wagnis, an die Möglichkeit eines endgültigen Sieges über das Böse und über den Schmerz zu

glauben. Angesichts solcher Verheißungen könnte der Nicht-
christ versucht sein, sich wie ein Spielverderber, wie das
»Skelett beim Festmahl des Macbeth« vorzukommen.

Das Argument beruht jedoch darauf, daß der Mensch im
Innersten seines Herzens sich *dennoch* von der Natur entfrem-
det fühlt und kein sehnlicheres Verlangen kennt als ewige
Freude ohne Trauer und Leid. So verkündete auch Nietzsche
im *Zarathustra*:

> *Alle Lust will Ewigkeit,*
> *Will tiefe, tiefe Ewigkeit!*

Wollte man jedoch glauben, es handle sich hier um endgültige,
allgemein verbindliche Merkmale des menschlichen Wesens
und Gemüts, so würde sich darin eine Form der Selbsterkenntnis offenbaren, die noch sehr nahe an der Oberfläche ist, und
eine Bereitschaft, Gefühle aufgrund sozialer Konditionierung
mit absoluten, notwendigen Gefühlen zu verwechseln. Je mehr
Selbsterkenntnis ein Mensch besitzt, desto mehr wird er
zögern, sein Wesen festzulegen und Behauptungen über seine
notwendigen Gefühle aufzustellen, und desto mehr wird ihn
seine Fähigkeit erstaunen, unerwartete und unvorhersehbare
Empfindungen zu haben. Dies wird um so mehr der Fall sein,
wenn er lernt, seine negativen Gefühle – seine Einsamkeit,
seinen Kummer, sein Leid, seine Depression oder Angst – zu
erforschen oder in der Tiefe zu erspüren, ohne vor ihnen zu
fliehen.

In vielen sogenannten Primitivkulturen gehört es zur Initiation
des Stammesmitglieds, längere Zeit allein in den Wäldern oder
in den Bergen zu verbringen, sich mit der Einsamkeit und
Unmenschlichkeit der Natur auseinanderzusetzen und zu
entdecken, wer er wirklich ist – was kaum möglich wäre, wenn
die Gesellschaft ihm sagte, was er ist oder sein soll. Der Mensch
entdeckt vielleicht, daß seine Einsamkeit eine maskierte Angst
vor seinem unbekannten Selbst ist und daß die vermeintliche
Unheimlichkeit der Natur seine eigene, auf den finsteren Wald

projizierte Furcht ist, aus den gewohnten, konditionierten Bahnen des Gefühls herauszutreten. Es gibt zahlreiche Beweise dafür, daß jemand, der die Schrecken der Einsamkeit überwunden hat, durch die Stärke seines Wesens einen Durchbruch erlebt, der ihn aus der individuellen Isolation in das »All-Gefühl« einer Identität mit dem Universum führt. Man mag über einen solchen »Naturmystizismus« oder »Pantheismus« lächeln, aber es ist nicht von der Hand zu weisen, daß ein solches Gefühl einem Universum wechselseitiger Abläufe und Beziehungen besser entspricht als ein Universum getrennt existierender blockartiger Entitäten.

Je tiefer unser Verständnis für das Kräftespiel unserer Gefühle wird, desto mehr erkennen wir auch ihre Ambivalenz – die seltsame Polarität von Freude und Leid, Liebe und Haß, Demut und Stolz, Hochstimmung und Depression. Wir erkennen, daß unsere Gefühle keine fixierten, beziehungslosen Gemütszustände sind, sondern langsam oder schnell schwingende Bewegungen, so daß eine immerwährende Freude ebenso sinnlos wäre wie die Vorstellung einer ewigen Schwingung nach einer Seite. Mit anderen Worten, ein stets gleich bleibendes Gefühl ist gerade deshalb, weil es statisch ist, überhaupt kein Gefühl, so daß der Begriff des »ewig Guten« eine verbale Abstraktion ist, die man sich gar nicht vorstellen, die man nicht fühlen oder wirklich wünschen kann. Eine solche Idee können, um es nochmals zu sagen, nur diejenigen ernst nehmen, die dem Wesen der Gefühle nicht auf den Grund gegangen sind und keine Beziehung zu den natürlichen Gegebenheiten des Menschentums haben, das sie für Gottes Ebenbild halten.

So gewinnen wir Einblick in die Gründe, warum das Christentum, wie wir es kennen, sich in seinem Habitus so grundsätzlich vom natürlichen Universum unterscheidet. Es ist zum großen Teil eine Konstruktion von Ideen und Begriffen, die ein Eigenleben führen ohne echte Beziehung zur Welt der Natur, die von Ideen dargestellt wird. Es ist natürlich richtig, daß wir auch in der Mathematik und in der Physik rein begriffliche

Konstruktionen und Ideen finden, die keinem sinnlich wahrnehmbaren Bild entsprechen, wie der gekrümmte Raum oder die Quanten. Aber in der Physik stehen diese Ideen wenigstens insofern in Beziehung zur physikalischen Welt, als ihre Anwendbarkeit zur Vorhersage künftiger Ereignisse überprüft werden kann. Der Physiker behauptet auch nicht, daß solche Ideen unbedingt die konkrete Wirklichkeit darstellen. Er betrachtet sie vielmehr als Werkzeuge wie einen Zirkel, ein Lineal oder Zahlen, mit deren Hilfe wir die Wirklichkeit handhaben und messen können – als Werkzeuge, die wir nicht finden, sondern *er*finden.

Könnte es daher nicht sein, daß so manche Kernbegriffe des Christentums schöpferische Erfindungen sind wie die Städte, in denen sie entstanden? Das würde selbstverständlich für jede Religion oder Philosophie gelten, sofern sie ein System von Ideen ist, zumal solchen, die nicht durch die Erfahrung nachgeprüft werden können. Doch das Christentum unterscheidet sich in diesem Punkt radikal von anderen Überlieferungen wie dem Buddhismus oder dem Vedanta. In den letzteren spielen Ideen nur eine untergeordnete Rolle, denn der wirkliche Kern dieser Überlieferungen ist die unaussprechliche Erfahrung; das heißt, die konkrete Erfahrung, die nicht in Begriffe und Worte zu fassen ist. Im Christentum liegt der Schwerpunkt dagegen auf dem Glauben statt auf der Erfahrung, und der richtigen Formulierung dogmatischer Glaubenssätze oder Rituale wurde immer die größte Bedeutung beigemessen. Schon das frühe Christentum sagte sich von der *Gnosis* oder der unmittelbaren Gotteserfahrung zugunsten der *Pistis,* also des willentlichen Glaubens an bestimmte offenbarte Aussagen über Gott, los.

So tritt der abstrakte Geist in Gegensatz zur konkreten Natur. Das Geistige wird mittels Worten und gedanklichen Symbolen mit dem rein Verstandesmäßigen identifiziert, so daß die Konstruktionen des menschlichen Verstandes nicht mehr als ein bloße Darstellung der konkreten Welt, sondern als ihre Grundlage betrachtet werden. Denn »im Anfang war das

Wort«, Gott der Sohn, verstanden als göttliche Idee, nach der das ganze Universum geschaffen wurde. So geschieht es, daß die Welt der Begriffe sich nicht nur verselbständigt, sondern als Wirklichkeit den Vorrang erhält gegenüber der Welt der nichtverbalen Natur. Die Ideen stellen nicht die Natur dar, vielmehr stellt die Natur im schwerfällig stofflichen Gewand die Ideen dar. Daher ist das, was in der Natur unmöglich und unvorstellbar ist, als Idee durchaus möglich, so daß das Positive von seiner Polarität zum Negativen und die Freude von ihrer Wechselbeziehung zum Leid künstlich getrennt werden können. Kurzum, der rein begrifflichen Möglichkeit wird ein höherer Wirklichkeitsgrad zugesprochen als der physikalischen Möglichkeit. Man kann sich des Gefühls nicht erwehren, daß die Macht des Denkens sich hier überschlägt, daß sie außer Kontrolle gerät und den Unsinn, den man ihr zum Vorwurf macht, damit verteidigt, daß die Wirklichkeit der Idee das Ursprüngliche und die Natur nur deren plumpe Nachahmung sei.

Mit Worten können wir Dinge trennen, die in der Natur untrennbar sind, weil Worte zählen und klassifizieren und weil sie sich beliebig anordnen lassen. Das Wort »Sein« ist von dem Wort »Nichts« formal getrennt wie »Lust« von »Schmerz«. In der Natur aber stehen Sein und Nichts, oder Körper und Raum, in einer so untrennbaren Beziehung wie vorn und hinten. In gleicher Weise verbirgt der statische Charakter unserer Bezeichnungen für Gefühle die Tatsache (oder besser: das Ereignis), daß unsere Gefühle keine Zustände, sondern Richtungen sind, in denen es kein Norden ohne Süden gibt.

Die großen asiatischen Traditionen dagegen verwechseln den Geist – als Brahman oder Tao – nicht so leicht mit dem Abstrakten. Sie sehen den Geist in der unmittelbaren Erfahrung der konkreten, natürlichen Welt in ihrem »So-Sein« *(tathata),* wie die Buddhisten sagen würden, das heißt, in ihrem nichtverbalen, nichtbegrifflichen Zustand. Damit ist aber nicht das gemeint, was wir unter der Welt in ihrem materiellen oder physischen Zustand verstehen, denn, wie wir noch sehen werden, bedeutet das Wort »materiell« die »in Metern bemessene« Welt. Die nichtverbale Welt wird hier anhand bestimmter Fakten, Dinge und Ereignisse dargestellt, die wie unsere Meßeinheiten menschliche Erfindungen zur Handhabung und Beschreibung der Welt sind. Es gibt kein Wort dafür, *was* die Welt in ihrem natürlichen, nichtverbalen Zustand ist. Denn die Frage: »Was ist sie?« bedeutet in Wirklichkeit: »Welcher Kategorie ist sie zuzuordnen?« Es dürfte deutlich geworden sein, daß auch das Klassifizieren eine menschliche Erfindung ist und daß die natürliche Welt uns nicht in klassifizierter Form, sozusagen in Büchsen mit Etiketten, vermittelt wird. Wenn wir fragen, was irgend ein Ding in seinem natürlichen Zustand sei, können wir nur eine Antwort geben, indem wir unmittelbar auf das Ding zeigen und dem Fragenden nahelegen, es mit schweigendem Geist zu beobachten.

Ein solches schweigendes Beobachten ist genau das, was mit »Gefühl« (im Unterschied zu bestimmten Gefühlen) gemeint ist, die zur Erforschung der Natur nötige Haltung und innere Einstellung, wenn wir unsere ursprüngliche Einheit mit der natürlichen Welt zurückgewinnen wollen. Im Taoismus und Zen-Buddhismus heißt diese Haltung *kuan* oder »wortlose Betrachtung«. So wie man gelegentlich schweigen muß, um zu hören, was andere zu sagen haben, so muß auch das Denken verstummen, wenn es über etwas außerhalb seiner selbst nachdenken will. Wir brauchen kaum erstaunt zu sein, daß unser Geist, wenn wir dieses Schweigen nicht üben, durch Worte über Worte über Worte in Bedrängnis gerät. Von hier ist es nur ein kleiner Schritt zu der Einbildung, daß das Wort der Natur vorausgeht, während es in Wirklichkeit nur der *Klassifizierung* der Natur, ihrer Einteilung in Dinge und Ereignisse, vorausgeht. Denn die Dinge, nicht die natürliche Welt, werden vom Wort erschaffen. Doch weil unser Geist nicht schweigen kann, verwechseln wir die beiden.

Die Magie der Worte ist keineswegs ein Zauber, dem nur der Intellektuelle erliegt. Auch die einfachsten Leute fallen ihr zum Opfer, und es scheint, als seien die vom Christentum geprägten

Kulturen in allen Gesellschaftsschichten durch das mächtige Instrument der Sprache ganz besonders verwirrt worden. Die Sprache ist mit ihnen durchgegangen wie das neue Spielzeug mit einem Kind, so daß man das Übermaß an verbaler Kommunikation als die typische Krankheit des Westens bezeichnen kann. Wir sind einfach nicht imstande, ihr Einhalt zu gebieten, denn wenn wir nicht zu anderen reden, unterliegen wir dem Zwang des Denkens, das heißt, wir reden innerlich mit uns selbst. Kommunikation ist zu einer nervösen Gewohnheit geworden, und Kulturen, die nicht alles aussprechen, oder mehr noch, die von uns erwarten, daß wir bestimmte Dinge verstehen, ohne daß sie uns mitgeteilt werden, erscheinen uns rätselhaft und befremdend. Ich werde nie den japanischen Künstler Hasegawa vergessen, der seinen westlichen Schülern so viele Erklärungen geben mußte, daß er sie schließlich gereizt anschrie: »Was ist denn los mit euch! Könnt ihr es nicht *spüren?*«

Für einen bestimmten Kulturtyp ist also die »Wahrheit über die Natur« die verbale Erklärung oder Rekonstruktion der Welt, bestehend aus einem System von Gesetzen, die ihr zugrunde liegen und ihr vorausgehen, wie der Plan im Hirn des Architekten dem Bau eines Hauses vorausgeht. Für einen anderen Typ ist die Wahrheit jedoch die in der Stille des Gemüts erlebte Natur selbst, die im Zen-Buddhismus *wu-nien,* »nicht denken«, heißt.[2] So finden wir in den Kulturen des Fernen Ostens selten die Diskrepanz zwischen Religion und Natur, die für den Westen so typisch ist. Im Gegenteil, die vornehmste taoistische und buddhistische Kunst Chinas und Japans befaßt sich nicht, wie man annehmen möchte, mit

---

[2] Dies hat nichts mit dem zu tun, was wir »Gedankenlosigkeit« oder einfach »Geistesleere« nennen. Denn die Gedanken sind selbst in der Natur und gehören ihr an, und *kuan,* die wortlose Betrachtung, kann sogar mitten im Denken stattfinden. *Kuan* ist daher die Abwesenheit »geistiger Mitose«, d. h. die Abwesenheit eines Verstandes, der ständig versucht, sich zu spalten, der gleichzeitig handeln und reflektieren, denken und über etwas denken will und so die endlose Regression oder den Circulus vitiosus der »Worte über Worte über Worte« erzeugt.

religiösen Themen, sondern mit Landschaftsmalerei und Studien von Vögeln, Blumen, Felsen und Pflanzen. Darüber hinaus wird Zen unmittelbar auf die Technik des Gartenbaus und einen Architekturstil angewandt, der das Haus bewußt in seine natürliche Umgebung integriert, der gleichzeitig den Menschen einbezieht und der Natur Raum gibt. In diesen Künsten drückt sich das Wissen um die höchste Wirklichkeit stärker aus als in Bildnissen des Buddha.

Hier sei auf ein eigenartiges und scheinbar belangloses Symptom der Kluft zwischen Christentum und Natur sowie zwischen dem Christentum und den naturalistischen Kunstformen des Fernen Ostens hingewiesen. Merkwürdigerweise ist es fast unmöglich, das christliche Schlüsselsymbol, das Kreuz oder die Kreuzigung, im chinesischen Malstil wiederzugeben. Es ist oft versucht worden, doch immer ohne Erfolg, denn die symmetrische Form des Kreuzes zerstört völlig den Rhythmus einer chinesischen Malerei, wenn das Kreuz das Hauptsujet bildet. Chinesische Christen versuchten das Problem zu lösen, indem sie rustikale Kreuze malten, deren Holz noch Rinde, Zweige und Moos trägt. Aber die beiden geraden Balken wirken im Verhältnis zum übrigen Bild wie die Faust aufs Auge, und wenn der Künstler das Kreuzsymbol nicht zerstören will, muß er auf seine natürliche Neigung verzichten, gerade Linien unregelmäßig zu beugen. Denn er folgt der Natur in seiner Liebe zu fließenden, unebenen und asymmetrischen Formen, die seinen Medien, dem weichen Pinsel und der schwarzen Tusche, wunderbar entsprechen. In den Kunstformen des Christentums dagegen, in der byzantinischen und gotischen Kunst, finden wir eine Vorliebe für den architektonischen und höfischen Stil. Gott wird nach dem Bilde eines thronenden Monarchen dargestellt, und die Rituale der Kirche sind nach dem Vorbild des höfischen Zeremoniells der oströmischen Kaiser gestaltet. Ebenso war in der alten hebräischen Religion die Bundeslade im wesentlichen ein Thron, verborgen im innersten Heiligtum, in der Form eines vollkommenen Kubus, des Symbols der höchsten Vollendung.

Vom Standpunkt der chinesischen Philosophie und Ästhetik ist diese symmetrische und architektonische Vollkommenheit jedoch starr und leblos. Derartige Formen findet man in der Natur nur selten, und daher gerät der chinesische Künstler, der ein starres Kreuz malen will, in einen Konflikt, denn er möchte viel lieber einen lebendigen Baum malen. Außerdem stellt er sich die Macht hinter der Natur nicht als das Bild eines Herrschers vor, sondern als das Tao, als den Weg, den Lauf oder Fluß der Natur, und dafür findet er Bilder in Wasser und Wind, in der Luft und im Himmel sowie in allem Werden und Wachsen. Man hat nie das Gefühl, daß das Tao sich irgendwie hervortun oder mit der Pracht eines Königs glänzen wolle, sondern es wirkt unerkannt im Verborgenen und läßt seine Taten als das Werk anderer erscheinen. Mit den Worten Lao-tzus:

> *Das große Tao fließt überall,*
> *nach links und nach rechts.*
> *Das Leben aller Dinge hängt von ihm ab,*
> *und es läßt sie nicht im Stich.*
> *Was es vollbringt, nennt es nicht sein eigen.*
> *Es liebt und nährt alle Dinge,*
> *aber es spielt nicht den Herrn über sie.* (XXXIV)

In der Apokalypse dagegen steht:

Seine Augen sind wie eine Feuerflamme, und auf seinem Haupt trägt er viele Kronen. Und einen Namen trägt er geschrieben, den niemand kennt als er allein. Mit blutgetränktem Gewand ist er gekleidet; und sein Name heißt: das Wort Gottes. Die himmlischen Heere folgen ihm auf weißen Pferden, angetan mit weißer reiner Leinwand. Aus seinem Munde fährt ein scharfes Schwert, mit dem er alle Völker schlägt: und er wird sie mit eisernem Stabe weiden. Und er wird die Kelter des Zornweines Gottes, des Allmächtigen, treten. Und auf seinem Gewand und auf seiner Hüfte trägt er den Namen geschrieben: König der Könige und Herr der Herren.[3]

[3] Offenbarung 19, 12–16.

So großartig dies klingen mag, so unterscheidet es sich doch gewaltig von der taoistischen Vorstellung des Herrschers, von dem es heißt:

> *Er stumpfe seine Schärfe ab,*
> *löse sich von seiner Getrenntheit,*
> *sänftige seinen Glanz*
> *und sei dem Staube gleich.*
> *Dies ist die tiefe Identität.*[4] (LXI)

Denn:

> *Wenn der Herrscher über den Leuten stehen will,*
> *so stellt er sich in seinen Reden unter sie.*
> *Wenn er seinen Leuten voran sein will,*
> *so stellt er sich in seiner Person hintan.*
> *Wenn so der Weise oben ist,*
> *empfindet das Volk ihn nicht als Last.*
> *Wenn er voraus ist,*
> *empfindet es ihn nicht als Hemmnis.* (LXVI)

Der König richtet sich nach dem Tao, und nicht das Tao nach dem König. Das Tao ist immer namenlos und unerkannt, und der ständige Wandel, die fließende Unbeständigkeit der Natur steht als Symbol für die Tatsache, daß das Tao nie zu begreifen oder in eine feste Gestalt zu bannen ist.

Der architektonische, künstliche Stil des Christentums tritt nirgendwo klarer zutage als in der Vorstellung von Gott als dem Schöpfer der Welt, und so ist die Welt selbst ein Werk, das nach einem Plan konstruiert wurde und daher einen Zweck und eine Erklärung hat. Die taoistische Handlungsweise dagegen ist *wu-wei*, zu übersetzen als »nicht streben« und »nicht machen«. Denn vom Standpunkt der taoistischen Philosophie werden die natürlichen Formen nicht gemacht, sondern sie *wachsen*

---

[4] Gemeint ist die tiefe (oder geheimnisvolle) Identität von Mensch und Natur.

vielmehr, denn zwischen dem Organischen und dem Mechanischen besteht ein radikaler Unterschied. Dinge, die gemacht werden, wie z. B. Häuser, Möbel und Maschinen, sind aus Teilen zusammengesetzt und werden wie eine Skulptur von außen nach innen geformt. Dinge aber, die wachsen, formen sich selbst von innen nach außen. Sie sind nicht aus ursprünglich verschiedenen Teilen zusammengesetzt; sie gliedern sich selbst und bilden ihre eigene Struktur vom Ganzen zu den Teilen, vom Einfachen zum Komplexen.

Es ist faszinierend, die Bildung des am unnatürlichsten aussehenden Gegenstands der Natur, des Kristalls, zu beobachten. Er erscheint in der Lösung nämlich nicht Stück für Stück, sondern der ganze Kristall bildet sich auf einmal wie ein Bild auf der Leinwand, das allmählich schärfer projiziert wird. In ähnlicher Weise erscheinen die Kraftlinien eines Magnetfeldes nicht nacheinander wie bei einer Zeichnung, sondern sie formieren sich selbst in den Eisenfeilspänen, als ob tausend Hände sie gleichzeitig zeichneten – in perfekter Koordination. Und sogar wenn der Stiel einer Pflanze in gerader Richtung wächst, geschieht das nicht durch bloße Addition, wie man eine Mauer aus Ziegeln baut oder wie man Beton gießt. Die ganze Form dehnt sich von innen her aus, und diese Richtung – von innen nach außen – entspricht genau der Bedeutung des chinesischen Ausdrucks für »Natur«, *tzu-jan* oder »Spontaneität«.

Die Form des Christentums unterscheidet sich von der Form der Natur insofern, als wir uns in der Kirche und ihrer geistigen Atmosphäre in einem Universum befinden, das *gemacht* wurde. Außerhalb der Kirche befinden wir uns in einem Universum, das *gewachsen* ist. So steht der Gott, der die Welt schuf, außerhalb von ihr, wie der Zimmermann außerhalb seiner Werke steht. Das Tao aber, das die Welt wachsen ließ, ist in ihr. Die christliche Lehre gibt theoretisch zu, daß Gott immanent ist, aber in der Praxis wird immer seine Transzendenz, sein Anderssein betont. Wir dürfen uns zwar vorstellen, daß er in den Dingen und in der Welt existiert, aber nur unter der Bedingung, daß wir einen unendlichen, qualitativen Abstand setzen zwischen Gott und der Schöpfung, der er innewohnt. Sogar im Innern ist er außen, wie auch der Architekt immer noch außerhalb des Hauses steht, das er baut, selbst wenn er hineingeht, um das Innere zu gestalten.

Da der christliche Geist den Menschen und das Universum als etwas Geschaffenes begreift, strebt er danach, alles mechanisch zu interpretieren – und darin liegt zugleich sein Genie und seine Blindheit. Es ist eine fixe Idee des Abendländers, daß das Universum aus verschiedenen Dingen oder Entitäten bestehe, die den strukturellen Teilen eines künstlichen Gebildes genau entsprechen. Der Mensch selbst ist ein Teil davon; er wurde von außen in das Gesamtgefüge der Natur hineingebracht, wie ein Teil zu einem Gebäude hinzugefügt wird. Ferner versteht der Mensch das Wirken des natürlichen Universums im Sinne von logischen Gesetzen: er sieht die mechanische Ordnung der Dinge als eine lineare Folge von Ursache und Wirkung in der Begrenztheit seines Bewußtseins, das diese Dinge aufnimmt und sie Stück für Stück, eines nach dem anderen, in Symbole übersetzt. Himmel und Erde werden vermessen, indem der Mensch die eigenwilligen Formen der Natur den abstrakten Kreisen, Dreiecken und geraden Linien Euklids unterwirft. Die Natur erscheint als ein Mechanismus, weil eine solche Mentalität nur so viel von ihr erfassen kann, wie in einer mechanischen oder mathematischen Analogie unterzubringen ist. Daher sieht ein solcher Geist die Natur nie wirklich. Er sieht nur die geometrischen Formen, die er auf die Natur projiziert.

Unglücklicherweise wird auch Gott von dieser mechanischen Denkweise betroffen, denn obgleich das Christentum größten Wert auf einen lebendigen und persönlichen Gott legt, mangelt seinem Wesen, so wie es praktisch verstanden wird, das wichtigste Attribut der Persönlichkeit. In Wirklichkeit stellt man sich Gott als eine Reihe von Prinzipien vor – Prinzipien der Moral und der Vernunft, der Wissenschaft und Kunst. Seine durch Gerechtigkeit gemäßigte Liebe folgt ebenfalls Prinzipien, denn sie ist eher eine Liebe des Willens als des Gefühls, eher der maskuline Logos als der feminine Eros. Das fehlende Attribut ist vielleicht am besten mit *Innerlichkeit* zu bezeichnen, und zwar im archaischen, nicht im modernen, sentimentalen Sinn von »ein Herz haben«. Denn wie lebende Organismen von innen nach außen wachsen und sich nicht von außen her Gestalt geben, als wären sie ihre eigenen Architekten oder Mechaniker, so bewegen sie sich auch mit einer inneren Spontaneität, und nicht nach objektiven Prinzipien. Deshalb ist Innerlichkeit geheimnisvoll und unerforschlich, aber nicht chaotisch oder launenhaft. Sie funktioniert nicht nach Gesetzen, sondern die sogenannten »Naturgesetze« sind, in etwas plumper Weise, vielmehr nachträgliche Abstraktionen ihres Verhaltens. Sie sind das mechanische Schema einer lebendigen und spontanen Ordnung wie das Dreieck, das den Berg darstellt.

Als meine Kinder mich einmal fragten, was Gott sei, antwortete ich, daß Gott das tiefste Innere eines jeden Dinges sei. Wir aßen gerade Weintrauben, und sie fragten mich, ob Gott in den Weintrauben sei. Als ich bejahte, sagten sie: »Schneiden wir doch eine auf und sehen wir nach.« Als ich die Traube durchschnitt, sagte ich: »Komisch, ich glaube, wir haben das wirkliche Innere nicht gefunden. Wir haben nur ein neues Außen gefunden. Versuchen wir es noch einmal.« So schnitt ich eine Hälfte noch einmal durch und steckte die andere einem der Kinder in den Mund. »O je!« rief ich aus, »wir bekommen immer wieder ein neues Außen!« Und wieder gab ich eine Viertelbeere einem Kind und zerteilte das andere Viertel. »Also, ich sehe immer nur ein Außen«, sagte ich und aß selbst ein Achtel der Traube. Doch als ich das andere Achtel zerschneiden wollte, lief meine kleine Tochter zu ihrer Tasche und rief: »Schau, hier ist das Innere von meiner Tasche, aber Gott ist nicht drin.« »Nein«, antwortete ich, »das ist nicht das Innere deiner Tasche. Das ist nur das innere Außen, aber Gott ist das innere Innen, und ich glaube nicht, daß wir es je finden.«

Denn das wahrhaft Innerliche kann niemals zum Objekt werden. Weil unser Lebensprozeß etwas Innerliches ist, wissen wir nicht, besser: können wir nicht sagen, wie oder warum wir leben, obwohl es unser innerstes Selbst ist, das unser Leben bewirkt. Wir erkennen jedoch, zumindest im Westen, nicht eigentlich, daß wir es bewirken, denn in dem Maße, wie wir die Bildung unseres Nervensystems nicht bewußt kontrollieren oder verstehen, meinen wir, daß irgend jemand oder irgend etwas anderes – vielleicht Gott – es bewirkt. Wir empfinden unser eigenes Inneres als fremd, und sogar der Mystiker fühlt, daß seine innere Gotteserfahrung eine Erfahrung ganz anderer Art ist. Doch das ist so, weil auch sein Herzschlag sich ganz »anders« anfühlt, als ein pulsierendes, unwillkürliches Leben, das sich selbst gehört, nicht uns. Wir haben uns angewöhnt, unser Selbst nur mit dem Bereich zu identifizieren, der oberflächlich bewußt und vom Willen bestimmt ist.

So begreifen wir Gott nach dem Bilde dieses oberflächlichen Selbst, wenn wir ihn auch mit überragenden Fähigkeiten ausstatten. Gott ist das »andere« bewußte Selbst, das die Abläufe unseres Inneren und das Wirken der ganzen Natur steuert. Kraft seiner Allwissenheit kümmert er sich gleichzeitig um alle Dinge, und kraft seiner Allmacht unterwirft er sie seinem Willen. Auf den ersten Blick erscheint diese Vorstellung faszinierend und wunderbar – ein unendlich bewußter Geist, der sich gleichzeitig auf jede Galaxie und auf jedes Atom mit voller Aufmerksamkeit konzentrieren kann. Auf den zweiten Blick aber erscheint diese Vorstellung eher ungeheuerlich als wunderbar – als eine Art intellektueller Elephantiasis, eine monströse Wucherung der bewußten analytischen Erkenntnisweise. Denn Gott wird darin nach dem Bilde eines isolierten Bewußtseins ohne Innerlichkeit begriffen, da er nicht nur alle Dinge, sondern auch sich selbst durch und durch kennt. Er ist für sein eigenes bewußtes Begriffsvermögen vollkommen transparent; seine Subjektivität ist völlig objektiv, und genau deshalb fehlt ihm ein Inneres. Vielleicht möchte der Mensch des Westens selbst so sein: eine Person, die sich perfekt im Griff hat, die bis in die tiefsten Tiefen ihres Unbewußten durchanalysiert, bis zum letzten Atom ihres Gehirns erforscht und erklärt und nach Maßgabe dessen vollkommen mechanisiert ist. Wenn aber der letzte Rest von Innerlichkeit ein Objekt des Wissens geworden ist, dann wird der Mensch zu einer leeren Hülse.

Ebenso monströs ist die Vorstellung einer absoluten Allmacht im Sinne einer perfekten Selbstkontrolle, die in Wirklichkeit einem Zustand totaler Lähmung gleichkommt. Denn Kontrolle bedeutet immer eine Hemmung, und ein System mit perfekter Hemmung ist etwas vollkommen Erstarrtes. Wenn wir freilich von der perfekten Kontrolle eines Pianisten oder einer Tänzerin sprechen, meinen wir eine bestimmte Verbindung von Selbstbeherrschung und Spontaneität. Der Künstler hat einen Raum der Kontrolle geschaffen, innerhalb dessen er der Spontaneität freien Lauf lassen kann. Wir sollten uns Gott vielmehr als ein Wesen vorstellen, dessen Spontaneität so vollkommen ist, daß es keiner Kontrolle bedarf, dessen Inneres so harmonisch ist, daß es nicht bewußt analysiert zu werden braucht. Dies ist jedoch nicht der Gottkönig der kirchlichen Ikonographie, der als aufgeklärter Gewaltherrscher mit gütigem Despotismus über das Weltall gebietet.

Zum Glück gibt es noch eine andere Strömung im Christentum, die in der orthodoxen Kirche des Ostens allerdings stärker hervortritt als im Westen. Das ist die Vorstellung, daß die Schöpfung die *kenosis* oder »Selbstentleerung« Gottes sei. Die Inkarnation des Sohnes Gottes in Jesus gilt nach dieser Anschauung als das historische Sinnbild der ganzen Erschaffung des Universums.

Sucht im Umgang miteinander dem zu entsprechen, was in Jesus Christus (zur Geltung gekommen) ist: Er, der in göttlichem Dasein lebte, hat es nicht wie eine Beute angesehen, Gott gleich zu sein, sondern hat sich dessen entblößt, um in ein Sklavendasein einzutreten, so wie es die Menschen leben, ihnen gleich. Unter den Bedingungen des menschlichen Lebens war er zu finden und hat sich selbst erniedrigt, gehorsam bis zum Tode, zum Tode am Kreuz.[5]

[5] Philipper 2,5–8. Die kenotische Theorie der Schöpfung, die sich von der Inkarnationstheorie unterscheidet, wird wohl nur von einer Minderheit in der orthodoxen Kirche, vorwiegend von den Mystikern des Hesychasmus, vertreten.

Auch die Welt als Schöpfung des Gottessohnes, des göttlichen Wortes, wird als Hingabe und Selbstverhüllung Gottes angesehen, so daß die Natur weniger von außen beherrscht, als von innen belebt wird. Die »Liebe, welche die Sonne und die anderen Gestirne bewegt«, ist demnach eine innere Kraft, die ewige Selbsthingabe Gottes. Es gibt auch in der katholischen sowie in der protestantischen Lehre eine Strömung, die in der Demut und Selbsterniedrigung Gottes in Christus eine tiefere Offenbarung des göttlichen Herzens sieht als in den Bildnissen königlicher Pracht und Herrschergewalt. Dies steht jedoch im Gegensatz zu dem Gedanken, daß das einmalige, vollkommene und zureichende Opfer der Menschwerdung und Kreuzigung der historischen Vergangenheit angehört und daß der auferstandene Christus in Herrlichkeit zur Rechten des Vaters sitzt, von dannen er kommen wird, mit Feuer zu richten die Lebendigen und die Toten. Wiederum kann ein subtiles theologisches Argument die beiden Motive miteinander versöhnen. Man kann die königlichen Sinnbilder als Symbol der rein innerlichen, spirituellen und unsichtbaren Herrlichkeit von Demut und Liebe auffassen und das Feuer des Gerichts als den brennenden Stolz und die Angst im Herzen derer, die sich nicht der Liebe und dem Glauben ergeben. Wenn sich das so verhält, dann sind die Sinnbilder jedoch ganz offensichtlich irreführend, und weil ein Sinnbild viel mächtiger ist als die verstandesmäßige Rede, wäre es besser, man würde diese Bilder aufgeben oder verändern, anstatt sie durch solche Erklärungen zu rechtfertigen. Denn eine Religion teilt sich dem Gefühl weniger durch ihre Lehre als durch ihre Symbolik mit, und wenn man diese als etwas Nebensächliches behandelt, beweist man damit nur ein mangelndes Gespür für den Einfluß, den sie nicht nur auf diejenigen ausübt, die buchstäblich an diese Sinnbilder glauben, sondern auch auf die Menschen, die in ihrer Atmosphäre leben und sie vielleicht nur allegorisch verstehen.[6]

[6] Man könnte eine Geschichte der christlichen Theologie und Apologetik von dem Standpunkt aus schreiben, daß sie aus einer Verlegenheit entstanden ist,

Um zu dem eingangs erwähnten persönlichen Eindruck zurückzukehren, möchte ich bemerken, daß die Metaphorik des Christentums und die Atmosphäre der Kirche in der Welt jenseits kirchlicher Mauern völlig fremd erscheinen. Das liegt daran, daß ich, wenn ich die Kirche und die Stadt hinter mir lasse und mich unter den freien Himmel begebe, wenn ich unter den Vögeln bin, mögen sie noch so gefräßig sein, bei den Wolken mit ihrem Donnerwetter, bei den Meeren mit ihren Stürmen und schwimmenden Ungeheuern – daß ich dann nicht christlich fühlen kann, denn ich befinde mich in einer Welt, die von innen her wächst. Es ist mir schlechterdings unmöglich zu empfinden, daß dieses Leben von oben, von jenseits der Sterne her kommt, auch wenn ich weiß, daß dies nur eine metaphorische Redensart ist. Genauer gesagt, es will mir nicht ins Gefühl, daß dieses Leben von einem qualitativ und spirituell Anderen herrühren soll, der außerhalb alles Lebens und Wachsens steht. Im Gegenteil, ich spüre, daß diese ganze Welt von innen her bewegt wird, von einem so tiefen Innersten, daß es auch mein Inneres ist, mein Selbst, das wahrhaftiger ist als das oberflächliche Bewußtsein. Ich fühle eine Verwandtschaft nicht nur mit dem, was wir als die sympathischen und schönen Seiten dieser Welt anerkennen, sondern auch mit ihrem Schrecken und ihrer Fremdheit. Denn ich habe herausgefunden, daß die ungeheuerliche, inhumane Seite der Fische, Insekten und Reptilien nicht in ihnen ist, sondern in mir. Sie sind die äußere Verkörperung meines natürlichen Grauens und Schauderns bei dem Gedanken an Schmerz und Tod.

In gewissem Maß beruht der Konflikt zwischen Geist und Natur auf der Assoziation von Tod und Verfall mit dem Bösen,

nämlich aus der ständigen Notwendigkeit, die biblische Metaphorik durch Erläuterungen zu rechtfertigen. Für die frühen Kirchenväter war es fast eine Selbstverständlichkeit, das Alte Testament weitgehend allegorisch zu interpretieren, um das rohe Verhalten Gottes in der frühen hebräischen Metaphorik, die Origenes als »pueril« bezeichnete, plausibel zu machen. Und bis auf den heutigen Tag muß der Apologet immer wieder darauf hinweisen, daß wir uns Gott nicht als einen weißhaarigen Greis auf einem Thron und den Himmel nicht als eine goldene Stadt über den Wolken vorzustellen haben.

als wären sie im göttlichen Plan ursprünglich nicht vorgesehen. Es ließe sich natürlich leicht zeigen, daß das Leben im Tod inbegriffen, anstatt ihm entgegengesetzt ist, aber Argumente richten gegen einen so tief sitzenden Ekel nichts aus. Doch das Problem des Todes ist sicher nicht dadurch zu lösen, daß wir den Tod abschaffen, was fast das gleiche wäre, als wollten wir den Kopf abhauen, um Kopfschmerzen zu heilen. Das Problem liegt in unserem Ekel, insbesondere in unserem Widerwillen, den Ekel zu spüren – als ob er eine Schwäche wäre, der wir uns zu schämen hätten.

Doch wiederum sehen wir, daß die Assoziation von Gott mit Sein und Leben, unter Ausschluß von Nichtsein und Tod, und der Wunsch, durch das Wunder der Auferstehung über den Tod zu triumphieren, eine Verkennung der Tatsache ist, daß diese Gegensatzpaare keine Alternativen, sondern Korrelate sind. Sein oder Nichtsein ist *nicht* die Frage, denn reines Sein und reines Nichtsein sind beides Hirngespinste. Doch sobald wir die »innere Identität« dieser Korrelate sowie des Menschen und der Natur, des Wissenden und des Gewußten spüren, scheint der Tod einfach nur eine Rückkehr zu der unbekannten Innerlichkeit zu sein, aus der wir geboren sind. Das soll nicht heißen, daß der Tod im biologischen Sinne eine Umkehrung der Geburt sei. Es ist vielmehr so, daß die wahrhaft inwendige Quelle des Lebens nie geboren wurde, sondern immer innerlich blieb, so wie das Leben im Baume bleibt, auch wenn die Früchte kommen und gehen. Äußerlich bin ich ein Apfel unter vielen. Innerlich bin ich der Baum.[7]

Möglicherweise meinte Jesus dies, als er sagte: »Ich bin der Weinstock; ihr seid die Reben.« Denn das Christentum ist nicht unbedingt gegen die Natur, und in seiner Tradition liegt der

---

[7] Dies ist natürlich poetisch ausgedrückt, gewissermaßen als Gleichnis. Offensichtlich ist das »Leben« des Baumes nicht das, was wir meinen, wenn wir vom »Leben« in bezug auf den »Tod« sprechen. Es ist die »innere Identität« der beiden, die nicht äußerlich ausgedrückt werden kann, denn Worte klassifizieren und beschränken uns auf Gattungen, denen die Dinge entweder zugehören oder nicht.

Keim einer Blüte, die sein geistiges Klima vielleicht einmal von Grund auf wandeln wird. Das starre Kreuz könnte blühen wie die Wurzel Jesse und zwischen ihren Dornen Blüten tragen, denn das Kreuz ist in Wahrheit ein Baum, wie er in einem alten Hymnus besungen wird.

> *Crux fidelis, inter omnes*
> *Arbor una nobilis;*
> *Nulla silva talem profert*
> *Fronde, flore, germine.*
> *Dulce lignum, dulces clavos,*
> *Dulce pondus sustinet.*

> *Treues Kreuz, vor allen Bäumen*
> *einzig du an Ehren reich.*
> *Denn an Zweigen, Blüten, Früchten*
> *ist im Wald kein Baum dir gleich.*
> *Süßes Holz, o süße Nägel!*
> *Süße Last beschweret euch.*

Wenn dies geschähe, dann könnte der chinesische Künstler vielleicht eines Tages die Kreuzigung malen. Sicher ist damit nicht gemeint, daß die starren hölzernen Balken nur symbolisch durch einen Baum ersetzt werden sollen. Es soll auch keine Schönfärberei des Symbols bedeuten, um die Qual und das Blut zu verbergen. Es wäre einfach das äußere Zeichen dafür, daß der abendländische Mensch den Gott der Natur anstelle des Gottes der Abstraktion entdeckt hat und daß die Kreuzigung nicht bloß ein weit zurückliegendes, einmaliges historisches Ereignis ist, sondern das innere Leben einer Welt, die, von einem höheren als dem beschränkten individuellen Standpunkt aus, bis in ihr Innerstes an dem Opfer teilhat. Denn die Tatsache, daß das Leben immer auf den Tod bezogen ist, daß es vom Opfer des Lebens existiert, zeigt doch nur, daß diese »bloß natürliche« Welt die Verkörperung der Worte Christi ist: »Dies ist mein Leib, der für euch gegeben wird, und

dies ist mein Blut, das für euch vergossen wird.« Prophetisch
fährt dann der Hymnus fort:

Flecte ramos, arbor alte,
Tensa laxa viscera,
Et rigor lentescat ille,
Quem dedit nativitas;
Et superni membra Regis
Tende miti stipite.

Neige, hoher Baum, die Äste, deine Fasern beug erschlafft,
deine Härte soll verschwinden, die der Ursprung dir verschafft;
deines hohen Königs Glieder spanne aus auf zartem Schaft.

Doch die straffe Sehne ist noch nicht entspannt, weil die Natur
immer noch als Betrügerin und Versucherin, als die Große
Spinne, als Abgrund ewigen Wandels gefürchtet wird, der das
Individuum immer zu verschlingen droht. Die Natur wird als
die Wildnis gesehen, die in den Garten einbricht, und als der
Ozean, der die Ufer fortschwemmt – blind, ohne Ordnung,
krebsartig wuchernd, so daß jedes Menschenwerk mit steter
Wachsamkeit gegen sie verteidigt werden muß. Herr dieser
Werke ist die Persönlichkeit, das bewußte Ich, das einer
rettenden Arche bedarf in der Sintflut des Unbewußten und
der reißenden Strömung »animalischer« Triebe und Ängste.
Die christliche Vernunft, im Unterschied zum Gefühl, ist
jedoch überzeugt, daß die Natur ihrer Erlösung harrt und daß
ihre dunklen, zerstörerischen Aspekte nur mit der Befugnis
und unter der Kontrolle des göttlichen Willens wirken können.
In ihrer grenzenlosen Macht droht der göttlichen Ordnung
keine Gefahr seitens der Natur. Doch die menschliche Natur
mit ihrer furchtbaren Gabe der Freiheit ist gegenüber der
Natur nur so lange beschirmt, als sie sich nach dem göttlichen
Vorbild richtet. Sobald sich der Mensch von der göttlichen
Ordnung abwendet, wird die Natur wie der Teufel zum

Werkzeug des Zornes Gottes. Wenn also die nachchristliche technokratische Gesellschaft in der Natur nichts als eine riesige, wuchernde Willkür erblickt, die der Mensch unerbittlich seiner Ordnung unterwerfen muß, dann kann der Christ sich auf den Standpunkt stellen, daß die Natur immer ein Feind des von Gott abgefallenen Menschen sein wird. Er wird uns an die Heiligen erinnern, die unangefochten unter wilden Tieren lebten und eine wunderbare Macht über die Kräfte der Natur besaßen.

Doch im Grunde ist diese Vorstellung der Einheit des Universums ein Imperium, das letztlich auf der Kraft der göttlichen Allmacht beruht; eine Kosmologie, deren Ordnung eher politisch als organisch ist. Es ist zwar richtig, daß in dem Maße, in dem das Christentum als solches sich entwickelt, die göttliche Allmacht immer mehr als die überzeugende Kraft der Liebe verstanden wird, ebenso wie ein geordneter Staat es sich leisten kann, die Todesstrafe abzuschaffen und die Verbrecher statt in Gefängnisse in psychiatrische Kliniken zu schicken. Doch selbst in dem wohlwollendsten Staat bleibt die letzte Autorität die Macht, und sei sie noch so gut verborgen. Der Grund dafür liegt darin, daß die Menschen, politisch gesehen, die *anderen* sind, das heißt, jeder einzelne ist ein fremder Wille, ein Bewußtsein für sich, dem von außen eine Ordnung aufgezwungen werden muß.

Politische Ordnung ist daher prinzipiell etwas anderes als organische Ordnung, deren Teile von Natur aus, nicht durch Macht oder Überredung, ein Ganzes bilden. In der organischen Ordnung ist das Ganze das primäre Prinzip, innerhalb dessen die Teile gemeinsam entstehen. In der politischen Ordnung dagegen ist das Ganze etwas künstlich Hergestelltes. Es gibt keinen »politischen Körper«, weil die politischen Gesellschaften zusammengesetzt und nicht organisch gewachsen sind. In ähnlicher Weise kann weder das Universum noch die Kirche als der Leib Christi angesehen werden, solange beide zugleich das Reich Gottes sind. Die beiden Vorstellungen stehen in einem tiefen Widerspruch zueinander. Es gibt nun einmal keinen gemeinsamen Nenner für die Ordnung des Weinstocks und für die Ordnung der Stadt. Hier wird wiederum deutlich, daß eine politische Konzeption der menschlichen Gesellschaft Hand in Hand geht mit einer zersplitterten, unorganischen Weltanschauung, mit einer vom Wort und vom Gedanken so faszinierten Mentalität, daß sie unfähig geworden ist, den Zwischenraum, die Realität zwischen den Wörtern, zu spüren. Der Terminus, die Euklidschen Punkte, Enden und Grenzen, sind alles, und der Inhalt gilt nichts.

2 Wissenschaft und Natur

Ein König im alten Indien, bekümmert darüber, daß die Erde den zarten menschlichen Fuß so rauh berührte, wollte Abhilfe schaffen durch den Vorschlag, daß sein ganzes Reich mit Fellen ausgelegt werde. Einer seiner Weisen gab jedoch zu bedenken, daß dasselbe Ziel viel einfacher zu erreichen wäre, wenn man aus einem einzigen Fell kleine Stücke herausschnitte und an die Sohlen bände. So entstanden die ersten Sandalen. Für einen Hindu liegt die Pointe der Geschichte nicht in der vordergründigen Darstellung technischen Erfindergeistes. Sie ist vielmehr eine Parabel zweier verschiedener Einstellungen zur Welt, die etwa dem progressiven und dem traditionsbewußten Kulturtyp entsprechen. In diesem Fall stellt die technisch geschicktere Lösung jedoch die traditionsbewußte Kultur dar, welche die Ansicht vertritt, daß es besser für den Menschen ist, wenn er sich der Natur anpaßt, als umgekehrt. Daher haben Wissenschaft und Technik, wie wir sie verstehen, sich in Asien nicht entwickelt.

Westliche Menschen glauben im allgemeinen, die asiatische Gleichgültigkeit gegenüber der technischen Kontrolle der Natur sei entweder auf klimatisch bedingte Trägheit oder auf einen Mangel an sozialem Bewußtsein zurückzuführen. Man kommt leicht zu dem Vorurteil, daß Religionen, die sich mit der inneren statt der äußeren Erlösung vom Leiden beschäftigen, eine gefühllose Haltung gegenüber Hunger, Ungerechtigkeit und Krankheit unterstützen. Das führt dann zu der Behauptung, dies seien die Methoden der Herrschenden zur Ausbeutung der Armen. Was nicht so leicht eingesehen wird, ist jedoch, daß die Armen auch dann ausgebeutet werden, wenn man sie zu immer größerem Streben nach Besitz überredet und sie dazu verführt, Glück mit fortschreitendem Erwerb gleichzusetzen. Die Macht, die Natur zu verändern oder Wunder zu vollbringen, verdeckt die Wahrheit, daß Leiden relativ ist und daß die Abneigung der Natur gegen ein Vakuum in erster Linie für Kummer und Sorgen gilt.

Das Experiment des Abendlandes, das Gesicht der Natur durch Wissenschaft und Technik zu verändern, hat seine Wurzeln in der politischen Kosmologie des Christentums. Denn die christliche Apologetik hat mit Recht darauf hingewiesen, daß die Wissenschaft im Rahmen der jüdisch-christlichen Tradition entstanden ist, trotz der ständigen Konflikte zwischen beiden. Ein Konflikt zwischen dem Christentum und der Wissenschaft kann sich schon daraus ergeben, daß beide dieselbe Sprache sprechen und mit demselben Universum zu tun haben, nämlich dem Universum der Tatsachen. Der Anspruch des Christentums, etwas Einmaliges zu sein, hängt mit seinem beharrlichen Pochen auf der Wahrheit bestimmter historischer Tatsachen zusammen. Für andere spirituelle Überlieferungen spielen historische Tatsachen nur eine untergeordnete Rolle, aber für das Christentum gehörte es immer zum Kern seiner Lehre, daß Jesus Christus wirklich und leibhaftig von den Toten auferstanden ist, daß er im biologischen Sinn von einer Jungfrau geboren wurde und daß sogar Gott die objektive, unerbittliche Wirklichkeit besitzt, die wir »harten Tatsachen« zuschreiben. Der Christ, der damit nicht übereinstimmt, wird auch weniger dazu neigen, an der Einmaligkeit seiner Religion festzuhalten. Die gegenwärtige Theologie, sowohl die katholische als auch die protestantische, läuft im wesentlichen jedoch darauf hinaus, daß die historische Wahrheit der biblischen Geschichte wieder betont wird. Sogar von liberalen Theologen, die Wundern gegenüber skeptisch sind, wird diese Richtung mit dem merkwürdigen Argument vertreten, daß der Stil der biblischen Geschichte als solcher zwar in mancher Hinsicht unhistorisch sei, aber die Entfaltung des göttlichen Planes in der Geschichte dennoch offenbare.

Das Christentum ist auch insofern einzigartig, als die historischen Fakten, auf die es sich beruft, Wunder sind und von einer

Geisteshaltung zeugen, die der Verwandlung der physikalischen Welt einen ungeheuren Wert beimißt, denn »wenn Christ nicht von den Toten erstanden ist, so ist euer Glaube eitel«. Auch andere Überlieferungen enthalten eine Fülle wunderbarer Elemente, doch werden sie immer als beiläufige Zeichen, als eine Bestätigung der göttlichen Autorität des Wundertäters betrachtet. Sie sind nie der Kern der Sache. Für das Christentum aber gibt es nichts Wichtigeres als die Unterwerfung der Natur unter das Gebot Christi, gipfelnd in seinem Sieg über die härteste und sicherste aller natürlichen Tatsachen – den Tod selbst.

Auch wenn die gegenwärtige Kultur des Abendlandes nachchristlich und weltlich erscheint, so ist sie in phänomenaler Weise immer noch mit Wundern beschäftigt, das heißt, mit der Verwandlung dieser Welt, von der es annimmt, daß sie objektiv sei und außerhalb des menschlichen Ichs stehe. Gleichzeitig ist ein noch nie dagewesener kultureller Imperialismus an die Stelle des religiösen Bekehrungseifers getreten, und der Lauf der Geschichte, der einmal zur Errichtung des göttlichen Reiches führen soll, wird als Ausdehnung der Macht der Technik, als zunehmende »Spiritualisierung« der physikalischen Welt durch die Abschaffung ihrer endlichen Grenzen gesehen.

All dies hat seine Wurzel in der politischen Kosmologie der jüdisch-christlichen Überlieferung, die bis vor kurzem auch die Kosmologie der westlichen Wissenschaft war und es in mancher Hinsicht noch ist. Denn wie wir gesehen haben, werden in einem politischen Universum die einzelnen Dinge, Fakten und Ereignisse durch die Macht eines Gesetzes regiert. So sehr die Begriffe der Naturgesetze sich verändert haben mögen, so besteht doch kein Zweifel daran, daß die Idee eines Naturgesetzes auf die Annahme zurückzuführen ist, daß die Welt den Geboten eines Herrschers folgte, den die Menschen sich nach dem Bilde eines irdischen Königs vorstellten.

Doch der Begriff des Naturgesetzes erscheint durch diese primitive Analogie zwischen der Welt und einem politischen

Königtum nicht restlos begründet. Wir müssen außerdem eine Denkweise berücksichtigen, außerhalb derer eine solche Analogie wohl gar nicht in Betracht käme. Soweit wir sehen können, entspringt diese Denkweise einer zufälligen Verwirrung, wie sie in der Entwicklung der Sprache im besonderen und in der Entwicklung des abstrakten Denkens im allgemeinen leicht auftreten kann.

Es wird gewöhnlich angenommen, daß man nur an ein Ding zu einer Zeit denken kann, und die Sprache, sofern sie das Hauptwerkzeug des Denkens ist, bestätigt diesen Eindruck, da sie aus einer linearen Reihe von Zeichen besteht, die nacheinander gelesen oder gesprochen werden. Diese verbreitete Annahme hat wohl den Sinn, daß bewußtes Denken zielgerichtete Aufmerksamkeit ist und daß eine solche Konzentration unseres Wahrnehmungsvermögens schwierig oder unmöglich wird, wenn das Feld der Aufmerksamkeit zu komplex ist. Zur Aufmerksamkeit bedarf es daher einer Auswahl. Das Feld der Wahrnehmung muß in relativ simple Einheiten unterteilt werden, die so strukturiert sind, daß man ihre Bestandteile mit einem Blick erfassen kann. Das läßt sich machen, indem man das ganze Feld in einzelne Bestandteile der erforderlichen Einfachheit zerlegt und bestimmte Einzelheiten aus dem Ganzen ausblendet, so daß dieses zu einer einzigen, leicht verständlichen Form reduziert wird. So kommt es, daß wir in Wirklichkeit unendlich viel mehr sehen und hören, als wir mit unserem Bewußtsein aufnehmen, und obwohl wir auf vieles, was wir gar nicht bemerken, mit außerordentlicher Intelligenz und Anpassung reagieren, fühlen wir uns erst dann als Herr über die Dinge, wenn wir sie unter bewußte Kontrolle bringen können.

Die vereinfachten Einheiten unserer Aufmerksamkeit, die wir dergestalt aus dem Gesamtfeld unserer Wahrnehmung ausgewählt haben, sind das, was wir Dinge und Ereignisse oder Tatsachen nennen. Das fällt uns gewöhnlich nicht auf, weil wir naiverweise annehmen, die Dinge seien das, was wir als erstes sehen, bevor die bewußte Aufmerksamkeit sich ihnen zuwendet. Offensichtlich sieht das Auge als solches keine Dinge, sondern das visuelle Gesamtfeld mit seinen unendlich vielen Einzelheiten. Die Dinge tauchen erst auf, wenn die bewußte Aufmerksamkeit das Feld in einzelne, leicht zu denkende Einheiten zerlegt hat. Dennoch meinen wir, es handle sich dabei um einen Akt der Entdeckung. Die Intelligenz wendet sich dem visuellen oder taktilen Feld zu und folgert daraus, daß es tatsächlich Dinge in der äußerlichen Welt gibt – eine Schlußfolgerung, die sich zu bestätigen scheint, wenn man aufgrund dieser Annahme handelt. Das heißt mit anderen Worten: Wenn wir der sinnlich wahrgenommenen Welt mit Hilfe dieser konzentrierten und simplifizierten geistigen »Griffe« oder »Blicke« unsere Aufmerksamkeit zuwenden, können wir das Verhalten dieser Welt voraussagen und lernen, uns in ihr zurechtzufinden.

Doch diese Rechnung geht nicht wirklich auf. Wir können ebenso Ereignisse voraussagen und die äußere Welt in den Griff bekommen, indem wir Entfernungen in Meter und Zentimeter, Gewichte in Kilo und Gramm und Bewegungen in Minuten und Sekunden aufteilen. Sind wir jedoch wirklich der Meinung, daß ein zwölf Zentimeter langes Holz aus zwölf separaten Stücken besteht? Natürlich nicht. Wir wissen, daß wir das Holz nur im abstrakten, nicht im konkreten Sinn in Zentimeter und Kilos »zerlegen«. Wir sehen jedoch weniger leicht ein, daß die Unterteilung des Wahrnehmungsfeldes in Dinge und Ereignisse ebenso abstrakt ist und daß die Dinge die Meßeinheiten des Denkens sind, so wie das Kilo eine Meßeinheit des Wägens ist. Dies wird jedoch offenbar, wenn wir begreifen, daß jedes beliebige Ding analytisch in eine beliebige Anzahl von Bestandteilen zerlegt oder, umgekehrt, als ein Bestandteil einer größeren Einheit betrachtet werden kann.

Dieser Punkt ist insofern schwer zu verstehen, als Zentimeter Einteilungen auf einem Meßband sind, die auf dem abzumessenden Holzbrett nicht in Erscheinung treten; die Abgrenzung der Dinge jedoch entspricht den in der Natur tatsächlich vorgegebenen Einteilungen. So hebt sich zum Beispiel der menschliche Körper als Ding durch die deutlich wahrnehmbare Oberfläche seiner Haut von anderen Dingen seiner Umgebung ab. Es ist jedoch so, daß die Haut den Körper von der übrigen Welt als ein Ding von anderen nur im Denken, und nicht in der Natur abtrennt. In der Natur ist die Haut ebenso ein verbindendes wie ein trennendes Element, die Brücke sozusagen, die den inneren Organen die Zufuhr von Luft, Wärme und Licht vermittelt.

Gerade weil die konzentrierte Aufmerksamkeit exklusiv, selektiv und trennend ist, fällt es ihr viel leichter, Unterschiede festzustellen als Gemeinsamkeiten. Die visuelle Aufmerksamkeit nimmt die Dinge als Figuren gegen einen kontrastierenden Hintergrund wahr, und in unserem Denken über solche Dinge betonen wir den Unterschied zwischen Figur und Hintergrund. Der Umriß der Figur, oder der »Inriß« des Hintergrunds, trennt die beiden voneinander. Es fällt uns jedoch schwerer, die Einheit oder Untrennbarkeit von Gestalt und Hintergrund, Körper und Raum wahrzunehmen. Das ist leicht einzusehen, wenn wir versuchen, uns Gestalten und Körper ohne den sie umgebenden Hintergrund oder Raum vorzustellen. Umgekehrt könnten wir fragen, ob es einen umgebenden Raum geben könne ohne Körper. Die Antwort lautet natürlich, daß es dann kein Raum mehr wäre, denn Raum ist eine »umgebende Funktion«, die nichts mehr zu umgeben hätte. Es ist wichtig festzuhalten, daß diese Gegenseitigkeit oder Untrennbarkeit von Gestalt und Hintergrund nicht nur logisch und grammatisch, sondern auch sinnlich faßbar ist.[1]

Gestalt und Hintergrund bilden also eine Beziehung – eine untrennbare Beziehung von Einheit in der Vielheit. Doch wenn die Menschen sich ganz von konzentrierter Aufmerksamkeit beherrschen lassen, von einer analytischen, trennenden und selektiven Denkweise, dann nehmen sie die Gegenseitigkeit

---

[1] Die naive Vorstellung, daß zuerst der leere Raum da war, der dann von den Dingen ausgefüllt wurde, liegt der klassischen Frage zugrunde, wie die Welt aus dem Nichts entstanden sei. Das Problem muß jetzt anders formuliert werden: »Wie konnte Etwas-und-Nichts entstehen – und woraus?«

kontrastierender »Dinge« und die »Identität« der Unterschiede nicht mehr wahr. Ähnlich können wir fragen, was wir unter einer Tatsache oder einem Ding wirklich verstehen, und erkennen, daß es nie weniger als zwei sein können, weil Tatsachen Trennungen sind, eine von uns getroffene Auswahl aus der Erfahrung. Eine Tatsache oder ein Ding kann für sich allein nicht existieren, da es sonst unendlich wäre – ohne Umriß und Abgrenzung, ohne ein anderes. Diese Dualität und Multiplizität, die das Wesen der Tatsachen ausmacht, ist der deutlichste Beweis ihrer wechselseitigen Abhängigkeit und Untrennbarkeit.

Es geht also darum, daß die fundamentalen Realitäten der Natur keine getrennten Dinge sind, wie das Denken sie konstruiert. Die Welt ist keine Sammlung von Objekten, die zusammengefügt werden, um sich zueinander in Beziehung zu *setzen.* Die fundamentalen Realitäten sind die Beziehungen oder »Kraftfelder«, in denen die Tatsachen Endpunkte, *termini* oder Grenzen sind – so wie heiß und kalt die oberen und unteren Grenzen des Temperaturfeldes und Scheitel und Sohle die obere und untere Grenze des Körpers sind. Skalp und Sohlen sind offensichtlich Oberflächen des Körpers, und obwohl ein Mensch skalpiert werden kann, gibt es keinen Skalp *sui generis,* der allein für sich existiert. Wenn wir uns nicht unbefriedigender Analogien bedienen wollen, ist es schlechthin unmöglich, diese Welt mit Worten und Denkformen zu erfassen. Es klingt zunächst spitzfindig und abstrakt, ja, unmöglich, daß »Beziehungen« und nicht »Dinge« die Grundelemente der Natur sein sollen, bis uns allmählich dämmert, daß das, was wir wirklich wahrnehmen und fühlen, Beziehungen sind. Wir kennen nichts Konkreteres.

Diese Erkenntnis rückt in noch weitere Ferne, wenn wir von dem primären Akt der Abstraktion, der selektierenden Aufmerksamkeit, zum sekundären übergehen, dem Bezeichnen der Gedanken durch Worte. Da Worte, außer Eigennamen, klassifizieren, verstärken sie noch den Eindruck, daß die Welt eine zusammenhanglose Vielfalt ist. Denn wenn wir sagen, *was* etwas ist, identifizieren wir es mit einer Kategorie. Wir können ein Ding nur bezeichnen, indem wir es klassifizieren. Aber damit trennen wir es zugleich von allen anderen Dingen, so daß die unterscheidenden Merkmale als die wichtigsten hervortreten. So kommt es, daß wir Identität als etwas Trennendes empfinden. Meine Identität zum Beispiel ist in erster Linie meine Rolle oder Kategorie und zweitens die Art und Weise, in der ich mich von anderen Mitgliedern meiner Kategorie unterscheide. Wenn ich mich daher durch meine Unterschiede, meine Grenzen, meine Separiertheit von allem übrigen identifiziere, erlebe ich meine Selbstheit als Trennung. Dann bemerke ich die konkrete Einheit, die hinter allen selektiven, abstrakten Unterschieden besteht, nicht mehr und fühle mich mit ihr nicht mehr identisch. Unterschiedlichkeit wird dann als eine Form der Trennung und Dissoziation, nicht als eine Beziehung aufgefaßt. In dieser Situation empfinde ich die Welt als etwas, zu dem ich mich in Beziehung *setzen* muß, anstatt etwas, zu dem ich eine Beziehung *habe*.

Die Voraussetzung einer politischen Kosmologie ist daher diese zersplitterte Welterfahrung. Gott ist nicht die allen Unterschieden zugrunde liegende Identität wie in der hinduistischen Kosmologie, sondern einer der Unterschiede, wenngleich der beherrschende. Der Mensch verhält sich zu Gott wie zu einer anderen, von ihm unterschiedenen Person, wie ein Untertan zum König oder wie ein Sohn zum Vater. Das Individuum ist von Anfang an, und aus dem Nichts heraus, als ein Getrenntes geschaffen und muß sich dem göttlichen Willen unterwerfen oder diesem unterworfen werden.

Weil die Welt nun aus Dingen besteht und weil die Dinge durch ihre Kategorien definiert sind, die durch Worte geordnet und mit Worten bezeichnet werden, hat es den Anschein, als ob der Logos, Wort und Gedanke, der Welt tatsächlich *zugrunde läge*. »Und Gott sprach: Es werde Licht.« »Durch das Wort des Herrn wurden die Himmel gemacht und alle seine Heerscharen durch den Atem seines Mundes.« Wenn man nicht anerkennt, daß das Denken die Welt ordnet, dann nimmt man an, daß das

Denken eine bereits vorhandene Ordnung entdeckt, und zwar eine Ordnung, die durch Worte und Denken ausgedrückt werden kann.

Dies ist die Genesis der zwei wichtigsten historischen Voraussetzungen der abendländischen Wissenschaft. Die erste besagt, daß es ein Naturgesetz gibt, eine Ordnung der Dinge und Ereignisse, die unserer Entdeckung harren, und daß diese Ordnung gedanklich, das heißt, durch Worte oder irgend eine Form von Notation, formuliert werden kann. Die zweite besagt, daß das Naturgesetz universell gültig ist, eine Prämisse, die sich vom Monotheismus, von der Idee eines die ganze Welt beherrschenden Gottes, herleitet.

Die Wissenschaft ist außerdem ein extremes Beispiel für die Methode der exklusiven Aufmerksamkeit, die wir besprochen haben. Sie ist eine Erkenntnis der Natur, die auf der selektiven, analytischen und abstrakten Art zielgerichteter Aufmerksamkeit beruht. Sie begreift die Welt, indem sie diese auf möglichst kleine Wahrnehmungseinheiten reduziert. Sie tut dies mit Hilfe eines »Universalkalküls«, das heißt, indem sie die Formlosigkeit der Natur in Strukturen übersetzt, die aus einfachen und handlichen Einheiten bestehen, wie ein Landvermesser ein »formloses« Stück Land vermißt, indem er seine Teile einer möglichst großen Zahl einfacher, abstrakter Figuren – Dreiekken, Quadraten und Kreisen – annähert. Auf diese Weise wird alles, was nicht ins Bild paßt, wird jede Unregelmäßigkeit nach und nach ausgeblendet, bis schließlich Gott selbst als der höchste Geometer erscheint. Wir sagen: »Wie erstaunlich ist es, daß die natürlichen Strukturen so genau mit den geometrischen Gesetzen übereinstimmen!«, und vergessen dabei, daß wir sie dazu gezwungen haben, indem wir ihre Unregelmäßigkeiten ignorierten. Das haben wir durch die Analyse geschafft, durch eine Aufteilung der Welt in immer kleinere Stücke, die sich der äußersten Einfachheit mathematischer Zeichen annähern lassen.

Diese Art, die Welt zu regulieren, läßt sich auch anhand der Rastermethode veranschaulichen. Man lege ein transparentes

Millimeterpapier auf irgend ein komplexes natürliches Bild. Dieses »formlose« Bild kann dann mit annähernder Genauigkeit mit Hilfe der streng formalen Anordnung der auf dem Papier eingezeichneten kleinen Quadrate beschrieben werden. Durch einen solchen Raster betrachtet, kann die freie Bewegung eines Objektes anhand so und so vieler Quadrate nach oben oder unten, nach links oder rechts »vermessen« werden. Wenn wir die Bewegung auf diese Werte reduzieren, können wir ihren zukünftigen Verlauf mit Hilfe statistischer Mittel annähernd voraussagen – und uns einbilden, das Objekt selbst *gehorche* den statistischen Gesetzen. Das Objekt tut jedoch nichts dergleichen. Es ist vielmehr unser reguliertes Modell des Verhaltens des Objektes, das den statistischen Gesetzen gehorcht.

Im zwanzigsten Jahrhundert erkennen die Wissenschaftler in zunehmendem Maße, daß die Naturgesetze nicht entdeckt, sondern erfunden werden, und die ganze Vorstellung, daß die Natur einer inneren Struktur oder Ordnung gehorche, macht dem Gedanken Platz, daß diese Strukturen nicht determinativ, sondern deskriptiv sind. Dies bedeutet eine grundlegende Revolution der Philosophie der Wissenschaft, die das breitere Publikum noch kaum erreicht und sich erst zaghaft auf einige Spezialwissenschaften ausgewirkt hat. Zunächst entdeckte der Wissenschaftler die Gesetze Gottes in dem Glauben, die Vorgänge in der Welt könnten mit Hilfe des Wortes, der Vernunft und der Gesetze, welchen sie gehorchen, neu formuliert werden. Da die Hypothese Gottes ohne Bedeutung für die Genauigkeit seiner Voraussagen war, begann er, sie auszuklammern und die Welt als eine Maschine zu betrachten, die zwar Gesetzen, aber keinem Gesetzgeber gehorcht. Schließlich wurde die Hypothese präexistenter und determinativer Gesetze überflüssig. Sie wurden einfach als menschliche Werkzeuge angesehen, wie ein Messer, mit dem wir die Natur in mundgerechte Portionen zerschneiden.

Es sind jedoch Anzeichen vorhanden, daß dies nur eine Phase einer noch radikaleren Wandlung des wissenschaftlichen Weltbildes ist. Es erhebt sich nämlich die Frage, ob die wissenschaftliche Naturforschung sich auf die analytische und abstrahierende Form der Aufmerksamkeit beschränken muß. Bis vor nicht allzu langer Zeit befaßten die wissenschaftlichen Disziplinen sich hauptsächlich mit Klassifizierungen – mit der minuziösen und erschöpfenden Identifizierung der Spezies, ob es sich um Vögel oder Fische, um chemische Substanzen oder Bazillen, um Organe oder Krankheiten, um Kristalle oder Sterne handelte. Es liegt auf der Hand, daß dieses Verfahren eine atomistische, zerstückelte Anschauung von der Natur begünstigte, deren Nachteile sich erweisen, wenn aufgrund dieser Anschauung Wissenschaft zur Technik wird und die Menschen beginnen, ihre Kontrolle über die Welt auszudehnen. Denn sie entdecken allmählich, daß es nicht vernünftig ist, die Natur in derselben Weise zu kontrollieren, wie man sie erforscht hat, nämlich in Bruchstücken. Die Natur ist durch und durch ein System von Beziehungen, und ein Eingriff an einer Stelle hat unendliche, unabsehbare Auswirkungen. Das analytische Studium dieser Wechselbeziehungen ergibt eine wachsende Zahl äußerst komplizierter Informationen, die sich derart häufen und so vielschichtig sind, daß sie in der Praxis oft gar nicht verwendet werden können, zumal dann, wenn schnelle Entscheidungen erforderlich sind.

Die Folge ist, daß der Fortschritt der Technik allmählich das Gegenteil dessen bewirkt, was er beabsichtigt. Anstatt die Aufgaben des Menschen zu vereinfachen, macht er sie komplizierter. Keiner wagt etwas zu tun, ohne den Rat eines Fachmannes einzuholen. Der Fachmann ist seinerseits außerstande, mehr als einen kleinen Teil der sich unentwegt vermehrenden Erkenntnisse zu bewältigen. Doch während das formale Wissen in Spezialbereiche aufgeteilt wird, bleibt die Welt weiterhin ein Ganzes, so daß die Beherrschung eines einzelnen Teilbereichs so frustrierend sein kann wie ein Schrank voll linker Schuhe. Dabei handelt es sich nicht nur um streng »wissenschaftliche« Probleme der Endokrinologie, Bodenchemie oder radioaktiven Strahlung. In einer Gesellschaft, deren Produktions- und Kommunikationsmittel in hohem Maße technisiert sind, werden auch die gewöhnlichsten politischen, ökonomischen und juristischen Belange derart kompliziert, daß der individuelle Bürger sich wie gelähmt fühlt. Das Überhandnehmen von Bürokratie und totalitären Strukturen ist daher weit weniger irgendwelchen bösen Machenschaften zuzuschreiben als den bloßen Kontrollmechanismen in einem unendlich komplexen System von Wechselbeziehungen.

Wenn das jedoch alles wäre, dann hätten die wissenschaftlichen Erkenntnisse sich bereits selbst stranguliert. Daß dies nur bis zu einem gewissen Grad geschehen ist, kommt daher, daß der Wissenschaftler die Wechselbeziehungen in Wirklichkeit durch andere Mittel als Analyse und formale Logik begreift. In der Praxis verläßt er sich nämlich weitgehend auf seine Intuition, auf einen Erkenntnisprozeß, der sich unbewußt vollzieht, außerhalb der vertrackten, linearen und chronologischen Denkweise, und der deshalb ganze Felder zusammenhängender Einzelheiten gleichzeitig erfassen kann.

Denn die Vorstellung, daß die Wechselbeziehungen in der Natur äußerst verwickelt und kompliziert seien, ist nur darauf zurückzuführen, daß wir sie in unsere linearen Denkeinheiten übersetzen. Trotz ihrer Folgerichtigkeit und ihrer anfänglichen Erfolge ist dies eine höchst schwerfällige Erkenntnisweise. So wie es außerordentlich umständlich wäre, Wasser mit der Gabel anstatt aus einem Glase zu trinken, so ist die Komplexität der Natur nicht etwas Inhärentes, sondern die Folge der Instrumente, mit denen wir sie behandeln. Es ist durchaus nichts Komplexes, wenn wir gehen, atmen oder wenn unser Blut zirkuliert. Lebende Organismen haben diese Funktion entwickelt, ohne je über sie nachzudenken. Der Blutkreislauf wird erst dann komplex, wenn wir ihn physiologisch betrachten, also mit Hilfe eines Denkmodells, das sich aus den einfachen, für die bewußte Aufmerksamkeit erforderlichen Einheiten zusammensetzt. Die natürliche Welt scheint ein Wunder an Komplexität zu sein, das zu ihrer Erschaffung und Lenkung einer unerhört verzweigten Intelligenz bedarf, aber nur deshalb, weil wir sie mit der schwerfälligen »Notation« des Denkens dargestellt haben. In ähnlicher Weise sind Multiplikation und Division frustrierend komplizierte Vorgänge für diejenigen, die mit römischen oder ägyptischen Ziffern umgehen. Mit arabischen Ziffern dagegen sind sie relativ einfach und mit einer Rechenmaschine noch einfacher.

Die Natur mit Hilfe des Denkens verstehen zu wollen, ist so, als würde man versuchen, eine riesige Höhle mit dem hellen, aber dünnen Lichtstrahl einer kleinen Taschenlampe auszuleuchten. Man muß sich die Stellen merken, über die das Licht hinweggegangen ist, und aus der Erinnerung des Weges, den es zurückgelegt hat, das Aussehen der Höhle mühsam rekonstruieren.

In der Praxis muß der Wissenschaftler also notgedrungen von seiner Intuition Gebrauch machen, um die Natur als Ganzes zu erfassen, obwohl er ihr mißtraut. Immer wieder muß er innehalten, um die intuitive Erkenntnis mit dem dünnen, hellen Strahl des analytischen Denkens zu überprüfen. Denn die Intuition kann leicht fehlgehen, wie man sich auch nicht darauf verlassen kann, daß die »organische Vernunft«, die ohne zu denken die Körperfunktionen regelt, »Fehler« wie angeborene Mißbildungen oder Krebs immer vermeiden oder die Instinkte kontrollieren kann, die unter bestimmten Umständen zum Tode führen. So ist der Wunsch, die Art zu erhalten, durchaus natürlich und »gesund«, aber wir können nicht erwarten, daß der Fortpflanzungstrieb auf die Umwelt Rücksicht nimmt und sich automatisch zurückhält, wenn die Ernährung nicht gesichert ist. Anscheinend lassen sich die Irrtümer der Intuition oder der unbewußten Vernunft nur auf dem mühsamen Wege der Analyse und des Experiments korrigieren. Doch dies bedeutet von Anfang an einen Eingriff in die natürliche Ordnung, und erst in einem fortgeschrittenen Stadium läßt sich erkennen, ob der Eingriff richtig war.

Daher muß der Wissenschaftler sich fragen, ob die »Fehler« der Natur wirklich Fehler sind. Kann es sein, daß eine Gattung sich im Interesse der natürlichen Ordnung des Ganzen selbst zerstört, weil sonst das Leben für alle, auch für die betreffende Gattung, unerträglich würde? Sind »Fehler« wie angeborene Krankheiten, Seuchen und Epidemien notwendig, um das Gleichgewicht des Lebens zu erhalten? Wird die Korrektur dieser Irrtümer auf lange Sicht vielleicht viel ernstere Probleme hervorrufen als diejenigen, die wir vermeintlich gelöst haben? Und wird die Lösung dieser neuen Probleme nicht zu noch größeren Schwierigkeiten führen? Muß die unbewußte Vernunft nicht hin und wieder einen Fehler machen, weil sonst, wenn sie immer recht hätte, die Spezies zu erfolgreich wäre und das Gleichgewicht wieder stören würde?

Andererseits könnte man fragen, ob das Auftreten der bewußten Analyse nicht selbst ein Akt der unbewußten Vernunft ist. Könnte der bewußte Eingriff in die Natur nicht eigentlich etwas ganz Natürliches sein, und zwar in dem Sinne, daß er dennoch den Interessen der natürlichen Ordnung als Ganzes dient, auch wenn damit die Auslöschung der Gattung Mensch verbunden sein sollte? Oder könnte es sein, daß wir dadurch, daß wir die bewußte Analyse auf die Spitze treiben, Mittel entdecken, mit deren Hilfe die unbewußte Vernunft noch weitaus effektiver wirken kann?

Die Schwierigkeit bei all diesen Fragen liegt darin, daß wir die Antworten kaum rechtzeitig finden können, um noch Gebrauch von ihnen zu machen. Haben wir überhaupt einen Maßstab für das Richtige? In anderen Worten, wozu ist die natürliche Ordnung als Ganzes überhaupt »gut«? Die übliche Antwort darauf lautet, daß das »Gute« für eine oder alle Spezies einfach darin besteht zu überleben. Die Wissenschaft ist vor allem an der Prognose interessiert, weil sie annimmt, daß das wesentliche Gut der Menschheit ihr Fortbestehen in der Zukunft ist. Die ist ebenfalls der Maßstab fast jeder praktischen Handlung: sie hat »Überlebenswert«. Aufgrund dieser Prämisse, die das höchste Gut des Lebens in seiner unbegrenzten Fortdauer in der Zeit sieht, und der Annahme, daß eine solche Fortdauer angenehm ist, wenn sie nur weitergeht, können wir das Richtige unseres Tuns daran ermessen, daß es uns noch gibt und nach menschlicher Voraussicht wahrscheinlich noch lange geben wird.

Die menschliche Rasse hat aufgrund dieser Annahme vielleicht schon eine Million Jahre vor dem Auftauchen der modernen Technik überlebt und könnte vermutlich noch einmal so lange überleben. Daher dürfen wir voraussetzen, daß sie bisher richtig gehandelt hat. Wir könnten einwenden, daß ihr Leben nicht sehr angenehm war, aber es ist schwer zu sagen, was dieses Urteil bedeutet. Der Rasse war es sicherlich angenehm weiterzuleben, denn sie lebte ja weiter. Andererseits sind nach knappen zwei Jahrhunderten industrieller Technik die Aussichten für das Überleben des Menschen ernsthaft in Frage gestellt. Unsere Existenz ist dadurch gefährdet, daß wir diesen Planeten entweder kahl essen oder in die Luft sprengen.

Das Ideal des Überlebens ist jedoch völlig sinnlos. Aus dem Studium der menschlichen und tierischen Psychologie könnte man tatsächlich den Eindruck gewinnen, daß »die Selbsterhaltung das erste Naturgesetz« sei, obwohl es sich dabei möglicherweise um einen Anthropomorphismus handelt, eine Projektion einer spezifisch menschlichen Einstellung auf die Natur. Wenn Überleben der Maßstab richtigen Handelns ist, dann hat das Leben einfach die Bedeutung von Zeit: Wir machen weiter, um weiterzumachen. Unsere Einstellung zur Erfahrung ist offenbar durch ständigen Hunger gekennzeichnet, denn selbst wenn wir befriedigt und voll Freude darüber sind, am Leben zu sein, schreien wir immer noch nach mehr. Dieser Schrei nach »Mehr!« ist der höchste Ausdruck unserer Zufriedenheit. Der Grund liegt offensichtlich darin, daß kein Augenblick des Lebens die wahre Erfüllung bringt. Selbst in der Sättigung bleibt eine nagende Leere, die nur durch die Unendlichkeit der Zeit ausgefüllt werden kann, denn »alle Lust will Ewigkeit«.

Der Zeithunger ist das direkte Ergebnis der Spezialisierung auf den engen Radius unserer Aufmerksamkeit, auf den Bewußtseinsmodus, der die Welt als Abfolge eines Gedankens und Dinges nach dem anderen wahrnimmt. Jede Erfahrung ist aus diesem Grunde einseitig, bruchstückhaft und unvollständig, und keine Summe dieser Fragmente wird jemals zu einer ganzen Erfahrung und einer wirklichen Erfüllung. Sie führen im großen und ganzen nur zu Überdruß und Übersättigung. Der Eindruck, daß die ganze Natur, wie wir selbst, nach unbegrenztem Überleben dürstet, ergibt sich zwangsläufig aus unserer Methode, die Natur zu erforschen. Die Antwort wird durch die Art der Fragestellung bereits determiniert. Die Natur scheint eine Reihe unbefriedigender Augenblicke zu sein, die immer nach mehr verlangen, weil wir sie auf diese Weise sehen. Wir begreifen sie, indem wir sie in Stücke schneiden, und nehmen an, sie sei ihrem Wesen nach ein Haufen von Fragmenten, und daraus schließen wir auf ein System endloser Unvollkommenheit, das nur durch ständige Ergänzung eine gewisse Erfüllung erreichen kann.

Das Denken und die Wissenschaft werfen daher Probleme auf, die mit ihren Forschungsmethoden nicht zu lösen sind, und viele von ihnen sind ohne Zweifel reine Probleme des Denkens. So ist auch die Dreiteilung des Winkels nur dann ein unlösbares Problem, wenn man sie mit Zirkel und Lineal konstruieren will, und Achilles wird die Schildkröte so lange nicht überholen, wie ihre Fortbewegung in Bruchstücken gesehen und die Entfernung zwischen ihnen endlos halbiert wird. Doch nicht Achilles, sondern das Meßverfahren ist schuld daran, daß er die Schildkröte nicht einholen kann, und so ist es auch nicht der Mensch, sondern seine Denkweise, die in der Erfahrung keine Erfüllung findet. Das soll keineswegs heißen, daß Wissenschaft und analytisches Denken nutzlose und destruktive Werkzeuge seien, sondern daß die Menschen, die sich ihrer bedienen, größer sein müssen als ihre Werkzeuge. Um als Wissenschaftler wirklich etwas zu leisten, muß man mehr sein als ein Wissenschaftler, und ebenso muß ein Philosoph mehr sein als ein Denker. Denn das analytische Vermessen der Natur sagt nichts über sie aus, wenn wir nicht fähig sind, die Natur auch auf andere Weise zu betrachten.

So sieht der Wissenschaftler als Wissenschaftler die Natur

überhaupt nicht; besser gesagt, er sieht sie nur durch seine Meßinstrumente, so als wäre ein Baum für einen Zimmermann nur dann sichtbar, wenn er ihn in Bretter zersägt und diese mit seinem Meßstab abmißt. Noch wichtiger ist jedoch, daß der Mensch als Ich die Natur überhaupt nicht sieht. Denn als ein Ich identifiziert sich der Mensch oder sein Geist, seine Gesamtwahrnehmung, mit der eingeengten, exklusiven Art von Aufmerksamkeit, die wir Bewußtsein nennen.[2] Daher wird die eines Tages vielleicht eintretende Wandlung die moderne Wissenschaft veranlassen, sich selbst als eine sekundäre Erkenntnisweise zu begreifen und auf eine primäre, grundlegende Form des Erkennens zu verweisen. Dies bedeutet viel mehr, als daß der Wissenschaftler andere, zum Beispiel religiöse Formen. der Erkenntnis außer seiner eigenen anerkennt, die in ihrem Bereich alle gültig sind. Denn damit würde man den Wissenschaftler als religiösen Menschen in die eine Kiste und den Wissenschaftler als Wissenschaftler in eine andere verbannen. Wir haben aber gesehen, daß die bedeutendsten wissenschaftlichen Erkenntnisse oder Intuitionen gerade durch die eher zögernde Anwendung einer nichtdenkenden Erkenntnisweise zustande kommen.

Daher setzt sich immer mehr die Einsicht durch, daß schöpferisches Denken am besten gedeiht, wenn man die Männer der Wissenschaft ermutigt, ihren Geist unsystematisch schweifen zu lassen, ohne Ergebnisse zu forcieren. Wer eine wahrhaft inspirierte Forschungsanstalt wie das Institute for Advanced Studies in Princeton besucht, wird einige der bedeutendsten Mathematiker der Welt sehen, die nur an ihren Schreibtischen sitzen und den Kopf in die Hände stützen oder gedankenverloren aus dem Fenster blicken, offensichtlich hochdotiert dafür, daß sie nichts anderes tun als »faulenzen«. Wie R. G. H. Siu in seinem Buch *Tao of Science* gezeigt hat, entspricht dies genau

---

[2] Trigant Burrow (Bibl.) prägte die treffenden Ausdrücke »Ditention« und »Cotention« für die intensive bzw. extensive Wahrnehmungsweise. Seine Untersuchung über die Beziehung zwischen Psychoneurosen und ditentivem Denken und Fühlen ist höchst beachtenswert.

dem taoistischen Prinzip, »Nicht-Wissen zu gebrauchen, um Wissen zu erlangen«. Es ist die westliche Entdeckung der schöpferischen Kraft des *wu-nien* oder »Nicht-Denkens« und des *kuan,* der Betrachtung ohne angespannte Aufmerksamkeit. Als erfahrener Forschungsdirektor argumentiert Siu treffend, daß eine solche Wahrnehmungsweise wesentlich ist, wenn die Forschung neue Konzeptionen und nicht nur Bestätigungen der alten bringen soll.[3] Zur Zeit genießt diese Methode noch kein Vertrauen und wird von der Analyse streng überprüft. Es ist jedoch sehr wahrscheinlich, daß die Unverläßlichkeit der wissenschaftlichen Intuition auf mangelnden Gebrauch und auf die ständige Ablenkung des Geistes durch selektive Aufmerksamkeit sowohl im wissenschaftlichen als auch im alltäglichen Bewußtsein zurückzuführen ist.

Die Wiederentdeckung unserer extensiven und intensiven Wahrnehmungsweise ist grundverschieden von der Aneignung einer moralischen Tugend, die der Gesellschaft durch Überredung und Propaganda eingetrichtert und durch Disziplin und Übung kultiviert wird. Wie wir wissen, sind solche Idealismen zum Scheitern verurteilt. Außerdem ist der moralische und geistige Idealismus mit seiner ganzen auf die Zukunft bezogenen Anstrengung und Disziplin ebenfalls eine Form jener Wahrnehmungsweise, die uns so zu schaffen macht. Denn sie begreift Gut und Böse, das Ideale und das Reale als getrennt voneinander und übersieht, daß »Güte« zwangsläufig das Ideal eines »bösen« Menschen sein muß, daß Mut das Ziel des Feiglings ist und daß nur die Beunruhigten den Frieden suchen. Wie Lao-tzu sagt:

> *Wenn das große Tao verlorengeht,*
> *entstehen Sittlichkeit und Gerechtigkeit.*
> *Wenn Klugheit und Wissen aufkommen,*
> *entstehen die großen Lügen.*

---

[3] Das ganze Werk von Siu kann als eine Erweiterung der in diesem Kapitel erörterten Themen betrachtet werden. Leider wurde ich erst darauf aufmerksam, als ich mein Buch beinahe beendet hatte. Siu zeigt die Möglichkeit einer

Wenn die Verwandten uneins werden,
so gibt es Kindespflicht und Liebe.
Geraten die Staaten in Verwirrung,
so gibt es die treuen Beamten. (XVIII)

Wie man »keine seidene Börse aus einem Schweinsohr machen« kann, so vermag keine Anstrengung den Aufruhr in Frieden zu verwandeln. Denn, wie ein anderer taoistischer Spruch besagt: »Wenn der unrechte Mensch die rechten Mittel gebraucht, dann wirken die rechten Mittel auf unrechte Weise.«

Das Denken mit seiner chronologischen Sicht, das die Dinge nur hintereinander betrachten kann, erwartet immer von der Zukunft die Lösung von Problemen, die nur in der Gegenwart zu meistern sind – allerdings nicht in der bruchstückhaften Gegenwart einer fixierten, zielgerichteten Aufmerksamkeit. Die Lösung muß, wie Krishnamurti sagt, im Problem selbst und nicht außerhalb gefunden werden. Mit anderen Worten, die beunruhigenden Emotionen und triebhaften Regungen des »bösen« Menschen müssen so gesehen werden, wie sie sind; besser gesagt, der Augenblick, in dem sie auftauchen, muß gesehen werden, wie er ist, ohne daß die Aufmerksamkeit sich auf einen Aspekt einengt. Und gerade hier, anstatt sich nach einer Zukunft zu sehnen, in der man ein anderer zu sein hofft, öffnet sich das Gemüt und läßt die ganze Erfahrung ein, in welcher und durch welche die Frage nach dem »Gut« des Lebens eine Antwort findet. So sagt Goethe in seinem Fragment *Die Natur:*

Sie setzt alle Augenblicke zum längsten Lauf an, und sie ist alle Augenblicke am Ziel... Alles ist immer da in ihr. Vergangenheit und Zukunft kennt sie nicht. Gegenwart ist ihr Ewigkeit.[4]

---

umfassenden Anwendung des chinesischen Denkens auf die Probleme der Wissenschaft, läßt jedoch die erforderlichen Merkmale einer solchen Geisteshaltung für den westlichen Leser zu sehr im dunkeln.

[4] Goethes Werke, Bd. 13, S. 45ff., Hamburg 1955.

3 Die Kunst des Fühlens

Die Worte, die sich einem zur Beschreibung eines schweigenden und weit offenen Geistes aufdrängen, sind meistens abwertende Ausdrücke, wie »gedankenlos«, »geistlos«, »gedankenverloren« und »verschwommen«. Vielleicht kommt das daher, daß wir eine angeborene Angst davor haben, die chronische Bewußtseinsverkrampfung zu lösen, mit der wir die Tatsachen des Lebens angehen und uns mit der Welt auseinandersetzen. Es ist nicht anders zu erwarten, als daß die Vorstellung einer unscharfen, nicht-selektiven Wahrnehmungsweise uns mit erheblicher Unruhe erfüllt. Wir meinen ganz sicher zu sein, daß dies einen Rückfall in die verschwommene Gefühlswelt von Kindern und Tieren bedeuten würde und wir nicht mehr wüßten, wo oben und unten ist, und daß wir bestimmt von einem Auto überfahren würden, sobald wir auf die Straße hinausgingen.

Das eingeengte Bewußtsein des Hintereinander, der im Gedächtnis gespeicherte Strom der Eindrücke ist das Medium unseres Ichgefühls. Es vermittelt uns die Empfindung, daß hinter dem Denken ein Denker und hinter dem Wissen ein Wissender, daß über dem wechselhaften Panorama der Erfahrung ein Individuum steht, das diese Erfahrung nach Möglichkeit in Ordnung und unter Kontrolle hält. Wenn das Ich verschwinden oder auch nur als eine nützliche Fiktion betrachtet würde, gäbe es keine Dualität zwischen Subjekt und Objekt, zwischen dem Erlebenden und dem Erlebnis mehr. Dann gäbe es lediglich einen kontinuierlichen, sich selbst in Bewegung setzenden Strom des Erlebens ohne ein aktives Subjekt, das diesen kontrolliert, oder ein passives Subjekt, das ihn erleidet. Der Denker wäre dann nicht mehr als die Abfolge von Gedanken und der Fühlende nicht mehr als die Gedanken selbst. Wie David Hume in seiner *Abhandlung über die menschliche Natur* sagt:

Wenn ich mich tief auf das einlasse, was ich mein *Selbst* nenne, stolpere ich immer über irgendeine bestimmte Wahrnehmung von Hitze oder Kälte, Licht oder Schatten, Liebe oder Haß, Schmerz oder Freude. Ich bekomme mich *selbst* nie zu fassen ohne eine Wahrnehmung, und ich kann niemals etwas anderes als die Wahrnehmung beobachten. ... (Wir sind) nichts als ein Bündel oder eine Sammlung verschiedener Wahrnehmungen, die mit unbegreiflicher Geschwindigkeit aufeinander folgen und sich in dauerndem Fluß und in ständiger Bewegung befinden.[1]

Gerade dies aber fürchten wir – den Verlust der menschlichen Identität und Integrität in einem vorübergleitenden Strom von Atomen. Hume, der gegen den Begriff des Selbst als eine metaphysische oder geistige Substanz argumentierte, hatte eben keine alternative Vorstellung zu dem »Bündel oder einer Sammlung« voneinander getrennter Wahrnehmungen, denn er übersetzte seine Erfahrung in die zersplitterte Form des linearen Denkens. Er behauptete, daß unsere sämtlichen Eindrücke »differenziert, voneinander trennbar und unterscheidbar sind, getrennt betrachtet werden, getrennt existieren können und zur Bestätigung ihres Daseins keines Dinges bedürfen«. Er durchschaute zwar die Fiktion einer separaten Ichsubstanz, übersah jedoch die Fiktion separater Dinge oder Wahrnehmungen, die das Ich als eine Form der Wahrnehmung von der Natur abstrahiert. Wie wir gesehen haben, können ihrem Wesen nach getrennte Dinge nur mechanisch oder politisch geordnet werden, so daß ohne ein wirkliches Ich, in dem die Eindrücke integriert und geordnet werden, die menschliche Erfahrung einem Mechanismus oder dem Chaos ausgeliefert ist.

Wenn die Welt der Natur weder aus Dingen besteht, die von einem Ich zu betrachten sind, noch aus Dingen, die zum Teil mechanisch gebündelte Empfindungen sind, sondern ein Feld

[1] Hume (Bibl.), S. 252.

»organischer« Beziehungen, dann brauchen wir nicht zu befürchten, daß Unordnung die einzige Alternative zu politischer Ordnung oder zum Mechanismus ist. Der Strom menschlicher Erfahrung würde dann weder durch ein transzendentales Ich noch durch einen transzendenten Gott, sondern durch sich selbst geordnet. Dies wäre jedoch das, was wir für gewöhnlich unter einer mechanischen oder automatischen Ordnung verstehen, denn die Maschine ist etwas, das »von selbst läuft«. Wie wir gesehen haben, besteht aber ein grundlegender Unterschied zwischen einem Organismus und einem Mechanismus. Ein Organismus läßt sich mit Hilfe eines mechanischen Modells ebenso darstellen, wie man »formlose« Figuren durch geometrische Modelle annähernd beschreiben kann und wie wir die Bewegungen der Planeten in die Ziffern eines Kalenders übersetzen können. Doch wie die Himmelskörper etwas anderes und sehr viel mehr sind als Zahlenverhältnisse und berechnete Bahnen, so dürfen Organismen und natürliche Formen nie mit ihrem mechanischen Schema verwechselt werden.

Nochmals sei darauf hingewiesen, daß die Ordnung des Denkens in ihrer linearen, schrittweisen Abfolge ein System von Beziehungen, in dem alles gleichzeitig sich ereignet, zwar annähernd beschreiben, aber niemals begreifen kann. Das wäre so, als müßte unser eingeengtes Bewußtsein sämtliche Körperfunktionen regulieren, so daß die Drüsen, Nerven und Arterien nur dann funktionieren könnten, wenn sie einzeln bedacht würden. Wie unsere geschriebene und gesprochene Sprache so eindrucksvoll zeigt, müssen wir unsere Gedanken der Reihe nach anordnen. Die Natur ist jedoch keine Reihe oder Linie. Sie ist im mindesten Fall ein Volumen und im höchsten Fall ein Feld unendlicher Dimensionen. Wir brauchen also einen Begriff der natürlichen Ordnung, der anders ist als der logische, anders als die Ordnung des Logos oder des Wortes, das auf der schrittweisen Wahrnehmung beruht.

Wie Needham gezeigt hat, besitzt die chinesische Philosophie einen solchen Begriff in ihrem neukonfuzianischen (und buddhistischen) Konzept von *li*, das am besten mit »Prinzip« zu übersetzen ist. *Li* steht für das universelle Prinzip der Ordnung, doch kann dieses Prinzip nicht durch Gesetze *(tse)* ausgedrückt werden. Die Grundbedeutung von *li* ist das Muster des Jadesteines, die Maserung des Holzes und die Fasern der Muskeln. Die Grundbedeutung von *tse* ist die Inschrift kaiserlicher Gesetze auf Opferkesseln.[2] Das Muster der Jade ist jedoch »formlos«. Das heißt, es ist unsymmetrisch, fließend und verschlungen, wie es der chinesischen Ästhetik entsprach. Wenn es daher heißt, daß das Tao »keine Gestalt«[3] habe, dürfen wir uns nicht einen leeren Raum vorstellen, sondern ein Muster ohne klar erkennbare Umrisse, jene natürlichen Formationen, die der chinesische Maler in Steinen und in Wolken bewundert und die er manchmal durch das Medium schwarzer Tusche, mit kühnen Strichen eines nicht zu feuchten Pinsels aufgetragen, wiedergibt. Mit den Worten von *Huai Nan Tzu:*

Das Tao des Himmels wirkt geheimnisvoll und im verborgenen; es hat keine feste Gestalt; es folgt keinen bestimmten Regeln *(tse);* es ist so groß, daß du nie an sein Ende gelangen, und so tief, daß du es nie ergründen kannst.[4]

Indes ist die Ordnung des Tao nicht so unergründlich, daß der Mensch in ihr nur Verwirrung erblicken würde. Der Künstler handhabt sein Material dann mit Vollendung, wenn er die Natur nachvollzieht, wenn er weiß, wie er beim Schnitzen des Holzes der Maserung folgen und die Klangqualitäten der verschiedenen Musikinstrumente einsetzen muß. Die Natur des Materials ist eben dieses *li*. Er entdeckt es allerdings nicht

---

[2] Die Schriftzeichen sind in Mathews' *Chinese-English Dictionary* zu finden: 3864 (li) und 6746 (tse), die ursprünglichen Formen in Karlgrens *Grammata Serica*, 978 und 906. Da die chinesischen Wörter in ihrer latinisierten Form kaum einen Hinweis auf das tatsächliche Schriftbild geben, werden wir nun an chinesische Termini mit ihrer Nummer in Mathews' *Dictionary* angeben, z. B. M 3864.
[3] *Yung*, M 7560.
[4] *Huai Nan Tzu*, 9. Übers. nach Needham (Bibl.), Bd. 2, S. 561.

durch logische Analyse, sondern durch *kuan*[5], die bereits erwähnte »wortlose Betrachtung«, durch die Anschauung der Natur, ohne im Sinne einer eingeengten Aufmerksamkeit zu *denken*. Über das Hexagramm *kuan* im *Buch der Wandlungen* schreibt Wang Pi:

Die allgemeine Bedeutung des Tao von *kuan* liegt darin, daß man nicht mittels Strafe und Druck der Gesetze herrschen, sondern durch Voraussicht eine solche Wirkung ausüben sollte, die alle Dinge verändert. Wir sehen nicht, wie der Himmel den vier Jahreszeiten befiehlt, und dennoch weichen sie nicht von ihrer Bahn ab. Ebenso sehen wir nicht, daß der Weise den Menschen Befehle gibt, und dennoch gehorchen und dienen sie ihm spontan.[6]

Die Dinge werden also in Ordnung gebracht, wenn man sie von einem Standpunkt betrachtet, der vom Ich nicht eingeschränkt ist; denn ihr *li* oder ihre Struktur kann nicht beobachtet werden, wenn man splitterhaft schaut und denkt oder wenn man sie als von einem selbst, dem Subjekt, getrennte Objekte sieht. Das chinesische Schriftzeichen für *kuan* zeigt das Wurzelzeichen für »Sehen« neben einem Vogel, vermutlich einem Reiher, und obgleich Needham der Ansicht ist, daß dieses Bild auf die Deutung des Vogelflugs als Omen hinweist, neige ich zu der Annahme, daß die Grundidee sich von der Eigenart des Reihers herleitet, unbeweglich am Ufer eines Teiches zu sitzen und ins Wasser zu schauen. Er erweckt den Anschein, als würde er nicht auf Fische lauern, doch sobald ein Fisch sich regt, taucht er ihm nach. *Kuan* ist also einfach das schweigende, weit offene Beobachten, das kein bestimmtes Ergebnis sucht. Es kennzeichnet eine Beobachtungsweise, in der es keine Dualität zwischen dem Seher und dem Gesehenen gibt: nur das Sehen existiert. Der Reiher, der in dieser Art beobachtet, ist ganz Teich.
Dies ist in gewissem Sinn, was wir unter *Fühlen* verstehen, wie

---

[5] M 3575.
[6] Übers. nach Needham, Bd. 2, S. 561–62.

wenn einer tanzen lernt, indem er beobachtet und den Tanz »ins Gefühl« bekommt, anstatt festgelegte Schritte zu vollziehen. In ähnlicher Weise entwickelt der Schläger beim Cricket oder Baseball seine Geschicklichkeit eher durch »Gespür« als durch das Studium genauer technischer Anweisungen. Nach dem Gefühl unterscheidet auch der Musiker den Stil der Komponisten, identifiziert der Weinprüfer den Jahrgang, sagt der Bauer das Wetter voraus, formt der Töpfer an der Scheibe seinen Ton. Bis zu einem gewissen Grad gibt es in diesen Künsten mitteilbare Regeln, aber wahre Meisterschaft zeichnet sich durch etwas Undefinierbares aus. Bei *Chuang-tzu* sagt ein alter Wagner:

Ich möchte ein Beispiel aus meinem eigenen Handwerk geben. Wenn man ein Rad macht, darf man nicht zu langsam arbeiten, sonst wird es nicht fest; arbeitet man zu schnell, passen die Speichen nicht hinein. Man darf weder zu langsam noch zu schnell arbeiten. Gemüt und Hand müssen aufeinander abgestimmt sein. Mit Worten läßt es sich nicht erklären, denn es liegt eine geheimnisvolle Kunst darin. Ich kann sie meinen Sohn nicht lehren, noch kann er sie von mir erlernen. Obwohl ich siebzig Jahre alt bin, mache ich in meinem Alter immer von Wagenräder.[7]

Wenn wir diese Künste analysieren, scheinen sie zunächst das Resultat »unbewußten Denkens« zu sein, in dem das Gehirn als ein ungeheuer komplexer elektronischer Computer funktioniert, der seine Resultate dem Bewußtsein liefert. Mit anderen Worten, diese Ergebnisse sind die Folge eines Denkprozesses, der sich vom bewußten Denken nur in der Quantität unterscheidet: er ist schneller und komplexer. Doch sagt dies über die Tätigkeit des Gehirns weniger aus als darüber, in welcher Weise es erforscht und welchem Modell es angenähert wurde. Das Gehirn kann als etwas quantitativ Meßbares beschrieben werden, aber daraus folgt nicht, daß es wirklich so funktioniert. Im Gegenteil, es funktioniert in gar keiner bestimmbaren Weise und kann deshalb intelligent auf Bezie-

[7] H. A. Giles (Bibl.) S. 171.

hungen reagieren, die nur annähernd, langsam und mühsam zu bestimmen sind.

Wenn wir aber die Frage nach der Wirkungsweise des Fühlens weiter verfolgen und erkennen, daß eine Antwort in Form einer Begriffsbestimmung nichts besagt, dann müssen wir feststellen, daß es so wirkt, wie es sich innerlich anfühlt, oder in der Weise, wie wir gefühlsmäßig unsere Beine bewegen. Wir vergessen leicht, daß darin eine intimere Kenntnis unserer Natur liegt als in einer objektiven Beschreibung, die oberflächlich sein muß, weil sie ja nur die Oberfläche kennt. Daher bringt es dem Wissenschaftler wenig, die Funktionsweise seines Gehirns bestimmen zu können, denn in der Praxis erhält er seine besten Resultate, wenn er sich auf sein Gefühl oder seine Intuition verläßt und ganz gemächlich, gleichsam ohne Absicht, zu Werke geht. Er muß natürlich über eine Terminologie verfügen, mit deren Hilfe er seine Ergebnisse als solche erkennen kann, die es ihm ermöglicht, seine Forschungsresultate sich selbst und anderen verständlich zu machen. Aber sie liefert die Resultate ebensowenig, wie das Wörterbuch und die Regeln der Verskunst dem Dichter seine Gedichte liefern. *Kuan* als absichtsloses Fühlen oder offene Bewußtheit ist daher für den Wissenschaftler bei aller analytischen Strenge ebenso wichtig wie für den Dichter. Diese Geisteshaltung hat Ling Ching-hsi in seinem *Poetischen Nachlaß des Alten Mannes vom Berge Chi* wunderbar beschrieben:

Gelehrte der alten Zeit sagen, der Geist sei ursprünglich leer und nur deshalb könne er auf die natürlichen Dinge ohne Vorurteile (wörtlich: zurückgelassene Spuren, *chi*[8], die das später Geschaute beeinflussen) antworten.[9] Nur der leere Geist kann auf die Dinge der Natur antworten. Obwohl jedes Ding im Geist widerhallt, so sollte der Geist

---

[8] M. 502. Bedeutet auch »Bewegliche Habe« und »Erforschen«.

[9] *Ying,* M 7477. Needham weist darauf hin, daß dies der Terminus technicus für »Resonanz« ist, eine auf dem Buch der Wandlungen beruhende Grundvorstellung der chinesischen Philosophie, welche die Beziehung zwischen Ereignissen betrifft. Vgl. Meister Eckhart: »Wenn mein Auge die Farben unterscheiden soll, muß es selbst frei von Farbe sein.«

so sein, als gäbe es keinen Nachklang in ihm, und die Dinge sollten nicht in ihm verweilen. Wenn aber der Geist einmal die (Eindrücke von) natürlichen Dingen empfangen hat, neigen sie dazu, zu verweilen und nicht zu verschwinden, und so hinterlassen sie Spuren im Geist. Dieser sollte einem tiefen Fluß gleichen, über den Schwäne hinwegfliegen. Der Fluß hat kein Verlangen, den Schwan zurückzuhalten, doch sein Flug zeichnet sich genau in seinem Schatten ab. Nehmen wir ein anderes Beispiel. Alle Dinge, ob schön oder häßlich, werden in einem Spiegel vollständig abgebildet. Dieser weigert sich nie, ein Bildnis zu zeigen, noch hält er später die Dinge fest.[10]

Kuan ist ebenso wenig ein Geist, der nur leer ist, wie *li,* die Struktur des Tao, ein gestaltloses Vakuum ist. In der Tat ist *kuan* weniger ein inhaltsleerer Geist als ein geistentleerter Geist. Es ist der tätige Geist, die sich vollziehende Erfahrung, ohne das suchende und starrende Subjekt, denn die Ichempfindung ist die Empfindung einer Art von Anstrengung des Bewußtseins, von einer Verwechslung von Nerven und Muskeln. Da aber Glotzen und Starren den Blick nicht klarer macht und angestrengtes Lauschen das Gehör nicht schärft, so fördert geistige »Anstrengung« auch nicht das Verständnis. Nichtsdestoweniger bemüht sich der Geist ständig, gegen Langeweile und Depression anzukämpfen, aus einem Vergnügen den höchsten Genuß zu ziehen oder sich zu zwingen, liebevoll, aufmerksam, geduldig oder glücklich zu sein. Wenn man ihm sagt, dies sei verkehrt, wird der Geist sich anstrengen, keine Anstrengung zu machen. Das hat erst dann ein Ende, wenn man einsieht, daß all diese Bemühungen so vergeblich sind, als wollte man in die Luft springen und fliegen, den Schlaf erzwingen oder eine sexuelle Erregung mit dem Willen provozieren. Jeder kennt das vergebliche Bemühen, sich an einen vergessenen Namen zu erinnern, und obwohl es immer wieder vorkommt, haben wir nicht genügend Vertrauen, daß unser Gedächtnis uns die gewünschte Auskunft spontan erteilen wird. Doch ist diese Spontaneität eine der gewöhnlichsten Formen von *satori,* wie der Zen-Buddhismus sie nennt

[10] Chi Shan Chi, 4. Übers. nach Needham, Bd. 2, S. 89.

– das mühelose, plötzliche Auftauchen einer Erkenntnis. Die Schwierigkeit liegt natürlich darin, daß der Geist sich durch die Macht der Gewohnheit anspannt und, solange er diese Gewohnheit nicht ablegt, immer, wenn auch behutsam, beaufsichtigt werden muß.[11]

Wenn wir sagen, daß das Ich die Empfindung einer geistigen Anstrengung ist, dürfen wir nicht übersehen, daß die Worte »Ich« und »Ego« manchmal verwendet werden, um *diesen* Organismus von seiner Seele oder seinen psychischen Funktionen zu unterscheiden. In diesem Sinn bedeutet »Ich« natürlich nicht unbedingt einen Zustand der Anstrengung oder irgend eine psychische Spannung. Die Ichempfindung ist aber als Teilfunktion des ganzen Organismus, besser gesagt: als eine innere Entität, die den Organismus besitzt und ihm innewohnt, das Resultat einer übermäßigen Aktivität der Sinne und bestimmter Muskeln. Wir verbrauchen nämlich mehr Energie als nötig, um zu denken, zu sehen, zu hören oder Entscheidungen zu treffen. Auch wenn sie flach auf dem Boden liegen, spannen die meisten Menschen ganz unnötigerweise ihre

[11] Die gewohnheitsmäßige Anspannung des Geistes kann vorübergehend durch den Gebrauch bestimmter Drogen, wie Alkohol, Meskalin und LSD, behoben werden. Während Alkohol das Bewußtsein trübt, ist das bei Meskalin und LSD nicht der Fall. Daher induzieren diese beiden Chemikalien, manchmal auch Nitrooxyd und Kohlendioxyd, einen Bewußtseinszustand, in dem das Individuum seine Beziehung, ja, seine Identität mit der ganzen Natur empfindet. Obwohl dieser Zustand scheinbar demjenigen gleicht, der durch »natürlichere« Mittel zu erreichen ist, unterscheidet er sich von diesem, wie das Schwimmen mit einer Schwimmweste sich vom freien Schwimmen unterscheidet. Aufgrund meiner persönlichen, wenngleich begrenzten Experimente zur Untersuchung von LSD mit einem Forscherteam bin ich der Meinung, daß der induzierte Bewußtseinszustand mit dem echten mystischen Zustand irrtümlich gleichgesetzt wird, weil beide in ähnlicher Sprache beschrieben werden. Die Erfahrung ist multidimensional, als ob alles in allem enthalten wäre oder alle anderen Dinge voraussetzen würde, und bedarf daher einer Schilderung, die vom Standpunkt der normalen Logik paradox sein muß. Doch während die Droge eine unendlich komplexe Sicht der Natur vermittelt, wirkt der mystische Zustand klärend und vermittelt eine unendlich einfache Sicht. Die Droge scheint der Vernunft etwas »Kaleidoskopartiges« zu verleihen, das die Wahrnehmung der Beziehungen so strukturiert, wie es ihrem eigenen »Muster« entspricht.

Muskeln an, um ihre Lage beizubehalten, als fürchteten sie, daß ihr Organismus seine Gestalt verlieren und auseinanderfließen könnte. All dies entspringt der Angst, die wir erworben haben, als wir Kontrolle und Koordination lernten, denn unter dem sozialen Druck versucht das Kind, die optimale Steuerung seiner Nerven durch reine Muskelkraft zu steigern.

Trotz allem, was bisher gesagt wurde, sind wir so überzeugt von der Notwendigkeit geistiger Anstrengung, daß wir sie uns kaum abgewöhnen werden, ehe eine Reihe theoretischer Einwände nicht entkräftet ist. Die »geistige Verspannung«, über welche die konventionelle Psychologie klagt, ist natürlich eine extreme Verspannung, aber es wird allgemein nicht erkannt, daß jedes Maß an geistiger Anspannung ein Widerspruch ist. Die beiden Haupteinwände dagegen lauten wohl, daß eine mangelnde Anspannung erstens eine mystische, pantheistisch verschwommene Weltanschauung begünstigen würde, die sowohl demoralisierend als unkritisch wäre; und daß dieser Mangel zweitens zu einem Überschwang der Gefühle führen würde, da geistige Anspannung wesentlich für jede Art der Selbstkontrolle ist.

In theologischen Kreisen steht der »Pantheismus« schon lange in Verruf, und für diejenigen, die auf handfeste, definitive religiöse und philosophische Anschauungen Wert legen, ist das Wort »Mystik« mit demselben Odium behaftet. Für sie ist Mystik etwas Nebuloses und Vages, ein Verschleiern von Problemen und ein Verwischen von Unterschieden. Von diesem Standpunkt aus gibt es daher nichts Schrecklicheres als einen »mystischen Pantheismus« oder eine »pantheistische Naturmystik«, also genau das, was die geistige Haltung von *kuan* offenbar fördert. Man kann solche Leute noch so sehr vom Gegenteil überzeugen wollen, sie lassen sich nicht davon abbringen, daß die taoistische und buddhistische Mystik die interessanten und bedeutsamen Unterschiede der Welt zu einer tödlichen Gleichförmigkeit reduziert.[12] Ich bin Gott, du bist

---

[12] In meinem Buch *Supreme Identity* habe ich meine Auffassung des Vedanta dargelegt und eingehend seinen Unterschied zum Pantheismus und allen anderen Typen einer »akosmischen« Mystik erläutert, welche das Ideal darin

Gott, alles ist Gott, und Gott ist ein grenzenloses, formloses Meer, ein Pudding dumpfer Bewußtheit. Der Mystiker ist also ein Schwachsinniger, der sich für dieses langweilige »undifferenzierte ästhetische Kontinuum« (Northrop) begeistert, weil es irgendwie die Konflikte und Übel der Welt zu einem transzendenten Guten vereint.

Dies ist offensichtlich eine Karikatur von Ignoranten; wir können zur Verteidigung philosophischer Unbestimmtheit jedoch einiges vorbringen. Es sind Leute verschiedenster Provenienz, die gemeinsam über sie spotten: logische Positivisten und katholische Neu-Thomisten, dialektische Materialisten und protestantische Neu-Orthodoxe, Behavioristen und Fundamentalisten. Trotz gewaltiger Meinungsverschiedenheiten untereinander gehören sie alle zu dem Typ, dem es eine besondere Genugtuung bereitet, eine fest umrissene, harte und starre Lebensphilosophie zu besitzen. Sie reichen von dem Typ des Wissenschaftlers, der an dem Begriff der »brutalen Tatsachen« einen Narren gefressen hat, bis zu dem religiösen Eiferer, dessen liebstes Kind ein System »unzweideutiger Dogmen« ist. Zweifellos gibt es dem Menschen ein Gefühl großer Sicherheit, wenn er sagen kann: »Die klare und autoritative Lehre der Kirche besagt...«, oder wenn er eine logische Methode beherrscht, mit der er andere, insbesondere metaphysische, Anschauungen in der Luft zerreißen kann. Eine solche Einstellung findet man gewöhnlich bei einem aggressiven Persönlichkeitstyp, der scharfe Definitionen wie die Klinge eines Schwertes benützt. Dies ist mehr als eine metaphorische Redensart, denn wie wir gesehen haben, sind die Gesetze und Hypothesen der Wissenschaft keine Entdeckungen, sondern Instrumente wie ein Messer oder ein Hammer, mit dem man sich die Natur nach seinem Willen

---

sehen, die natürliche Welt völlig aus dem Bewußtsein zu löschen. Trotzdem kritisierte Reinhold Niebuhr mein Buch in *The Nation,* weil es angeblich die Ansichten vertrat, gegen die ich in Wirklichkeit zu Felde zog. Dies ist ein interessantes Beispiel dafür, daß die christlichen Polemiker viel Energie verschwenden, Ansichten zu attackieren, die nur in ihrem Kopf existieren.

zurechtklopft. Es gibt also einen Persönlichkeitstyp, der mit einer ganzen Ausrüstung spitzer, harter Instrumente auf die Welt zugeht und mit diesen Werkzeugen das Universum in präzise, sterile Kategorien zerlegt, die seinen Seelenfrieden nicht stören.

Manchmal ist im Leben ein scharfes Messer am Platz, aber eine andere Art des Kontakts mit der Welt wäre noch wichtiger. Der Mensch soll kein »intellektuelles Stachelschwein« sein, das seiner Umgebung immer seine stachelbewehrte Oberfläche zeigt. Der Mensch begegnet der Außenwelt mit einer weichen Haut, mit einem empfindlichen Augapfel und Trommelfell und tritt mit ihr durch eine unbestimmbare, warme, liebkosende, mit ihr verschmelzende Berührung in Kontakt. Mit dieser Berührung hält er die Welt nicht auf Distanz wie einen Feind, den man erschießen muß, sondern er umarmt die Welt, um mit ihr ein Fleisch zu werden wie mit einer geliebten Frau. Schließlich können wir nur dann klare Kenntnisse von der Welt gewinnen, wenn wir sensible Organe haben, durch welche die Außenwelt gleichsam in unseren Körper hineingetragen wird, so daß wir eben durch unsere eigenen Körperzustände Kenntnis dieser Welt erlangen.

Daher ist es so wichtig, als geistige Instrumente Anschauungen zu haben, die vage, nebulos und fließend sind anstatt klar umrissen. Sie ermöglichen uns die Kommunikation, den wirklichen Kontakt und eine viel intimere Beziehung zur Natur, als wenn wir um jeden Preis die »objektive Distanz« wahren wollen. Die chinesischen und japanischen Maler verstanden, daß es Landschaften gibt, die man am besten durch halbgeschlossene Lider betrachtet, daß manche Berge am anziehendsten sind, wenn der Nebel sie halb verschleiert, und daß Wasser manchmal am tiefsten scheint, wenn der Horizont sich verliert und es mit dem Himmel verschmilzt.

Durch den Abendnebel fliegt eine einsame Gans;
von gleicher Farbe sind das weite Wasser und der Himmel.

Oder gedenken wir Po Chü-i's Zeilen über einen »Abendspaziergang bei sachtem Regen«:

Herbstwolken, dunkel, verschwommen;
der Abend einsam und kalt.
Ich fühlte die Feuchte in den Kleidern;
doch ich sah keinen Tropfen und hörte den Regen nicht.

Oder Lin Yutang's Fassung von Chia Tao's »Vergeblicher Suche nach dem Einsiedler«:

Ich fragte den Knaben unter den Kiefern.
Er sagte: »Der Meister ging alleine fort,
Kräuter zu sammeln auf dem Berg,
dem wolkenverhüllten. Es kennt niemand den Ort.«

Seami reiht Bilder mit ähnlicher Stimmung aneinander, um zu erklären, was die Japaner unter *yugen* verstehen, einer subtilen Art von Schönheit, die etwas Dunklem, Verborgenem entspringt: »Die Sonne hinter einem blumenbedeckten Hügel sinken sehen, in einem riesigen Wald immer weiter wandern, ohne an Rückkehr zu denken, an einem Ufer stehen und einem Boot nachschauen, das hinter fernen Inseln verschwindet, über die Reise der Wildgänse nachdenken, die sich in den Wolken verlieren.«[13] Es gibt jedoch eine aufdringliche geistige Robustheit, die sich immer beeilt, das Geheimnis aufzuklären, die genau ermitteln will, wohin die Wildgänse geflogen sind, welche Kräuter der Meister wo sammelt, die das wahre Gesicht einer Landschaft nur im grellen Licht der Mittagssonne sieht. Es ist die Haltung des westlichen Menschen, die jede traditionsbewußte Kultur unerträglich findet, nicht nur, weil sie taktlos und abgeschmackt, sondern weil sie blind ist. Sie nimmt den Unterschied zwischen Oberfläche und Tiefe nicht wahr. Sie sucht Tiefe, indem sie die Oberfläche zerschneidet. Aber Tiefe

[13] Waley (Bibl.) S. 21–22.

kann nur erkannt werden, wenn sie sich selbst offenbart, denn sie entzieht sich immer dem suchenden Geist. Mit den Worten von Chuang-tzu:

Dinge entstehen um uns herum, aber keiner weiß, woher sie kommen. Sie quellen hervor, doch niemand sieht, durch welche Pforte. Die Menschen allesamt schätzen den Teil des Wissens, der bekannt ist. Sie wissen nicht, wie sie das Unbekannte erschließen können, um Wissen zu erlangen. Ist dies nicht ein Fehler?[14]

Wir verkennen so leicht den Unterschied zwischen der Angst vor dem Unbekannten und der Achtung vor dem Unbekannten, in der Meinung, daß diejenigen, die nicht gleich mit greller Beleuchtung und mit Messern darauf losgehen, von einer heiligen, abergläubischen Furcht abgehalten werden. Achtung vor dem Unbekannten ist die Einstellung derjenigen, die, anstatt die Natur zu vergewaltigen, um sie werben, bis sie sich selbst erschließt. Doch auch dann bietet sie nicht die kalte Klarheit der Oberfläche, sondern die warme Innerlichkeit des Leibes dar – etwas Geheimnisvolles, das nicht einfach eine Negation, eine reine Abwesenheit des Wissens ist, sondern die positive Substanz, die wir das Wunderbare nennen.

»Das Höchste, wozu der Mensch gelangen kann«, sagte Goethe zu diesem Thema, »ist das Erstaunen, und wenn ihn das Urphänomen in Erstaunen setzt, so sei er zufrieden; ein Höheres kann es ihm nicht gewähren, und ein Weiteres soll er nicht dahinter suchen: hier ist die Grenze. Aber den Menschen ist der Anblick eines Urphänomens gewöhnlich noch nicht genug, sie denken, es müsse noch weitergehen, und sie sind Kindern ähnlich, die, wenn sie in einen Spiegel geguckt, ihn sogleich umwenden, um zu sehen, was auf der andern Seite ist.[15]

Denn wie Whitehead sagt:

Wenn du auch alles über die Sonne, alles über die Atmosphäre und alles über die Drehung der Erde weißt, wird dir vielleicht trotzdem das

---

[14] H. A. Giles (Bibl.) S. 345.
[15] Gespräche mit Eckermann (Bibl.), 18. Februar 1829.

Leuchten des Sonnenuntergangs fehlen. Es gibt keinen Ersatz für die unmittelbare Wahrnehmung *(kuan)* des konkreten Vollzugs eines Dinges in seiner Wirklichkeit.[16]

Dies ist gewiß ein Materialismus im wahren Sinn des Wortes, oder besser gesagt, ein wahrer Substantialismus, denn Materie ist stammverwandt mit »Meter« und bezeichnet eigentlich nicht die Wirklichkeit der Natur, sondern ihr Maß und ihre Meßbarkeit. Und »Substanz« wäre in diesem Sinne nicht die grobe Vorstellung von »Stoff«, sondern das, was die Chinesen unter *t'i*[17] verstehen – die Ganzheit, die Gestalt, das vollständige Beziehungsfeld, das sich jeder linearen Darstellung entzieht. Die natürliche Welt offenbart ihren Inhalt, die Fülle ihrer Wunder nur dann, wenn die Achtung uns daran hindert, sie auf eine Weise zu erforschen, daß sie in Abstraktionen zersplittert wird. Wenn ich unbedingt jeden Horizont überschreiten muß, um herauszufinden, was dahinter liegt, werde ich die wahre Tiefe des Himmels, den ich auf dem Kamm eines Hügels zwischen Bäumen erblicke, nie richtig würdigen können. Wenn ich die Schluchten vermessen und die Bäume zählen muß, werde ich dem Rauschen eines verborgenen Wasserfalles nie andächtig lauschen können. Wenn ich jeden Steig erforschen und untersuchen muß, werde ich merken, daß der Pfad, der sich oben am Berghang im Walde verliert, doch nur zu den Vorstädten zurückführt. Für den Geist, der jeder Straße bis ans Ende folgt, führt keine an irgend einen Ort. Sich dieses Gebarens zu enthalten, bedeutet nicht, der Ernüchterung durch die wirklichen Tatsachen aus dem Wege zu gehen, sondern zu erkennen, daß man durch Verweilen, nicht durch Vorwärtsgehen ankommt und daß man durch ständiges In-die-Ferne-Blicken blind für das bleibt, was hier ist.

Um die Natur, das Tao und die »Substanz« der Dinge zu kennen, müssen wir sie kennenlernen, wie im biblischen Sinn ein Mann eine Frau »erkennt« – in der warmen Unbestimmt-

[16] Whitehead (Bibl.), S. 248.
[17] M 6246.

heit der unmittelbaren Berührung. Wie es in der *Wolke des Nichtwissens* heißt: »Durch Liebe kann Gott erfaßt und bewahrt werden, doch niemals durch das Denken.« Dies heißt auch, daß es ein Fehler wäre, die Natur als etwas *wirklich* Vages, Formloses anzusehen, wie Nebel, diffuses Licht oder Gallerte. Das Bild des Vagen, Unbestimmten bedeutet, daß wir, um die Natur außerhalb unseres Selbst und in unserem Inneren kennenzulernen, jede Vorstellung, jeden Gedanken und jede Meinung darüber, was sie sei, fahrenlassen – und sie einfach anschauen. Wenn wir uns eine Vorstellung von ihr machen müssen, soll sie so vage wie nur möglich sein, und daher ist sogar für westliche Menschen ein solch amorpher Begriff wie das Tao einer Gottesidee mit ihren allzu bestimmten Assoziationen vorzuziehen.

Die Gefahr der »pantheistischen« und mystischen Einstellung zur Natur liegt natürlich darin, daß diese Sicht zu exklusiv und einseitig werden kann, wenn die Geschichte auch wenig Beispiele dafür bietet. Es gibt keinen wirklichen Grund, warum dies geschehen sollte, denn der Vorteil dieser Anschauung besteht eben darin, daß sie den amorphen Hintergrund sichtbar macht, gegen den die Gestalt der täglichen, praktischen Probleme sich um so deutlicher abhebt. Wenn wir unsere Vorstellung vom Hintergrund (Seinsgrund) und von Gott stark formalisieren, dann ist praktisches Handeln so qualvoll, als wollte man auf eine bereits bedruckte Seite etwas schreiben. Wir sehen die Probleme nicht klar, weil wir nicht begreifen, daß Recht und Unrecht so zu betrachten sind wie die Regeln der Grammatik: als Konventionen zum Zweck der Kommunikation. Wenn wir Recht und Unrecht im Absoluten, im Seinsgrund verankern, werden die Regeln nicht nur zu starr, sondern sie werden auch von einer zu gewichtigen Autorität sanktioniert. Wie es in einem chinesischen Sprichwort heißt: »Erschlage eine Fliege auf dem Kopf deines Freundes nicht mit einem Beil.« Trotz der Verankerung der Richtlinien des Handelns im göttlichen Urgrund ist es dem Westen nicht gelungen, eine ungewöhnlich hohe Moral auszubilden. Im Gegenteil, er hat gerade die gewalttätigen ideologischen Revolutionen gegen eine unerträglich gewordene Autorität hervorgebracht, die für die Geschichte des Abendlandes so bezeichnend sind. Das gleiche gilt für eine starre wissenschaftliche Dogmatik über die Frage, was natürlich ist und was nicht.

In der Praxis hat sich eine Mystik, die jede starre Formulierung sowohl der Natur als auch Gottes vermeidet, auf die Entwicklung der Wissenschaft gewöhnlich günstig ausgewirkt.[18] Denn ihre Einstellung ist empirisch, sie legt mehr Wert auf konkrete Erfahrung als auf theoretische Konstrukte und Glaubenssätze, und ihre geistige Haltung ist kontemplativ und rezeptiv. Die Mystik läßt sich nur dann mit der Wissenschaft schlecht vereinbaren, wenn diese abstrakte Denkmodelle mit der Natur gleichsetzt, wenn sie kurzsichtig in die Natur eingreift, oder wenn gewisse vorwissenschaftliche Anschauungen des Menschen vorliegen, von denen die Wissenschaft sich nicht erholt hat. Außerdem bietet die mystische Einstellung eine Grundlage des Handelns, die keine schwerfällige, lineare und legalistische Auffassung des göttlichen Willens oder der Naturgesetze auf der Basis *vergangener* Experimente darstellt.

Die Haltung von *kuan* ist besonders feinfühlig gegenüber den Bedingungen des unmittelbaren Augenblicks in all seinen fließenden Wechselbeziehungen. Wie wir gesehen haben, tut sich die wissenschaftliche Erkenntnis mit ihrer linearen Komplexität dagegen schwer, ihr Wissen bei raschen Entscheidungen anzuwenden, besonders dann, wenn »die Umstände den Fall verändern«. In diesem Sinn schrieb Seami über das Geheimnis des erfolgreichen Dramas:

Wer in das tiefste Wesen dieser Kunst einen Blick tut, wird finden, daß das, was wir »die Blume« (des *yugen*) nennen, nicht separat existiert. Wenn nicht der Zuschauer das Schauspiel mit tausend Vorzügen ausstatten würde, gäbe es überhaupt keine »Blume«. Im Sutra steht: »Gut und Böse sind eins; Schurkerei und Ehrlichkeit sind von gleicher Art.« Nach welchem Maßstab sollen wir denn das Gute

[18] Vgl. dazu Needham (Bibl.), 2. Bd. S. 89–98.

vom Bösen unterscheiden? Wir können doch nur das nehmen, was dem Bedürfnis des Augenblicks entspricht, und es das »Gute« nennen.[19]

Eine solche Haltung wäre wirklich kurzsichtig, wenn sie auf der linearen und punktuellen Ansicht des Augenblicks beruhte, in der jedes »Ding« nicht in seiner Beziehung zum Ganzen betrachtet wird.[20] Zum Beispiel ist es oft so, daß wir die Menschen, die wir am stärksten hassen, auch am meisten lieben, und wenn wir unsensibel sind für diese Wechselbeziehung, kann es geschehen, daß wir das Gefühl als Teil mit dem Ganzen verwechseln und eine Person zerstören, die wir lieben, oder eine Person heiraten, die wir hassen werden.

Dies führt uns nun zu dem zweiten theoretischen Einwand, daß die geistige Anstrengung des kontrollierenden Ichs nötig sei, wenn wir uns von unseren von Natur aus undisziplinierten Emotionen nicht hinreißen lassen wollen. Wiederum beruht der Einwand auf einer politischen anstatt einer organischen Anschauung vom menschlichen Wesen. Es wird angenommen, daß die Psyche sich aus separaten Teilen, Funktionen oder Fähigkeiten zusammensetzt, als hätte der Herrgott den Menschen gemacht, indem er einem tierischen Körper die Seele eines Engels wie ein Reis aufpfropfte. So stellt man sich den Menschen als die Summe seiner gesammelten Kräfte, Triebe

---

[19] Waley (Bibl.), S. 22.

[20] Ein glänzendes Beispiel der Feinfühligkeit für den Augenblick finden wir in der Anwendung des Zen auf *kendo,* die Schwertkunst. Auch wenn der Schwertkämpfer noch so viele Regeln und Reflexe eingeübt hat, können sie ihn doch niemals auf die unendlich vielen verschiedenen Angriffe vorbereiten, die ihm begegnen können, zumal, wenn er es mit mehr als einem Gegner zu tun hat. Es wird ihm daher beigebracht, nie besondere Vorbereitungen für irgend einen Angriff zu treffen, noch aus einer bestimmten Richtung einen Angriff zu erwarten. Denn sonst müßte er, um einem ungewöhnlichen Angriff begegnen zu können, eine Stellung aufgeben, um eine andere einzunehmen. Er muß imstande sein, aus einem entspannten Mittelpunkt der Ruhe sofort in die nötige Richtung zu springen. Diese entspannte Offenheit der Sensibilität nach jeder Richtung hin ist eben das *kuan* oder, wie es im Zen noch häufiger genannt wird, *mushin,* das heißt: »kein Geist«, keine Anstrengung des Geistes in Erwartung eines bestimmten Ergebnisses.

und Instinkte vor, die von der Ich-Seele regiert werden müssen. Es springt in die Augen, daß diese Anschauung einen tiefen Einfluß auf die moderne Psychologie ausgeübt hat, die dem Ich zwar den Rat gibt, mit Freundlichkeit anstatt mit Gewalt zu regieren, dieses Ich aber dennoch als den verantwortlichen Boss behandelt.

Wenn wir jedoch den gesamten Verlauf der inneren und äußeren Erfahrung des Menschen samt ihren unbewußten psychischen Grundlagen als ein organisch reguliertes System betrachten, muß das Prinzip der Kontrolle ein gänzlich anderes sein.

Freude und Zorn, Kummer und Glück, Vorsicht und Reue lösen sich ab in immer wechselnder Laune. Sie kommen wie Klänge aus hohlen Röhren, über die der Wind hinwegstreicht, oder wie Pilze aus dem feuchten Boden. Tag und Nacht wechseln sie einander ab, ohne daß wir sagen könnten, woher sie sprossen...
Ohne diese Gefühle hätte ich kein Dasein, und ohne mich würden sie keinen Lebensraum haben. So weit können wir gehen; aber wir wissen nicht, wodurch sie entstehen. Wenn es wirklich einen Lenker (*tsai*, M 6655) gibt, finden wir keinen Beweis für sein Vorhandensein. Wir können daran glauben, daß er wirke, aber wir sehen seine Gestalt nicht. Er müßte wohl Empfindungen haben ohne Gestalt.
Die hundert Knochen, die neun Körperöffnungen und die sechs inneren Organe sind alle vollkommen an ihrem Platz. Welchen von ihnen geben wir den Vorzug? Lieben wir sie alle in gleichem Maße oder einige mehr als die anderen? Sind sie alle Diener (eines anderen)? Sind diese Diener unfähig, sich gegenseitig zu regieren, oder übernehmen sie abwechselnd die Rolle des Herrschers und des Dieners?[21]

Kuo Hsiang sagt in seinem Kommentar zu Chuang-tzu über dieses Thema folgendes:

Hände und Füße haben unterschiedliche Aufgaben; die fünf inneren Organe haben unterschiedliche Funktionen. Sie verbinden sich nie

---

[21] Chuang-tzu, II. Vgl. H. A. Giles, S. 14, Lin Yutang (2), S. 235, und Needham, Bd. 2, S. 52. – Eine deutsche Fassung findet sich in: *Dschuang Dsi. Das wahre Buch vom südlichen Blütenland,* Diederichs, Düsseldorf–Köln 1974, S. 40–41, übersetzt von Richard Wilhelm.

miteinander, doch die hundert Teile (des Körpers) werden in einer gemeinsamen Einheit zusammengehalten. Auf diese Weise verbinden sie sich durch Nichtverbundensein. Sie arbeiten nie (absichtlich) zusammen, und dennoch ergänzen sie einander sowohl innerlich als äußerlich. Auf diese Weise wirken sie zusammen, indem sie nicht zusammenwirken.[22]

In anderen Worten, alle Teile des Organismus regulieren sich spontan von selbst *(tzu-jan),* und ihre Ordnung wird zerstört, wenn das wechselnde Panorama der Gefühle von einem Ich kontrolliert wird, welches das Positive *(yang)* erhalten und das Negative *(yin)* zurückweisen möchte.

Gemäß der taoistischen Philosophie ist gerade dieser Versuch, die Psyche von außen zu regulieren und Positives und Negatives auseinanderzureißen, die Wurzel aller sozialen und moralischen Verwirrung. Daher ist es nicht der spontane Fluß der menschlichen Leidenschaften, der einer Kontrolle bedarf, sondern das sie ausbeutende Ich – kurzum, der Kontrolleur selbst. Christen mit besonderem Wahrnehmungsvermögen wie Augustinus und Martin Luther haben diese Dinge durchaus klar erkannt, da sie begriffen, daß Selbstkontrolle das Böse des Menschen in keiner Weise beheben kann, weil das Böse ja im Selbst verwurzelt ist. Die politische Vorstellung der Kontrolle gaben sie jedoch nie auf, da sie an eine Erlösung glaubten, wodurch das Selbst durch die Gnade Gottes – das Ich des Universums – gestärkt und erneuert würde. Sie merkten nicht, daß die Sache einen Haken hatte, nicht durch den guten und bösen Willen des Kontrolleurs, sondern wegen der ganzen Konzeption der Kontrolle, die sie gebrauchen wollten. Sie erkannten nicht, daß für Gott das Problem das gleiche war wie für das menschliche Ich. Das Universum Gottes hatte selbst den Teufel ausgebrütet, denn dieser entsteht nicht aus eigener, unabhängiger Bosheit, sondern aus Gottes »Arroganz«, die sich eine allmächtige Herrschaft anmaßt und sich mit dem

---

[22] Chuang-tzu Chu, III, 25. Übers. von Bodde in Fung Yulan (Bibl.) Bd. 2, S. 211.

reinen, unverfälschten Guten identifiziert. Der Teufel ist der unbewußt hervorgebrachte Schatten Gottes. Natürlich ist Gott für den Ursprung des Bösen nicht verantwortlich, denn die Verbindung beider liegt im Unbewußten. Der Mensch sagt: »Ich wollte dich nicht verletzen, aber mein Temperament ist mit mir durchgegangen. In Zukunft will ich es besser im Zaum halten.« Ebenso spricht Gott: »Ich wollte nicht, daß es das Böse gibt, aber mein Engel Luzifer hat es hergebracht. In Zukunft will ich ihn in die Hölle sperren.«[23]

Das Böse wird zum Problem, sobald das Gute ein Problem wird, das heißt, sobald Überlegungen angestellt werden, wie man die gegenwärtige Situation »verbessern« könnte, hinter welcher Sprache diese Idee sich auch verbergen mag. Die taoistische Philosophie wird oft mißverstanden, als würde sie besagen, daß es besser sei, ein organisches System sich selbst zu überlassen, als von außen einzugreifen, und daß es besser sei, Gut und Böse als Korrelate zu begreifen, als sie auseinanderzureißen. Trotzdem sagt Chuang-tzu deutlich:

Diejenigen, die Recht ohne sein Korrelat, Unrecht, die eine gute Regierung ohne ihr Korrelat, die schlechte Regierung, haben möchten, begreifen nicht die großen Prinzipien des Universums noch die Bedingungen, denen die ganze Schöpfung unterworfen ist. Man könnte ebenso über die Existenz des Himmels sprechen ohne die Existenz der Erde, oder über das negative Prinzip ohne das positive, was einfach absurd wäre. Solche Leute müssen, wenn sie sich nicht durch Beweise überzeugen lassen, entweder Narren oder Schurken sein.[24]

Wenn das jedoch stimmt, muß es dann nicht Narren und Schurken als Korrelate der Weisen und Heiligen geben, und kehrt der Irrtum, den wir angreifen, nicht im Angriff wieder? Wenn das Positive und Negative, wenn Gut und Böse in der Tat Korrelate sind, kann man keine Handlungsweise, nicht einmal

---

[23] Eine ausführliche Diskussion dieses Themas findet sich bei Jung (Bibl.), und Watts (2), Kap. 2.
[24] H. A. Giles, S. 207f.

das Nichthandeln, empfehlen. Es gibt nichts, was irgend etwas verbessert, ohne es zugleich schlechter zu machen. Eben darin liegt nach taoistischer Auffassung die Zwickmühle des menschlichen Ichs. Dieses will immer Kontrolle ausüben, um die Situation zu verbessern, doch das gelingt ihm weder durch Handeln noch durch Nichthandeln, wenn es eine Besserung beabsichtigt. Der Geist, der diese Zwickmühle erkennt, hat keine Alternative, als dieses »Streben nach dem Guten«, welches das Ich ausmacht, aufzugeben. Dies muß ohne den listigen Hintergedanken geschehen, daß die Dinge dadurch besser werden. Er gibt bedingungslos auf – nicht, weil es gut ist, nichts zu tun, sondern weil nichts getan werden kann. Darauf überkommt den Geist plötzlich, spontan, eine tiefe und vollkommen absichtslose Stille – eine Ruhe, wie wenn der erste, dichte Schnee auf die Erde fällt, oder wie ein windstiller Nachmittag in den Bergen, wenn das Schweigen sich im ungestörten Summen der Insekten im Gras offenbart.

In dieser Stille gibt es keine Passivität, kein Sichbeugen der Notwendigkeit, denn es besteht kein Unterschied mehr zwischen dem Geist und seiner Erfahrung. Jegliches Tun, das eigene sowie dasjenige anderer, scheint sich frei aus einer einzigen Quelle zu entfalten. Das Leben geht weiter, dennoch bleibt es tief in der Gegenwart verwurzelt, ohne nach Erfolg zu streben, denn die Gegenwart hat sich aus ihrer Gebundenheit an einen flüchtigen Punkt eines angespannten Bewußtseins zu einer allumfassenden Ewigkeit ausgebreitet. Sowohl positive als auch negative Gefühle kommen und gehen ohne Aufruhr, denn sie werden einfach nur beobachtet, doch ohne einen Beobachter. Sie ziehen spurlos vorüber wie die Vögel am Himmel und bauen keine Widerstände auf, die wieder zunichte gemacht werden müßten.

Dieser Zustand ist im Rückblick offensichtlich »besser« als die suchende, auf ein Ziel starrende Anstrengung des Geistes, die vorher war. Aber dieses Gute ist von anderer Ordnung. Weil diese Ordnung nicht erstrebt wurde, ist es nicht das Gute im Gegensatz zum Bösen, noch ist es jener phantastische Frieden, von dem man inmitten des Aufruhrs träumt. Da außerdem nichts unternommen wird, um diesen Zustand zu erhalten, steht er in keinem Verhältnis zur Erinnerung an den früheren Zustand, und man fühlt sich daher nicht veranlaßt, ihn zu stärken und gegen Veränderungen zu schützen. Denn jetzt ist niemand da, der den Schutzwall errichten könnte. Erinnerungen steigen und fallen wie andere Gefühle, geordneter vielleicht als früher, aber sie setzen sich nicht mehr um ein Ich fest, um die Illusion einer kontinuierlichen Identität aufzubauen.

Von diesem Standpunkt aus wird erkennbar, daß Intelligenz nicht eine separate, ordnende Fähigkeit des Geistes ist, sondern ein Merkmal der ganzen Beziehung zwischen Organismus und Umwelt, ein Merkmal des Kräftefeldes, das die Wirklichkeit des menschlichen Wesens ausmacht. Denn wie Macneile Dixon in seinem Werk *The Human Situation* sagte: »Die greifbaren und sichtbaren Dinge sind nur die Pole oder Endpunkte dieser Felder nicht wahrgenommener Energie. Die Materie, wenn sie überhaupt in irgendeinem Sinn existiert, ist sozusagen der schlafende Partner in der Firma der Natur.« Zwischen Subjekt und Objekt, Organismus und Umwelt, *yang* und *yin,* liegt die ausgleichende oder homeostatische Beziehung, die Tao heißt, die intelligent ist, nicht, weil sie ein Ich, sondern weil sie *li* hat, eine organische Struktur. Der spontane, je nach Stimmung steigende oder fallende Gefühlsstrom ist ein wesentlicher Teil dieses ausgleichenden Prozesses und ist daher nicht als das verworrene Spiel blinder Leidenschaften zu betrachten. So sagt man, daß Lie-tzu das Tao erlangte, indem er den »Ereignissen des Herzens freien Lauf ließ«.[25] Wie ein guter Segler den Bewegungen des Schiffes nachgibt und nicht mit seinen Bauchmuskeln gegen sie ankämpft, so gibt der Mensch des Tao der Bewegung seiner Stimmungen nach.

---

[25] *Lieh-tzu,* 2. L. Giles (Bibl.), S. 41, übersetzt diese Stelle so: »Mein Geist *(hsin)* ließ seinen Überlegungen *(nien)* freien Lauf«, doch dies ist ziemlich intellektuell, da *hsin* (M 2735) weniger der denkende Geist als die Gesamtheit der bewußten und unbewußten psychischen Funktionen ist und *nien* (M 4716) weniger das kortikale Denken, sondern jede psychische Erfahrung.

Es überrascht vielleicht, daß dies ganz und gar nicht das ist, was wir normalerweise unter »den Gefühlen nachgeben« verstehen, denn diese Wendung bezeichnet eher einen Widerstand als ein »Geben«. Wenn wir nämlich über unsere Gefühle nachdenken, stellen wir sie gerne als fixierte Zustände dar. Worte wie Zorn, Depression, Furcht, Kummer, Angst und Schuld deuten uniforme Zustände an, die bestehen bleiben, wenn nichts geschieht, wodurch sie geändert oder behoben werden. So wie man Fieber einst für eine Krankheit hielt anstatt für einen natürlichen Heilungsprozeß, so meinen wir immer noch, daß negative Gefühle Gemütsstörungen seien, die man kurieren müsse. Was jedoch in Wirklichkeit geheilt werden müßte, ist der innere Widerstand gegen diese Gefühle, der uns veranlaßt, sie durch voreiliges Handeln zu zerstreuen. Wenn wir einem Gefühl Widerstand leisten, sind wir unfähig, es lange genug zu bewahren, daß es von selbst ins reine kommt. Zorn ist zum Beispiel kein fixierter Zustand, sondern eine Bewegung, und wenn man ihn durch Widerstand nicht zu einer ungewöhnlichen Gewalttat preßt wie kochendes Wasser in einem verschlossenen Gefäß, wird er spontan abkühlen. Denn der Zorn ist kein separater, autonomer Dämon, der von Zeit zu Zeit aus den Niederungen des Unbewußtseins hervorbricht. Zorn ist einfach eine Richtung oder Struktur des psychischen Handelns. So gibt es keinen Zorn, sondern nur zorniges Handeln oder zorniges Fühlen. Der Zorn ist ein Gefühl in Bewegung zu einem anderen »Zustand« hin, denn wie Lao-tzu sagte:

> *Ein Wirbelsturm dauert keinen Morgen lang.*
> *Ein Platzregen dauert keinen Tag.*
> *Und wer wirkt diese?*
> *Himmel und Erde.*
> *Was selbst Himmel und Erde nicht dauernd vermögen,*
> *wieviel weniger kann das der Mensch.* XXIII

Dem Strom der Gefühle freien Lauf lassen, heißt also, sie ohne störendes Eingreifen zu beobachten und zu erkennen, daß ein

Gefühl als Bewegung kein statischer Zustand ist, den wir als gut oder schlecht beurteilen. Wenn wir Gefühle beobachten, ohne sie zu benennen, werden sie einfach zu neuromuskulären Spannungen und Veränderungen, Herzklopfen und Beklemmungen, ein Prickeln und Zucken, das ungemein subtil und interessant ist. Dies ist jedoch nicht ganz dasselbe wie das psychotherapeutische Gambit, bei dem negative Gefühle »akzeptiert« werden, *um* sie zu ändern, das heißt, um den ganzen Tenor der Gefühle in Richtung des Positiven und »Guten« zu verlagern. Ein »Akzeptieren« in diesem Sinn setzt immer noch ein Ich voraus, das abseits steht vom unmittelbaren Gefühl oder Erlebnis und darauf wartet, daß es sich ändert – wenn auch noch so geduldig und unterwürfig.

Solange man das Gefühl beibehält, ein beobachtendes Subjekt zu sein, wird, wenn auch indirekt, eine Anstrengung gemacht werden, das Gefühl von außen zu kontrollieren, also durch Widerstand den Strom aufzuwühlen. Der Widerstand verschwindet und der ausgleichende Prozeß kommt voll zur Wirkung, nicht durch irgendeine Absicht auf seiten des Subjekts, sondern nur durch die Einsicht, daß das Gefühl, das Subjekt, das Ich zu sein, selbst ein Teil des Erfahrungsstromes ist und nicht außerhalb in einer kontrollierenden Position steht. Mit den Worten von Chuang-tzu:

Nur die wahrhaft Klugen verstehen dieses Prinzip der Identität aller Dinge. Sie sehen die Dinge nicht so, als würden sie selbst diese subjektiv begreifen, sondern sie versetzen sich in die Lage der betrachteten Dinge. Durch diese Anschauung sind sie fähig, die Dinge nicht nur zu verstehen, sondern sogar zu meistern.[26]

Noch genauer könnten wir jedoch sagen, daß das Subjekt nicht als ein Objekt, sondern als der untrennbare Pol oder Endpunkt einer Identität zwischen Subjekt und Objekt behandelt wird. Die Trennung zwischen dem Wissenden und dem Gewußten wird nicht einfach verwischt, sondern sie wird zum deutlichsten Zeichen ihrer inneren Einheit.

---

[26] *Chuang-tzu*, 2. Nach der Übersetzung v. H. A. Giles, S. 20.

Dies ist in der Tat der springende Punkt in der ganzen Philosophie von der Einheit der Natur, wie sie im Taoismus und im Buddhismus dargelegt wird, im Unterschied zu einem rein monistischen Pantheismus. Unterschiedliche und einmalige Ereignisse, ob es äußerliche Objekte sind oder das innerliche Subjekt, werden als »eins mit der Natur« gesehen kraft ihrer Unterschiedlichkeit, und nicht etwa durch ihre Absorbierung in eine gestaltlose Gleichförmigkeit. Wiederum ist es das gegenseitige Sichabheben von Gestalt und Hintergrund, Subjekt und Objekt, und nicht ihr Verschmelzen, das ihre innere Identität offenbart. Ein Zen-Meister wurde einst gefragt: »Ich habe gehört, es gäbe etwas, das keinen Namen hat. Es ist noch nicht geboren; es wird nicht sterben, wenn der Körper stirbt. Wenn das Weltall verbrennt, wird es davon nicht berührt sein. Was ist dies für ein Ding?« Der Meister antwortete: »Ein Sesambrötchen«.

Zu der Stimmung von *yugen,* der geheimnisvollen, sinnerfüllten Unbestimmtheit, von der die fernöstliche Malerei geprägt ist, tritt also in ungemein kraftvollen Umrissen das einmalige Ereignis – der einzelne Vogel, der Bambuszweig, der einsame Baum und Felsen. Daher wird das plötzliche Erwachen dieser »inneren Identität«, die im Zen *satori* heißt, meistens von einer so simplen Tatsache wie dem Geräusch einer Beere, die auf den Waldboden fällt, oder durch den Anblick eines zerknitterten Papierstücks auf der Straße ausgelöst. So liegt ein doppelter Sinn in dem folgenden Gedicht:

> *O diese eine seltene Begebenheit, für die ich freudig*
> *   zehntausend Goldstücke geben würde!*
> *Ein Hut ist auf meinem Kopf, ein Bündel um meine*
> *   Hüften,*
> *auf meinem Stab trage ich den erfrischenden Windhauch*
> *   und den vollen Mond!*

Denn die »eine seltene Begebenheit« ist zugleich das Erlebnis von *satori* und das daran geknüpfte einmalige Geschehen das alles umfassende Eine, der die Ewigkeit umfassende Augen-

blick. Doch mit dieser Feststellung des Umfassenden hat man in gewisser Hinsicht schon zu viel gesagt, vor allem wenn sie so verstanden wird, daß die Wahrnehmung des Besonderen uns veranlassen solle, über das Universale nachzudenken. Im Gegenteil, die Universalität des einmaligen Geschehens und die Ewigkeit des Augenblicks können wir nur dann sehen, wenn der Geist locker läßt und wenn das gegenwärtige Ereignis, was immer es sei, ohne den geringsten Versuch betrachtet wird, einen Gewinn daraus zu schlagen. Dieser Versuch ist aber eine so eingefleischte Gewohnheit, daß wir sie kaum abstellen können, und wenn jemand den Augenblick so nehmen möchte, wie er ist, so wird er sich nur der frustrierenden Vergeblichkeit seines Bemühens bewußt. Dies scheint ein auswegloser Teufelskreis zu sein – sofern man nicht erkennt, daß der Augenblick, den man annehmen möchte, schon verflogen ist und sich nur als das eigene Gefühl der Anstrengung präsentiert! Wenn man dieses als willkürlich empfindet, dann kann man es ohne weiteres hinnehmen, denn so ist es das eigene unmittelbare Tun. Wenn man es als unwillkürlich empfindet, muß man es zwangsläufig hinnehmen, weil einem nichts anderes übrig bleibt. So oder so wird die Anstrengung angenommen und löst sich auf. Doch dies führt auch zur Entdeckung der inneren Identität des Willkürlichen und Unwillkürlichen, des Subjektiven und Objektiven. Denn wenn das Objekt im Augenblick des Angenommenwerdens sich als das Gefühl der Anstrengung dieses Hinnehmens präsentiert, dann war es das Subjekt, das Ich selbst. Mit den Worten des Zen-Meisters P'u-yen: »In diesem Augenblick bleibt dir nichts anderes übrig, als in lautes Gelächter auszubrechen. Du hast die letzte Wendung geschafft und weißt wahrhaftig, daß ›wenn eine Kuh in Kuai-chou die Wiese abgrast, ein Pferd in I-chou einen gefüllten Magen hat‹.«[27]
Alles in allem verlangt also die Einsicht, daß die Natur organisch und nicht politisch geordnet ist, daß sie ein Feld von

---

[27] Suzuki (3), S. 80.

Beziehungen und nicht eine Sammlung von Dingen ist, die rechte Weise des Erkennens. Die gewohnte egozentrische Art, durch die der Mensch sich mit einem Subjekt identifiziert, das einer Welt fremder Objekte gegenüber steht, entspricht den physikalischen Gegebenheiten nicht. Solange wir daran festhalten, steht unser inneres Fühlen im Widerspruch zur Wirklichkeit. Dann werden unsere Versuche, uns selbst und unsere Umwelt zu kontrollieren, zu den immer komplexer werdenden Schlingen eines Circulus vitiosus. Das Individuum fühlt sich in zunehmendem Maße frustriert und impotent inmitten einer mechanischen Weltordnung, die sich auf einem unaufhaltsamen »Vormarsch des Fortschritts« zu ihren eigenen Zwecken befindet. Eine Therapie des frustrierten Individuums, ob sie religiös ist oder psychologisch, kompliziert das Problem nur, insofern sie annimmt, daß das separate Ich die Realität sei, um die sie sich bemüht. Denn wie Trigant Burrow erkannte, liegt die Quelle des Übels im Sozialen, nicht im Individuellen. Das heißt, das Ich ist eine soziale Konvention, die dem menschlichen Bewußtsein durch Konditionierung aufgepfropft wird. Die Ursache psychischer Störungen besteht also nicht darin, daß dieses oder jenes Ich schlecht funktioniert, sondern darin, daß das Ichgefühl auf einer verfehlten Wahrnehmung beruht. Wenn man ihm nachgibt, wird es weiterhin Verwirrung stiften durch eine Art der Wahrnehmung, die mit der natürlichen Ordnung unvereinbar ist. Daher kommt die ungeheuer große Zahl psychischer Frustrationen und geistiger Krankheiten.

Der organischen Ordnung der Natur entspricht dagegen eine Bewußtseinshaltung, in der Fühlen und Erleben etwas Ganzheitliches sind. Wenn das Fühlen in einen Fühlenden und ein Gefühl gespalten wird, kann es zwischen ihnen keine eigentliche Beziehung, sondern nur eine Gegenüberstellung geben. Wenn das Bewußtsein sich nur mit einem dieser Pole identifiziert, gerät es in eine gefährliche Lage. Es sieht sich mit einer fremden Welt konfrontiert, die es zwar kontrolliert, aber immer unkontrollierbarer findet, die es immer mehr ausbeutet, jedoch um den Preis einer immer geringeren Befriedigung.

4 Die Welt als Ekstase

In engem Zusammenhang mit unserer ganzen Entfremdung von der Natur steht die Tatsache, daß es uns peinlich ist, einen Körper zu »besitzen«. Vielleicht ist es so wie mit dem Ei und der Henne, wenn wir fragen, ob wir unseren Körper ablehnen, weil wir meinen, daß wir Geist sind, oder umgekehrt. Doch wir haben uns an die Anschauung gewöhnt, daß unser Körper ein Vehikel ist, mit dem wir notgedrungen leben müssen. Einerseits können wir nicht umhin, ihn als unser Selbst anzuerkennen, andererseits ist er uns völlig fremd. Der Körper, der dem Willen nur höchst unvollkommen gehorcht und sich dem Verständnis durch den Intellekt entzieht, kommt uns vor wie eine unentbehrliche Ehefrau, an die wir gekettet sind und mit der es unmöglich ist zu leben. Wir lieben den Körper zwar sehr, müssen jedoch fast unentwegt arbeiten, um ihn zu erhalten. Seine zarten, vibrierenden Sinne vermitteln uns die ganze Lust und Herrlichkeit der Welt, die wir damit bezahlen müssen, daß wir ebenso empfänglich sind für ihre Schmerzen und ihren Schrecken. Denn der Körper ist empfindsam, weil er weich, nachgiebig und eindrucksfähig ist, aber er lebt in einem Universum, das zum größten Teil aus Stein und Feuer besteht. In der Jugend dehnt das Bewußtsein sich wohlig durch die unzähligen Nervenbahnen aus, aber sobald wir älter werden, ziehen wir uns zurück und bitten den Arzt, den Körper wie eine abgenützte Maschine zu »reparieren«, die faulenden und schmerzenden Stücke wegzuschneiden und die aufreizenden Sinne zu betäuben, die so rücksichtslos sind, weiterhin intakt zu bleiben, während alles andere verfällt. In züchtiger und anmutiger Stellung wird die nackte Gestalt des Mannes oder der Frau als der Gipfel der Schönheit verehrt, und dennoch kann dieselbe Gestalt durch die geringste Veränderung ihrer

Stellung oder Tätigkeit plötzlich geil oder grotesk, ekelhaft oder unbeholfen wirken. Daher verhüllen wir den Körper meistens mit Kleidern, unter denen er blaß und bleichsüchtig wird wie die weißen Würmer, die unter Steinen hausen.

Der Leib ist dem Geist so fremd, daß wir ihn auch im günstigsten Fall weniger lieben als ausbeuten, und die übrige Zeit tun wir unser bestes, es ihm so bequem zu machen, daß wir ihn vergessen können, damit seine Unzulänglichkeit den Fluß der Gefühle und des Denkens nicht behindere. Doch wir können anstellen, was wir wollen, um dieses körperliche Vehikel zu transzendieren, die Klarheit des Bewußtseins geht dennoch Hand in Hand mit der Sensibilität der Nerven. Daher sind wir unvermeidlich auch dem Ekel und dem Schmerz ausgesetzt, und zwar so sehr, daß die Härte und Schmerzhaftigkeit der Dinge für uns zum Maß der Wirklichkeit wird. Was uns keinen Widerstand leistet, wird für uns traumhaft und ungreifbar, während wir durch den Schock des Schmerzes *wissen,* daß wir lebendig und wach sind, und auf diese Weise zu der Ansicht kommen, daß das Wirkliche dasjenige sei, was dem ganzen Wesen der Sensibilität am schärfsten widerspricht. So hat man noch nie etwas von »weichen«, sondern immer nur von »harten« Tatsachen gehört. Doch eben weil es weiche Tatsachen wie Augäpfel und Fingerspitzen gibt, können sich die harten manifestieren.

Je mehr wir den von der Umwelt unseren Nerven zugemuteten Widerstand und Schmerz als Maßstab der Wirklichkeit betrachten, desto mehr wird der Körper vor allem zu einem Instrument unserer Leiden. Er regiert unseren Willen; er verfällt, bevor wir die Fähigkeit, Ekel zu empfinden, verloren haben; er setzt uns der ganzen Skala der Schmerzen durch die Grausamkeit menschlicher Folter, durch Unfälle oder Krankheiten aus. Wer das Glück hat, dem Schlimmsten zu entgehen, wird trotzdem von seinen Vorstellungen gequält, was geschehen könnte, und seine Haare sträuben sich und sein Magen dreht sich um vor Mitleid und Entsetzen über das Schicksal anderer.

Daher nimmt es nicht wunder, daß wir uns vom Körper distanzieren und uns davon überzeugen möchten, daß das wahre »Ich« nicht diese zitternde Masse von Gewebe ist, mit all ihren abstoßenden Möglichkeiten des Schmerzes und Zerfalls. Es nimmt nicht wunder, daß wir von den Religionen, den philosophischen Systemen und anderen Formen der Weisheit erwarten, daß sie uns vor allem einen Weg zur Erlösung vom Leiden und dem Dilemma zeigen, ein weicher Körper in einer Welt der harten Wirklichkeit zu sein. Daher scheint es manchmal angebracht, Härte mit Härte zu vergelten, uns mit einem Geist zu identifizieren, der Prinzipien, aber keine Gefühle hat, den Leib zu verachten und abzutöten und uns in die bequeme, körperlose Welt des abstrakten Denkens oder der Phantasien unseres Gemüts zu flüchten. Als Gegengewicht zu den harten Tatsachen identifiziert unser Geist sich mit Symbolen, die Starrheit, Entität und Macht bedeuten, nämlich mit dem Ich, dem Willen und der unsterblichen Seele, denn wir glauben, daß wir nach unserem innersten Wesen einem Reich des Geistes jenseits der Härte der Tatsachen und der Schwäche des Fleisches angehören. Das Bewußtsein schreckt gleichsam vor seiner schmerzhaften Umwelt zurück, immer weiter und weiter, bis es sich schließlich wie ein Knoten um seine eigene Mitte legt.

Doch gerade in diesem Schrumpfen und Verhärten verliert das Bewußtsein nicht nur seine Stärke, sondern es verschlimmert noch seine Not. Denn das Zurückweichen vor dem Leiden ist ebenfalls Leiden, in dem Sinne, daß das beschränkte und in sich gefangene Ichbewußtsein in Wirklichkeit etwas ängstlich Verkrampftes ist. Wie ein Mensch mit einer Verwundung im Bauch nach Wasser lechzt, das für ihn tödlich wäre, macht die chronische Flucht vor dem Leiden den Geist nur um so verletzlicher. In voller Entfaltung fühlt das Bewußtsein eine Identität mit der ganzen Welt, aber wenn es sich verkrampft, wird der Zwang, sich an eine einzelne Minute und an einen vergänglichen Organismus zu klammern, immer größer.

Das soll nicht heißen, daß es für Nerven und Muskeln tödlich wäre, einem scharfen Dorn oder einer anderen Gefahr der Verletzung auszuweichen, denn wenn sie es nicht täten, würde der Organismus bald aufhören zu existieren. Der Rückzug, den ich meine, betrifft etwas viel Tieferes: Es ist der Rückzug vor dem Rückzug, eine Unwilligkeit, Schmerz zu fühlen, sich zu winden und zu krümmen, wenn der Schmerz Anlaß dazu gibt. Dies mag ein allzu subtiler Unterschied sein, der aber ungemein wichtig ist, obwohl es zunächst so aussieht, als ob Schmerz und die Unwilligkeit, mit Schmerz zu reagieren, dasselbe wären. Es leuchtet jedoch ein, daß ein Organismus, der unfähig ist, Schmerz zu fühlen, einer Gefahr nicht ausweichen kann, so daß die Unwilligkeit, zum Verletztwerden fähig zu sein, im Grunde selbstmörderisch ist; der einfache Rückzug vor einer Gelegenheit, Schmerz zu erfahren, dagegen nicht. Es stimmt, daß wir beides zugleich wollen: wir möchten sensibel und lebendig sein, aber nicht sensibel für das Leiden. Doch damit geraten wir in einen Widerspruch, in die unerträgliche Zwickmühle des sogenannten *double bind*.

Der *double bind* ist eine Situation, in der jede Alternative sich verbietet. Ein Zeuge vor Gericht wird in diese Lage gebracht, wenn der Anwalt ihn fragt: »Haben Sie aufgehört, Ihre Frau zu schlagen? Antworten Sie ja oder nein!« Beide Antworten würden ihn überführen, sie geschlagen zu haben. Dasselbe geschieht, wenn wir sowohl vom objektiven Anlaß des Leidens als auch von unseren subjektiven Reaktionen fliehen möchten. Wenn jedoch die Flucht vor dem ersteren unmöglich ist, können wir auch dem letzteren nicht entfliehen. Wir *müssen* leiden – das heißt, wir können nur in der einen, uns möglichen Weise reagieren, also indem wir uns krümmen, indem wir aufschreien oder weinen. Ein *double bind* tritt dann ein, wenn wir uns diese Reaktion verbieten, entweder durch wirkliches Leiden oder durch die Vorstellung künftigen Leidens. Wir wehren uns gegen die Aussicht unserer eigenen vehementen Reaktion auf den Schmerz, weil diese unserem durch die Gesellschaft konditionierten Selbstimage glatt widerspricht. Eine solche Reaktion wäre ja ein erschreckendes Eingeständnis der Identität des Bewußtseins mit dem Organismus; ein Eingeständnis, daß es an einem distanzierten, mächtigen, transzendierenden Willen, dem eigentlichen Kern der Persönlichkeit, fehlt.

So findet der Sadist und Folterer eine höllische Lust nicht nur am Beobachten der körperlichen Zuckungen seines Opfers, sondern am »Brechen des Geistes«, der ihm Widerstand leistet. Wenn es jedoch keinen widerstrebenden Geist gäbe, wäre seine Brutalität wie ein Schwerthieb ins Wasser. Er würde etwas vollkommen Weichem, Schwachem gegenüberstehen, das ihn weder herausfordern noch interessieren könnte. Aber in eben dieser Schwäche liegt die wahre und unerwartete Stärke des Geistes. So sagt Lao-tzu:

Solange der Mensch lebt, ist er weich und zart; wenn er tot ist, wird er hart und starr. Alle Pflanzen und Tiere sind zart und biegsam; wenn sie tot sind, verdorren und vertrocknen sie. Daher sagt man: das Harte und Starre gehört dem Tode an; das Weiche und Zarte gehört dem Leben an. Daher können die Soldaten, wenn sie zu hart sind, nicht gewinnen; wenn der Baum zu starr ist, bricht er. Die Stellung des Starken und Großen ist niedrig, und die Stellung des Schwachen und Zarten ist hoch. LXVI[1]

Es scheinen sich also zwei unerwartete Konsequenzen zu ergeben, wenn man dem Organismus vorbehaltlos gestattet, in seiner natürlichen, vehementen Weise auf Schmerz zu reagieren. Die eine ist die Fähigkeit, Schmerz zu ertragen und ihn durch ein viel größeres »Nachgeben« vorwegzunehmen; die zweite ist die Verringerung des gesamten Leidensschocks für den Organismus, wodurch die Intensität der Reaktion herabgesetzt wird. Mit anderen Worten, die starre Abwehrhaltung des Geistes gegen das Leiden und das Zurückschrecken des Bewußtseins vor den hemmungslosen Reaktionen, die das Leiden mit sich bringt, sind ein durch die Gesellschaft bedingtes Fehlverhalten, das die Lage des Menschen unnötig verschlimmert. Obendrein erfolgt dieses Zurückschrecken des

[1] Übers. nach Ch'u Ta-kao (Bibl.), S. 89.

Bewußtseins vor unseren Reaktionen auf das Leiden im wesentlichen nach dem gleichen psychischen Mechanismus wie die Anspannung des Bewußtseins, um höchsten Lustgewinn aus unseren Reaktionen auf Freude zu erzielen, und beide bilden die Empfindung eines für sich bestehenden, uns innewohnenden Ichs.

Dies ist sicherlich der Grund, warum so viele spirituelle Überlieferungen lehren, daß der Weg zur Befreiung von der Ichsucht durch Leiden führt. Doch dies wird oft als »Leidensübung« mißverstanden, um sich gegen das Leiden durch immer größere Abtötung unempfindlich zu machen, als Abhärtung von Leib und Seele. So verstanden, wird die spirituelle Schulung des Leidens ein Weg des Todes und der Gefühllosigkeit, ein letztlicher Rückzug vom Leben in eine der Natur völlig entrückte »geistige« welt. Der Mahayana-Buddhismus berichtigt diesen Irrtum und lehrt, daß »Nirvana und Samsara nicht verschieden« sind, daß der Zustand der Befreiung nicht außerhalb des natürlichen Zustands liegt und daß der befreite Bodhisattva aus Mitleid mit allen Lebewesen immer wieder zu dem »Kreislauf von Geburt und Tod« zurückkehrt. Aus demselben Grund verneint die buddhistische Lehre die Wirklichkeit eines für sich bestehenden Ichs, indem sie besagt:

Leiden allein existiert, doch niemand, der leidet;
die Tat ist vorhanden, doch niemand, der sie getan hat;
Nirvana gibt es, doch niemanden, der es sucht;
einen Weg gibt es, doch niemanden, der ihn geht.[2]

Und wiederum zeigt sich unerwartet, daß die Auflösung der egozentrischen Kontraktion *(sankocha)* des Bewußtseins die Persönlichkeit keineswegs zu einem schlaffen, wesenlosen Etwas macht. Im Gegenteil, der Organismus ist am stärksten, wenn er seine Beziehung zur Umwelt möglichst voll zur Entfaltung bringt – eine Beziehung, die man kaum spürt, wenn

[2] *Visuddhimagga*, 16.

das individualisierte Bewußtsein sich dadurch bewahren möchte, daß es sich vom Körper und jeder körperlichen Erfahrung trennt. »Wer seine Seele bewahren will, wird sie verlieren«, und dieses »Bewahren« hat hier die Bedeutung von Einschließen und Isolieren. Umgekehrt sollten wir uns klarmachen, daß die Seele oder die Persönlichkeit nur in dem Maß lebt, als sie sich nicht zurückzieht, als sie den vollen Konsequenzen ihres Einsseins mit dem Körper und dem ganzen Bereich der natürlichen Frfahrung nicht ausweicht. Denn obwohl es so aussieht, als würde der Mensch im Fluß der Natur untergehen, wird die Integrität seiner Persönlichkeit durch eine vertrauensvolle Selbsthingabe viel besser bewahrt als durch die zersetzende Angst der Selbsterhaltung.

Wir haben gesehen, daß das Zurückschrecken des Bewußtseins vor dem Leiden und die Anspannung des Bewußtseins, um Befriedigung zu erlangen, aus ein und derselben Wurzel stammen. Dem einen wie dem anderen ist auf die gleiche Weise beizukommen, vor allem durch die Erkenntnis, daß das Bewußtsein, sofern es sich als Ich fühlt, sein Zurückschrecken, seinen Widerstand gegen die rückhaltlose Reaktion auf den Schmerz nicht verhindern kann. Wir müssen daher erkennen, daß dieses Widerstreben selbst ein Bestandteil der Reaktion auf den Schmerz ist, und nicht, wie man uns weismachen will, ein Mittel, um ihr zu entfliehen. Das bedeutet, mit anderen Worten, die Einsicht, daß unsere ganze psychische Abwehr des Leidens sinnlos ist. Je mehr wir es abwehren, desto mehr leiden wir, und die Abwehr ist an und für sich schon Leiden. Obwohl wir nicht anders können, als uns psychisch gegen das Leiden zu stemmen, löst sich diese Abwehr auf, wenn wir einsehen, daß sie vom Gegenstand unserer Abwehr nicht zu trennen ist. Sie gehört *zum* Leiden und führt nicht von diesem *fort*. Wenn wir auf Abwehr bestehen, um das Leiden loszuwerden, steigern wir es bloß. Wenn wir die Abwehr aber fortsetzen, weil sie die natürliche Reaktion auf das Leiden ist, dem wir – wenn wir uns nicht selbst täuschen wollen – Raum geben *müssen,* findet eine erstaunliche Wandlung der ganzen Erfahrung des Leidens statt.

Sie verwandelt sich in das, was die indische Philosophie *ananda,* »Seligkeit«, nennt. *Ananda* wird dem Brahman, der höchsten Wirklichkeit jenseits aller Dualität, zugeschrieben neben *sat,* »Wahrheit«, und *chit,* »Bewußtsein«. Normalerweise halten wir die Seligkeit jedoch für einen äußerst dualistischen Geisteszustand: ein höchstes Glücks- oder Lustgefühl im Gegensatz zu einem ebenso großen Schmerz oder Kummer. Es scheint widersprüchlich zu sein, etwas so Relatives wie Seligkeit zu einem Attribut des Absoluten zu erheben. Denn wenn wir Seligkeit im Kontrast zu trostlosem Leid erkennen, wie wir das Licht im Kontrast zur Dunkelheit wahrnehmen, wie können wir dann an eine Seligkeit denken, die nicht dualistisch und ewig ist?

Zunächst müssen wir verstehen, daß die indische Philosophie sich einer terminologischen Konvention bedient, die dem Trick der perspektivischen Darstellung eines dreidimensionalen Gegenstands auf einer zweidimensionalen Fläche gleicht. Jede Linie, die man auf eine glatte Fläche zeichnet, ist mehr oder weniger waagrecht oder senkrecht und bestimmt damit die Höhe und Breite des Flächenraums. Durch die Konvention der Perspektive erscheinen schräge Linien, die auf einen Fluchtpunkt zustreben, als Tiefe, also als dritte Dimension. Wie die Fläche nur zwei Dimensionen besitzt, so hat auch unser Denken und unsere Sprache eine starre, dualistische Logik, nach deren Gesetzen es sinnlos ist, von etwas, »das weder ist noch nicht ist«, oder von einer Seligkeit zu reden, die sowohl Lust als auch Schmerz transzendiert. Doch ebenso, wie wir mit Hilfe von zwei Dimensionen eine dritte andeuten können, so kann die dualistische Sprache eine Erfahrung jenseits der Dualität fühlbar machen. So ist das Wort »nichtdualistisch« *(advaita)* im formalen Sinn zwar das Gegenteil von »dualistisch« *(dvaita),* so wie Seligkeit das Gegenteil von Leid ist, doch die indische Philosophie verwendet *advaita* und *ananda* in dem Sinn, daß diese Ausdrücke auf eine andere Dimension der Erfahrung verweisen, so wie Linien, die Höhe und Breite angeben, auch Tiefe darstellen können. Diese andere Dimension der Erfahrung wird außerdem als eine höhere Ordnung der Wirklichkeit aufgefaßt als die dualistische Dimension, in der Leben und Tod, Lust und Schmerz vollkommen getrennt sind.

Unser Fühlen ist derart von unserem Denken abhängig, daß wir die grundlegenden Kontraste unseres Denkens auf die natürliche Welt projizieren. Daher nehmen wir als selbstverständlich an, daß wir einen ungeheuren Unterschied zwischen Lust und Schmerz *empfinden*. Bei einigen milderen Formen dieser Empfindung ist jedoch klar zu erkennen, daß Lust und Schmerz weniger aus einem wirklichen Gefühl kommen als aus dem Kontext der Erfahrung. Es gibt keinen nennenswerten physiologischen Unterschied zwischen dem Zittern vor Wonne und dem Zittern vor Angst oder zwischen dem Erschauern bei einer hinreißenden Musik oder bei einem entsetzlichen Melodrama. In ähnlicher Weise produzieren intensive Gefühle der Freude und des Leids die gleiche »herzzerreißende« Empfindung, die sich im Weinen ausdrückt, und »himmelhochjauchzendes« Verliebtsein ist zugleich der Zustand des »Zu-Tode-Betrübtseins«, und beides ist so verquickt, daß man das eine vom anderen oft nicht unterscheiden kann. Doch der Kontext des Gefühls verändert seine Interpretation, je nachdem, ob die das Gefühl erzeugenden Umstände für oder gegen uns sind. Ähnlich wechselt ein und derselbe sprachliche Laut seine Bedeutung je nach dem Kontext, wie in dem Satz: »*Ehe* sie fünf Jahre alt war, war sie schon zur *Ehe* mit dem Steinhofbauern bestimmt.«

Die empfindungsmäßige oder physiologische Identität dieser Gefühle in einigen milderen Formen körperlicher Lust oder körperlichen Schmerzes, ja, sogar in mancher starken Form moralischer Freude oder moralischen Schmerzes, ist leicht einzusehen. Wenn es sich aber um heftigere Empfindungen handelt, wird dies außerordentlich schwierig. Dennoch gibt es besondere Umstände gesteigerter Gefühle, wie religiöse Hingabe und sexuelle Leidenschaft, bei denen wesentlich intensivere Lust- und Schmerzempfindungen nicht mehr voneinander zu unterscheiden sind. Für gewöhnlich nimmt ein Mensch asketische Übungen wie Selbstgeißelung, das Tragen härener Gewänder und das Knien auf Ketten auf sich, um das Verlangen nach Lust abzutöten. Trotzdem ist es möglich, daß die Askese ein Weg echter spiritueller Erkenntnis ist, weil sie schließlich, wenn auch ohne Absicht, zu der Einsicht führt, daß im Zustand glühender Hingabe Lust und Schmerz sich zu einer einzigen Ekstase vereinigen. Vergegenwärtigen wir uns zum Beispiel Berninis berühmtes Bildnis der heiligen Teresa von Avila in ihrer Verzückung, durchbohrt vom Pfeil der göttlichen Liebe. In ihrem Gesicht drücken sich Verzückung und Qual gleichermaßen aus, und das Lächeln des Engels, der den Pfeil schleudert, ist dementsprechend mitleidvoll und grausam zugleich.

Obwohl Sadismus und Masochismus normalerweise als pervers und abwegig gelten, wollen wir auch diese Phänomene betrachten, die man besser mit dem einen Ausdruck Algolagnie oder »lustvoller Schmerz« bezeichnet. Wenn wir diese Phänomene einfach beiseiteschieben, sagen wir damit nur aus, daß sie in einen vorgefaßten Begriff der Ordnung nicht hineinpassen. Schon die Tatsache, daß sie als menschliche Möglichkeiten existieren, weist sie als Erweiterungen gewöhnlicher Gefühle aus, als Offenbarungen von Tiefen unseres Wesens, die wir meistens auf sich beruhen lassen. Auch wenn sie uns anwidern, sollten wir uns dadurch nicht abhalten lassen zu untersuchen, in welcher Weise sie das Problem des Leidens beleuchten.

Der Sadist ist in Wirklichkeit ein verkappter Masochist, denn indem er seinem Opfer Schmerzen zufügt, identifiziert er sich gefühlsmäßig mit ihm und gibt den Reaktionen seines Opfers auf den Schmerz eine sexuelle Deutung. Denn Masochismus oder Algolagnie ist die Assoziation der orgiastischen Zuckungen des Schmerzes mit sexueller Ekstase in einem tieferen Sinn, als die oberflächliche Ähnlichkeit dieser beiden Reaktionsweisen vermuten läßt. Der Masochist erlebt eine bestimmte Art von Schmerz als ein ausgesprochenes sexuelles Stimulans, und mit der wachsenden Intensität seines Gefühls ist er in der Lage, immer schärfere Grade des Schmerzes zu genießen. Die übliche freudianische Erklärung dafür ist die, daß der Masochist den sexuellen Genuß mit Schuldgefühlen verbindet, so daß er sich diesen Genuß nicht erlauben kann, wenn er sich nicht gleichzeitig dafür bestraft. Diese Erklärung scheint mir fragwürdig und wie so manche Argumente Freuds unnötig kompliziert, um die Tatsachen um jeden Preis der Theorie anzupassen. Denn Masochismus findet man auch in Kulturen, in denen Sexualität und Sünde durchaus nicht in dem Maße verbunden sind wie im christlichen Abendland.[3] Es wäre einfacher und vernünftiger zu sagen, daß der Masochist sexuelle Reaktionen intensiviert oder stimuliert, indem er ähnliche Reaktionen, die Schmerzen entspringen, herbeiführt. Dazu sollte noch ergänzt werden, daß das Verlangen des Masochisten, unterjocht oder gedemütigt zu werden, mit der Tatsache zusammenhängt, daß jede sexuelle Ekstase, des Mannes sowie der Frau, in gewissem Sinn eine Selbstaufgabe ist, eine Unterwerfung unter eine Macht, die größer ist als das Ich.

Ein noch erstaunlicheres Beispiel für die Identität von Lust und Schmerz lieferte der britische Frauenarzt Grantley Dick-Read, der eine außerordentlich erfolgreiche Technik der natürlichen Geburt entwickelte. Geburtswehen können normalerweise eine solche Intensität erreichen, daß der Organismus gar keine höhere Stufe des Schmerzes erfahren kann. Reads Technik ist insofern interessant, als er die Aufmerksamkeit der Mutter auf das Gefühl der Kontraktion der Gebärmutter lenkt und diesen Vorgang von der durch die Gesellschaft geprägten Vorstellung befreit, wie er sich anfühlen sollte. Solange die Gebärende dieses Gefühl als einen Schmerz ansieht, wird sie ihm Widerstand leisten, aber wenn sie ihn einfach als eine Spannung begreift, kann sie lernen, mit ihr mitzugehen und sich in ihr zu

---

[3] Es gibt Beweise dafür, daß der Masochismus als bewußte Praxis über die arabische Kultur, die von sexueller Prüderie bemerkenswert frei ist, in den Westen kam. Siehe dazu Havelock Ellis (Bibl.), 2. Teil, S. 130, ein Zitat aus Eulenburg, *Sadismus und Masochismus.*

entspannen – eine Technik, die man sich vor der Geburt durch Übungen aneignen kann. Wenn die Frau sich in dieser Weise rückhaltlos den spontanen Kontraktionen der Gebärmutter überläßt, kann sie die Geburt als eine äußerste körperliche Ekstase erleben anstatt als Tortur.

Es hat vielleicht den Anschein, als beruhten all diese Arten von Lust bzw. Schmerz auf hypnotischer Einwirkung, mit Hilfe religiöser Hingabe, sexueller Leidenschaft oder der autoritativen Suggestion des Arztes. In gewisser Hinsicht stimmt das vielleicht, obwohl man lieber von einer Gegenhypnose sprechen sollte, in dem Sinn, daß sie dem ungeheuren Einfluß der gesellschaftlichen Suggestion entgegenwirkt, die uns seit frühester Kindheit vorschreibt, wie wir unsere Empfindungen und Gefühle interpretieren sollen. Sicherlich erlebt das Kind seine Schmerzempfindungen weitgehend so, wie die Einstellung der Eltern – Mitleid, Schrecken oder Ekel – sie darstellt. So lernt das Kind unter anderem, dem Schmerz aus Mitleid Widerstand zu leisten, und eignet sich diese Haltung an.

Andererseits schaffen religiöse Inbrunst, sexuelle Leidenschaft oder ärztliche Fürsorge eine Atmosphäre, in welcher der Organismus seine spontanen Reaktionen ausleben kann. Unter diesen Umständen ist der Organismus nicht mehr in eine animalische Natur und ein kontrollierendes Ich gespalten. Das ganze Wesen ist eins mit seiner Spontaneität und hat die Freiheit, sich ihr völlig hinzugeben. Der gleiche Zustand wird in manchen religiösen Übungen wie im Derwischtanz, im Singen von Mantras, in den Büßerriten oder im »Zungenreden« der Pfingstprediger herbeigeführt. Dieses hemmungslose Ausleben der Spontaneität hat oft rasende, explosive und sogar gefährliche Züge, und zwar weitgehend deshalb, weil sie normalerweise unterdrückt wird. In einer Kultur, in der das Geschlechtsleben nach Normen und Regeln abläuft, in der Religion nur als Verbrämung dient, in der Tanz eine Höflichkeitsform und die Musik verfeinert oder sentimental ist und in der es als Schande gilt, sich dem Schmerz zu überlassen, haben viele Menschen niemals die volle Spontaneität erlebt. Von ihrer heilenden, kathartischen und reinigenden Wirkung ist wenig oder nichts bekannt, ganz zu schweigen davon, daß sie schöpferisch kontrolliert und sogar zu einer dauernden Lebensform werden kann. Unter solchen Bedingungen bleibt die Pflege der Spontaneität dem »sozialen Untergrund«, den Erweckungsversammlungen amerikanischer Neger, den Jam Sessions oder Rock-and-Roll-Parties überlassen. Wir können uns nicht einmal vorstellen, daß Coomaraswamys Beschreibung des Weisen als eines Menschen, der »ständig in der absichtslosen Gegenwart lebt«[4], etwas anderes bedeuten könne als völlige Unordnung.

Worauf es hier ankommt, ist jedoch dies: Wenn die natürliche Reaktion des Organismus auf den Schmerz ohne Rückhalt zugelassen wird, geht der Schmerz jenseits von Lust und Schmerz in die Ekstase über, die das eigentliche Äquivalent zu *ananda* ist. Damit nähern wir uns dem Geheimnis des menschlichen Leidens auf eine Weise, die der erdrückenden Unausweichlichkeit des Problems angemessen ist. Das heißt nicht, daß wir unsere Bemühungen, das Leiden in der Welt zu verringern, aufgeben sollen, sondern nur, daß sie im günstigsten Fall gänzlich unzureichend sind. Dieselbe Unzulänglichkeit gilt für alle üblichen religiösen und philosophischen Argumente, die das Leiden in gewisser Beziehung wegdiskutieren als ein vorläufiges Mittel zur Erfüllung des göttlichen Plans, als Bestrafung der Sünde oder als eine Illusion des endlichen Geistes. Man spürt beinahe instinktiv, daß einige dieser Antworten eine Beleidigung der Würde des Leidens und seiner überwältigenden Wirklichkeit für jede Lebensform ist. Denn wenn wir in der Geschichte des Weltalls zurück- und vorwärtsblicken, finden wir kaum einen Anhaltspunkt dafür, daß Ordnung und Behagen jemals etwas anderes als eine Seltenheit waren. Das Leben war und wird offenbar auch in Zukunft von Konvulsionen und Katastrophen heimgesucht werden; es setzt

[4] A. K. Coomaraswamy (Bibl.) S. 134.

sich fort durch Fressen und Gefressenwerden.[5] Das Problem des Leidens wird deshalb weiterhin etwas Ehrfurchtgebietendes und Heiliges sein, solange das Leben in irgendeiner Weise vom Schmerz auch nur eines einzigen Geschöpfes abhängt.

Das indische Ideal *ahimsa* oder »Arglosigkeit« und die Art, wie die buddhistischen Mönche tunlichst vermeiden, ein Lebewesen zu töten oder ihm Schmerz zuzufügen, nötigen uns Achtung ab. Dennoch ist in Wirklichkeit diese Abstinenz nicht mehr als eine Geste, die dem Problem im Grunde nur ausweicht. Wiederum liegt die Lösung des Problems der Leiden nicht außerhalb des Problems, sondern in ihm selbst. Wir können der Unausweichlichkeit des Schmerzes nicht begegnen, wenn wir die Sensibilität abtöten, sondern indem wir sie steigern, indem wir erforschen und erspüren, wie der natürliche Organismus, entsprechend seiner angeborenen Weisheit, reagieren möchte. Der Arzt am Sterbebett wird dieselben Mittel anwenden wie der Arzt am Kindbett, um eine Atmosphäre zu schaffen, in der die körperliche oder moralische Abwehr des Todes und seiner Schmerzen voll zugelassen und gebilligt werden. Die Gefühle eines leidenden Wesens müssen, seiner Natur entsprechend, sich ungehindert bewegen dürfen und sollen von außen nur soweit kontrolliert werden, daß eine destruktive Handlung verhindert wird.

So erkennen wir allmählich, daß die *Antwort* auf das Leiden in der *Reaktion* des Organismus liegt, in seiner angeborenen Tendenz, unvermeidlichen Schmerz in Ekstase zu verwandeln. Diese Erkenntnis liegt dem kosmischen Mythos des Hinduismus zugrunde, in dem die Welt in der ganzen Fülle ihrer Freuden und Schrecken als die Ekstase eines Gottes gesehen wird, der sich durch seinen Akt der Selbsthingabe in den Myriaden Formen von Lebewesen ewig selbst inkarniert.

---

[5] Es lohnt sich, einmal darüber nachzudenken, warum der zivilisierte Mensch sich weigert, von anderen Formen des Lebens aufgezehrt zu werden und seinen Leib zur Befruchtung der Erde, aus der er stammt, hinzugeben. Darin läßt sich ein bedeutsames Symptom seiner Entfremdung von der Natur erblicken und ein nicht zu unterschätzender Verlust für die Reserven der Erde an Lebenskraft.

Daher ist Shiva, der göttliche Prototyp allen Leidens und aller Zerstörung zugleich *Nataraja,* der »Gott des Tanzes«. Denn die immerwährende schmerzhafte Auflösung und Erneuerung des Lebens ist der Tanz Shivas, der immer ekstatisch, weil ohne inneren Konflikt, der, mit anderen Worten, nicht-dualistisch ist, das heißt, ohne den Widerstand eines Kontrolleurs außerhalb eines kontrollierten Objekts, ohne irgend ein anderes Prinzip der Bewegung als seine eigene *sahaja* oder Spontaneität.

Sich selbst überlassen, begegnet der Spontaneität des Organismus kein Hindernis ihrer kontinuierlichen Bewegung, die wie fließendes Wasser unaufhörlich den Weg des geringsten Widerstands findet, denn wie Lao-tzu sagte:

Die höchste Güte gleicht dem Wasser. Das Wasser ist wohltätig für alle Dinge, ohne etwas zu erstreben. Es hält sich an (niedrigen) Orten auf, die andere verachten. Deshalb ist es dam Tao nahe. VIII[6]

Weil es sich nicht selbst blockiert, erreicht der Lauf des Fühlens eine Art von Freiheit oder »Leere«, die in der buddhistischen und taoistischen Terminologie als *wu-hsin* – »Ichlosigkeit« oder »Ungeistigkeit« – bezeichnet wird, in der kein Fühlender im Konflikt mit dem Gefühl steht. In Kummer und Freude, in Schmerz und Lust folgen die natürlichen Reaktionen einander ohne Hindernis »wie ein hüpfender Ball in einem Gebirgsbach«.

Leiden und Tod – die dunkle, zerstörerische Seite der Natur, die Shiva verkörpert – sind daher nur für das Ich ein Problem, nicht aber für den Organismus. Der Organismus nimmt das Leiden in der Ekstase an, aber das Ich ist starr und unnachgiebig und findet es problematisch, weil es seinen Stolz beleidigt. Denn wie Trigant Burrow gezeigt hat, ist das Ich die soziale Rolle oder das »Image«, mit dem der Geist sich gezwungenermaßen identifiziert, da man uns beigebracht hat, die von der Gesellschaft von uns geforderte Rolle zu spielen – die Rolle eines verläßlichen, kalkulierbaren Aktionszentrums, das spon-

---

[6] Übers. nach Ch'u Ta-kao, S. 18.

taner Änderung widersteht. Doch im höchsten Leiden und im Tod kann diese Rolle nicht gespielt werden, und daher assoziieren wir diese Grenzsituationen mit der ganzen Scham und Angst, die uns als Kinder zwang, ein annehmbares Ich zu werden. Tod und Leiden werden daher als »Statusverlust« gefürchtet und bekämpft, in einem verzweifelten Versuch, das anerzogene Muster des Handelns und Fühlens beizubehalten. In manchen traditionsbewußten Gesellschaften dagegen bereitet sich das Individuum auf den Tod vor, indem es seinen Status schon aufgibt, bevor es stirbt, das heißt, es tritt aus seiner Rolle oder Kaste aus und wird mit voller Billigung der Gesellschaft ein »Niemand«. In der Praxis wird dieser Sinn jedoch oft verfehlt, weil dieses »Niemandsein« zu einem neuen Status wird – zur Rolle des »Heiligen« oder *sanyassin,* zum konventionellen Mönch einer Kirche.

Die Furcht vor der Spontaneität, aus der dies alles kommt, beruht nicht nur auf der Verwechslung der natürlichen und biologischen Ordnung mit der politischen, gesetzlichen und erzwungenen Ordnung. Ihr liegt auch das Versäumnis zugrunde, die für die Gesellschaft lästige Spontaneität kleiner Kinder als eine noch unkoordinierte, »embryonale« Spontaneität zu erkennen. Dann begehen wir den Fehler, daß wir die Kinder nicht dadurch sozialisieren, daß wir ihre Spontaneität entwikkeln, sondern daß wir ein System von Widerständen und Ängsten ausbilden, das den Organismus gleichsam in ein spontanes und ein hemmendes Zentrum spaltet. So findet man selten eine wahrhaft integrierte Persönlichkeit, deren Spontaneität imstande ist, sich selbst zu kontrollieren, was wie ein Widerspruch klingt. Meistens machen wir es so, als wollten wir unseren Kindern das Gehen beibringen, indem wir sie lehren, die Füße mit den Händen aufzuheben, anstatt die Beine vom Körper her zu bewegen. Wir begreifen nicht, daß die Spontaneität zuerst freie Bahn haben muß, bevor sie sich selbst kontrollieren kann. Die Beine müssen zuerst im Besitz voller Bewegungsfreiheit sein, bevor sie sich die Disziplin des Gehens, Laufens oder Tanzens aneignen können. Denn disziplinierte Bewegung ist entspannte Bewegung in Kontrolle. In ähnlicher Weise ist diszipliniertes Handeln und Fühlen ein entspanntes Handeln und Fühlen in Richtung eines vorgegebenen Zieles. Der Pianist muß daher in den Armen und Fingern locker und entspannt sein, bevor er komplizierte musikalische Figuren ausführen kann, doch leider hat sich eine schreckliche Technik dadurch verbreitet, daß man die Finger gezwungen hat, Klavieretüden ohne vorherige Entspannung zu spielen.[7] Spontaneität bedeutet letztlich eine vollkommene Aufrichtigkeit, in der das ganze Wesen sich rückhaltlos in jeder Handlung ausdrückt, doch in der Regel wird der zivilisierte Erwachsene erst durch äußerste Verzweiflung, unerträgliches Leiden oder die Nähe des Todes zu dieser Aufrichtigkeit getrieben. Daher besagt ein englisches Sprichwort: »Man's extremity is God's opportunity«, was soviel bedeutet wie: »Erst wenn es mit dem Menschen zu Ende geht, kommt er Gott nahe.« So bemerkte ein moderner indischer Weiser, daß er die westlichen Menschen, die zu ihm kommen, zuerst einmal lehren müsse, wie man weint, und daraus ersehen wir, daß unsere Spontaneität nicht nur durch unseren Ichkomplex gehemmt ist, sondern auch durch den angelsächsischen Begriff der Männlichkeit. Diese maskuline Starrheit und Härte, die wir zur Schau tragen, ist nichts weniger als eine Form der Stärke, sondern vielmehr eine Lähmung der Gefühle. Wir legen sie uns nicht deshalb zu, weil wir Kontrolle über unsere Gefühle haben wollen, sondern weil wir sie fürchten wie alles in unserem Wesen, was den Symbolcharakter des Weiblichen und Hingebenden hat. Aber ein Mann, der emotional gelähmt ist, kann nicht männlich sein; das heißt, er kann nicht männlich im Verhältnis zum Weiblichen sein, denn wenn er eine Beziehung zu einer Frau eingehen will, muß auch etwas Weibliches in seinem Wesen sein.

---

[7] Siehe L. Bonpensiere (Bibl.). Es ist zwar richtig, daß Beethoven bestimmte Passagen in seinen Sonaten so gesetzt hat, daß sie nur mit einem Gefühl der Spannung und des Konflikts gespielt werden können; doch dies ist die Ausnahme, welche die Regel bestätigt. Beethoven wollte in diesen Passagen den Konflikt musikalisch zum Ausdruck bringen.

Wer das Männliche kennt und doch das Weibliche festhält,
wird zu einem Kanal, der die ganze Welt anzieht;
wenn er ein Kanal für die Welt ist, wird er vom ewigen
  Guten nicht getrennt sein,
und so kann er wieder zum Zustand der Kindheit
  (d. h. der Spontaneität) zurückkehren. XXVIII[8]

Kindlichkeit oder ungekünstelte Einfachheit ist das Ideal des Künstlers sowie des Weisen, bedeutet es doch, das Werk der Kunst oder des Lebens ohne jede Spur von Affektiertheit oder innerer Gespaltenheit zu vollbringen. Aber der Weg zum Kind geht über die Frau, über die Hingabe an die Spontaneität, über das Zulassen des eigenen Wesens, von einem Augenblick zum nächsten in dem ewig sich wandelnden Lauf der Natur. Auf dieses »eigene Wesen« will der Hindu-Spruch: *Tat tvam asi* – »Das bist du«, verweisen, und »Das« ist der ewige, nicht-dualistische Brahman. Dieser Weg hat weder etwas mit der angstbesessenen Selbstkontrolle zu tun noch mit dem Exhibitionismus der Möchtegern-Bohemiens, die »ihr Selbst ausleben«, um zu schockieren und Aufmerksamkeit zu erregen. Ihre Laster sind so geheuchelt wie die Tugenden der Pharisäer. Ich erinnere mich an eine »Avantgarde«-Party, bei der einige junge Männer splitternackt herumliefen, aber in Wirklichkeit mehr angezogen waren als irgendein anderer Mensch im Raum, weil sie sich nicht im klaren darüber waren, daß Nacktheit ein Zustand ist, um den keiner herumkommt. Denn unsere Kleider, unsere Haut, unsere Persönlichkeit, unsere Tugenden und unsere Laster sind so transparent wie der leere Raum. Wir können diese Dinge nicht als unser Eigentum beanspruchen, noch gibt es irgend jemanden, der den Anspruch auf sie erheben könnte, denn das Selbst ist so transparent wie die Kleider auf unserem Leib.
So leer und nihilistisch dies klingen mag, ist die Erkenntnis der totalen Nacktheit und Transparenz doch eine Freude, die sich

---

[8] Übers. nach Ch'u Ta-kao, S. 38.

nicht in Worte fassen läßt, denn die Leere ist nicht die
Wirklichkeit an sich, sondern all das, was ihrem Licht scheinbar
im Wege steht.

> *Der alte P'ang hat kein Bedürfnis in der Welt:*
> *Bei ihm ist alles leer, er hat nicht einmal einen Sitz,*
> *denn in seinem Hause herrscht die absolute Leere;*
> *wirklich, es ist ganz leer ohne alle Schätze!*
> *Nach Sonnenaufgang geht er durch die Leere;*
> *nach Sonnenuntergang schläft er in der Leere;*
> *im Leeren sitzend, singt er seine leeren Lieder,*
> *und seine leeren Lieder tönen durch die Leere.*[9]

Wenn man die Freude in dieser Leere näher bezeichnen oder
ihren Inhalt symbolisch charakterisieren möchte, sagt man
immer zu viel, als würde man, wie es im Zen heißt, »der
Schlange Beine machen«. Denn in der buddhistischen Philosophie ist unter Leere *(sunyata)* der solide, feste Seinsgrund zu
verstehen, der leer genannt wird, weil er niemals ein *Objekt* der
Erkenntnis werden kann. Der Grund dafür liegt darin, daß die
Leere allen aufeinander bezogenen Dingen – wie Gestalt und
Hintergrund, Körper und Raum, Bewegung und Ruhe – gemeinsam ist und daher nie in Kontrast zu etwas anderem und
deshalb auch nie als Objekt gesehen wird. Man kann sie die
höchste Wirklichkeit oder Grundsubstanz der Welt nur im
Sinne einer Analogie nennen, denn genau genommen, erkennen wir die Wirklichkeit im Gegensatz zur Unwirklichkeit und
die Substanz oder den Stoff im Gegensatz zur Gestalt oder zum
leeren Raum. Doch durch intuitive Weisheit, dem *prajna* des
Buddhismus, können wir sie erkennen, denn wie wir gesehen
haben, leuchtet es ein, daß alle aufeinander bezogenen Begriffe
oder Termini eine »innere Identität« besitzen, die keinem
dieser Termini entspricht und daher im wahren Sinne des

---

[9] P'ang Chü-shih, ein Zen-Meister des 9. Jahrhunderts. Siehe Suzuki (1), Bd. 2,
S. 297.

Wortes »interminabel« ist – unbeschreiblich und unvorstellbar. Denn *prajna* ist die direkte Erkenntnisweise, die kein Wissen in Form von *determinierenden* Worten, Symbolen, Bildern und logischen Kategorien ist mit ihrer unvermeidlichen Dualität des Innen und Außen.

Die »Leere« des Universums weist außerdem auf die Tatsache hin, daß die Umrisse, Formen und Begrenzungen, die unsere Termini festlegen, einem ständigen Wandel unterworfen sind, so daß sie in Wirklichkeit gar nicht fixiert oder begrenzt werden können. Die Leere heißt deshalb so, weil sie nicht zu fassen ist, denn selbst

> *Die Hügel sind Schatten,*
> *und sie fließen von Form zu Form,*
> *und nichts steht fest.*

Doch aller Widerstand des Menschen gegen Shiva, gegen den Wandel, gegen das Leiden, gegen Verfall und Tod ist der Widerstand dagegen, transparent zu sein. Dieser Widerstand ist wie eine Geisterhand, die nach den Wolken greift. Das Leiden ist letzten Endes Ekstase, weil es den Würgegriff, mit dem wir uns selbst strangulieren, lockert und »dies allzu feste Fleisch« zum Schmelzen bringt. Denn die immerwährende Erneuerung und Auflösung der Welt ist die überzeugende Offenbarung der unumstößlichen Tatsache, daß »Gestalt Leere ist und die Leere Gestalt«, und daß das zerquälte Ich einen Verteidigungswall um nichts errichtet. Die Vergänglichkeit, von der wir Erlösung suchen, ist selbst der Erlöser.

Es gibt kein Mittel und keine Methode, um dies zu begreifen, denn jede ist künstlich und letzten Endes ein Versuch, etwas zu werden, mehr zu sein als dieser flüchtige Augenblick, den die höchste Anspannung des Willens nicht festhalten kann. Der Glaube an einen unwandelbaren Gott, an eine unsterbliche Seele, ja, selbst an ein Nirvana ohne Tod, das es zu erlangen gilt, ist ein Teil dieser Künstlichkeit, ebenso wie die sterile Sicherheit und die aggressive Gewißheit des Atheismus und des wissenschaftlichen Materialismus. Es gibt keinen Weg dorthin, wo wir sind, und wer einen Weg sucht, findet nur eine glatte Wand aus Granit ohne Durchgang und Halt. Yoga, Gebete, Psychotherapie und spirituelle Übungen sind im Grunde nur kunstvolle Methoden, die Erkenntnis hinauszuzögern, daß es nichts gibt, was wir erfassen können, und kein Mittel, es zu erfassen.

Damit soll nicht gesagt sein, daß es keinen Gott gibt, noch soll die Möglichkeit geleugnet werden, daß es eine Form des persönlichen Fortlebens nach dem Tode gibt. Ich meine vielmehr, daß ein Gott, den man begreifen oder an den man glauben kann, gar kein Gott ist und daß der Wunsch nach einem fortgesetzten Leben nur die Fortsetzung der Fesseln des Menschen bedeutet. Der Tod stellt sich uns als die Möglichkeit eines Schlafes ohne Erwachen dar oder bestenfalls als die Möglichkeit, als ein ganz anderes Wesen aufzuwachen – wie es bei unserer Geburt geschah. So deprimierend oder erschrek-kend der Gedanke an einen Schlaf ohne Erwachen zunächst scheint, so wirkt er doch das Gute, daß er uns »aus dem Denken scheucht gleich wie die Ewigkeit«. Eine solche Betrachtung des Todes löst den harten Kern der »Ichhaftigkeit« bereits auf, und zwar umso mehr, je tiefer wir uns darauf einlassen und erkennen, daß wir den Schlaf ohne Erwachen nicht mit der Phantasievorstellung, für immer in der Finsternis eingesperrt zu sein, verwechseln dürfen. In diesem Schlaf verschwindet sogar die Finsternis, unsere Phantasie wird zunichte, und unser Denken verstummt. Wenn wir an diesen Punkt gelangen, geht unser Gehirn meistens zu anderen Dingen über, doch die Faszination der Gewißheit des Todes kann uns manchmal in ein tiefes Erstaunen versetzen, bis wir schlagartig eine seltsame Erleuchtung erfahren, durch die uns klar wird, daß nicht das Bewußtsein, sondern das Gedächtnis stirbt. Das Bewußtsein tritt in jedem neugeborenen Wesen wieder auf, und wo immer es auftritt, ist es ein »Ich«. Insofern es nur *dieses* »Ich« ist, kämpft es immer wieder in den Abermillionen von Geschöpfen gegen die Auflösung, die es befreien würde. Wenn wir dies begreifen, spüren wir eine höchst merkwürdige Solidarität, ja, fast eine Identität mit anderen Geschöpfen, und wir beginnen zu verstehen, was Mitleid ist.

In der tiefen Freude aus der Erkenntnis, daß wir transparent und vergänglich sind und nichts festhalten können, liegt keine eisige Abkehr von der Welt. Ein Mensch, der dies voll erkannt hatte, schrieb mir einmal:»Ich schließe jetzt so viele Menschen und so viele Dinge wie nur möglich in mein Herz.« Denn nach der *pralaya*, in der alle manifestierten Welten aufgelöst werden, stürzt Brahma sich wiederum in die zahllosen Formen des Lebens und des Bewußtseins, und wenn der Bodhisattva das Nirvana verwirklicht hat, kehrt er in den unendlichen Kreislauf von Geburt und Tod zurück.

> *Sogar jenseits der äußersten Grenze gibt es ein Tor,*
> *durch das er zurückkehrt in die sechs Reiche des Daseins...*
> *Wie ein Edelstein leuchtet er selbst im Kot,*
> *wie reines Gold glänzt er selbst im Schmelzofen.*[10]

Im Verhaftetsein ist Schmerz und im Schmerz Befreiung, so daß an diesem Punkt das Verhaftetsein kein Hindernis darstellt, und der Befreite kann endlich mit seiner ganzen Kraft lieben und aus ganzem Herzen leiden. Und zwar nicht deshalb, weil er den Trick gelernt hat, sich in ein höheres und ein niedrigeres Selbst zu spalten und sich so mit innerer Gleichgültigkeit zu beobachten, sondern weil er den Punkt gefunden hat, an dem äußerste Weisheit und äußerste Torheit sich treffen. Der Bodhisattva ist der Törichte, der durch Festhalten an seiner Torheit weise wurde.

Die wohlgemeinte Ehrfurcht von zahllosen Gläubigen hat freilich die Buddhas, die Weisen und Befreiten auf einen Gipfel spiritueller Erfüllung entrückt, so daß sie aus Frömmigkeit ihr eigenes Erwachen verzögert haben. Denn die Seinsstufe der Befreiung ist inkommensurabel und nicht zu messen mit den

---

[10] Tzu-te Hui. Siehe Suzuki (2), S. 150 f.

relativen Begriffen wie höher und tiefer, besser und schlechter, Gewinn und Verlust, denn diese sind nur die transparenten, »leeren« Vorteile und Nachteile des Ichs. Obwohl auch dies nicht ganz zutrifft, ist es doch weniger irreführend, sich die Befreiung als einen Abgrund spirituellen Scheiterns vorzustellen, in dem man nicht einmal den Anspruch auf Laster, geschweige denn auf Tugenden, erheben kann. Denn wenn der Bodhisattva tief in seine eigene Flüchtigkeit und Leere blickt, erfährt er eine Verzweiflung jenseits des Selbstmords, die *absolute* Verzweiflung, welche die spirituelle Bedeutung von Nirvana ist. Sie ist die vollkommene Ent-täuschung von jeder Hoffnung auf Sicherheit, auf Ruhe oder Gewinn, und auch der Selbstmord ist kein Ausweg, da das »Ich« in jedem Wesen, das geboren wird, von neuem erwacht. Sie ist die Bestätigung der endgültigen Niederlage trotz allem Raffinement unseres Ichs, das in dieser Ent-täuschung zu existieren aufhört. Es findet nur Leere in seinem verbissenen Widerstand gegen die Leere, nur Leiden in der Flucht vor dem Leiden und ängstliches Klammern in seinem Bemühen, loszulassen. Doch hier findet er in seiner eigenen Auflösung dieselbe Leere, aus der die ganze Heerschar von Sonne, Mond und Sternen funkelt.

5 Die Welt als Un-Sinn

Daß unser Leben ein flüchtiger Augenblick ist, in dem es nichts gibt, was festgehalten werden könnte, und niemanden, der etwas festhalten könnte, ist eine negative Feststellung, die sich auch positiv fassen ließe. Doch diese positive Feststellung ist nicht ganz so aussagekräftig und läßt sich leichter mißverstehen. Die Einbildung, daß etwas festgehalten werden könnte, beruht auf der scheinbaren Dualität des Ichs und seiner Erfahrung. Doch der Grund, warum es nichts festzuhalten gibt, ist der, daß diese Dualität nur scheinhaft ist, so daß der Versuch, sich an etwas zu klammern, so ist, als wollte man die Zähne mit den eigenen Zähnen beißen oder die Hand mit der eigenen Hand ergreifen. Aus dieser Erkenntnis läßt sich ableiten, daß Subjekt und Objekt, das Selbst und die Welt, eine Einheit sind, oder genauer, eine »Nicht-Dualität«, da das Wort »Einheit« so verstanden werden könnte, als schlösse es die Vielheit aus.

Dann verschwindet die Vorstellung einer ungeheuren Kluft zwischen dem Ich und der Welt, und das subjektive, innere Leben scheint nicht mehr von allem übrigen, von der gesamten Erfahrung des Stromes der Natur, getrennt zu sein. Es wird einfach klar, daß »alles das Tao ist« – ein integrierter, harmonischer und universaler Prozeß, von dem es absolut keine Möglichkeit des Abweichens gibt. Dies ist, vorsichtig ausgedrückt, ein wunderbares Gefühl, obwohl es logisch nicht zu begründen ist, es sei denn als Befreiung von der chronischen Einbildung, der Wirklichkeit »gegenübertreten« zu müssen. Denn hier tritt man dem Leben nicht mehr gegenüber, sondern man ist es einfach.

Doch wir empfinden für gewöhnlich erst dann etwas als wunderbar, wenn es eine weitreichende Wirkung hervorbringt und zu definitiven Veränderungen im praktischen Leben führt. Wenn uns diese Erkenntnis dämmert, was oft ganz unerwartet geschieht, neigen wir dazu, alle möglichen Resultate zu erwarten, und daher verschwindet sie so rasch, wie sie gekommen ist. Wir erwarten, daß sie unser Wesen verändert, daß sie uns besser, stärker, weiser und glücklicher macht. Denn wir meinen, wir hätten etwas unerhört Wertvolles zu fassen bekommen, und brüsten uns damit, als hätten wir ein Vermögen geerbt.

Ein Zen-Meister wurde einmal gefragt: »Was ist das Wertvollste auf der Welt?« Er antwortete: »Der Kopf einer toten Katze!« »Wieso?« »Weil niemand ihren Preis bestimmen kann.« Die Erkenntnis der Einheit der Welt ist wie dieser Kopf der toten Katze. Sie ist das unschätzbarste und nichtigste aller Dinge. Sie ist ohne Ergebnis, ohne Folge und ohne logische Bedeutung. Man kann aus ihr keinen Gewinn ziehen, weil es unmöglich ist, außerhalb von ihr eine Stellung einzunehmen, um hineinzulangen und etwas zu ergreifen. Die ganze Vorstellung von Gewinn, ob es sich um Reichtum oder um Wissen und Tugend handelt, ist so, als wollte man seinen quälenden Hunger stillen, indem man sich selbst, von den Zehen angefangen, verschlingen wollte. Und dennoch tun wir das, denn es bleibt sich letzten Endes gleich, ob wir unsere Zehen oder eine gebratene Ente verzehren: die Befriedigung währt in jedem Fall nur einen Augenblick. Mit den Worten der Upanischaden: »Annam Brahman – Nahrung ist Brahman. Ich, die Nahrung, esse den Esser der Nahrung!«[1] Wir verzehren uns alle selbst wie die Schlange Ouroboros, und die einzige wirkliche Enttäuschung entspringt der Erwartung, dadurch etwas zu erlangen. Deshalb sagte der Buddha zu seinem Schüler Subhuti: »Ich erlangte ganz und gar nichts von meinem unübertroffenen, vollkommenen Erwachen.« Wenn man jedoch nichts erwartet, kein Ergebnis anstrebt, wenn es nichts gibt als diesen »Kopf einer toten Katze«, dann kommt einem plötzlich und ganz

[1] *Taittiriya Upanischade*, III, 10, 6.

umsonst, auf wunderbare Weise und ohne Grund mehr zu, als man je gesucht hatte.

Es handelt sich dabei nicht um Entsagung oder Unterdrückung des Verlangens – diese Fallen, die Gott von den Klugen und Listigen gestellt werden. Man kann ebenso wenig dem Leben entsagen, wie man etwas von ihm erlangen kann. So heißt es im *Cheng-tao Ke:*

> *Du kannst es nicht festhalten,*
> *noch kannst du es verlieren.*
> *Indem du es nicht erlangen kannst, erlangst du es.*
> *Wenn du schweigst, redet es;*
> *wenn du redest, schweigt es.* XXXIV

Obwohl oft gesagt wird, daß derjenige, der das Tao sucht, es dadurch verliert, da die Suche eine Kluft zwischen dem Suchenden und dem Gesuchten setzt, stimmt dies nicht ganz, wie sich erweist, wenn wir uns dazu zwingen, nicht zu suchen, nicht zu wünschen, uns an nichts zu klammern. Die Wahrheit ist vielmehr, daß man nicht einmal dadurch vom Tao abweichen kann, daß man es sucht. Es gibt einfach keine falsche Einstellung gegenüber dem Tao, weil es, wie gesagt, keinen Punkt außerhalb des Tao gibt, von dem aus man Stellung beziehen könnte. Die scheinbare Trennung des subjektiven Selbst ist ebenso ein Ausdruck des Tao wie der klare Umriß eines Blattes.

Solche Behauptungen sind für den praktischen Verstand natürlich irritierend – dieses Gerede von etwas, das sich in keiner bestimmten Weise auswirkt, diese völlig sinnlose Vorstellung einer Harmonie, von der man nicht abweichen kann. Doch in dieser ganzen Philosophie vom »Kopf einer toten Katze« geht es darum, daß sie keine Folgen hat und wie die Natur ein sublimer Un-Sinn, ein Ausdruck der Ekstase, ein Selbstzweck ohne Absicht und Ziel ist.

Menschen mit einem rastlosen, prüfenden und zupackenden Geist werden durch eine solche Zwecklosigkeit vor den Kopf

136

gestoßen, denn für sie hat nur das Bedeutung, was wie das Wort auf etwas außerhalb seiner selbst verweist. Daher erscheint ihnen die Welt nur insofern sinnvoll, als es ihnen gelungen ist, sie wie ein Wörterbuch auf eine Anzahl von Zeichen zu reduzieren. In ihrer Welt haben Blumen Duft und Farbe, *damit* die Bienen angezogen werden, und das Chamäleon wechselt seine Hautfarbe mit der Absicht, sich zu verbergen. Oder, wenn man auf die Natur nicht Geist, sondern Mechanik projiziert, werden die Bienen von den Blumen angezogen, *weil* sie Duft und Farbe haben, und das Chamäleon überlebt, *weil* es eine Haut hat, die ihre Farbe wechseln kann. Solche Menschen sehen nicht die Welt der Farbe und der duftenden, von Bienen umschwärmten Blumen in ihrem Wachstum – ohne ein abstraktes, trennendes »weil«. Anstelle der dichten Verwobenheit aller Dinge, in der die Teile gleichzeitig miteinander wachsen, sehen sie Komglomerate von Dingen wie »Billiardkugeln«, die durch die zeitliche Folge von Ursache und Wirkung wie auf einer Schnur aufgereiht sind. In einer solchen Welt gewinnen die Dinge ihr Wesen nur im Verhältnis zu dem, was war und was sein wird; in der zwecklosen Welt des Tao dagegen sind die Dinge das, was sie sind, im Verhältnis zu ihrer wechselseitigen *Gegenwart.*

Vielleicht verstehen wir jetzt, warum es fast alle Menschen dazu drängt, Erholung von ihresgleichen bei Bäumen und Pflanzen, auf den Bergen und an Gewässern zu suchen. Es ist leicht, sich mit billiger Überlegenheit über die Liebe zur Natur lustig zu machen, und dennoch spricht etwas Tiefes und Wesentliches aus diesem universellen Gegenstand der Poesie, auch wenn er noch so abgedroschen ist. Jahrhunderte hindurch haben die großen Dichter des Ostens und Westens dieser zutiefst menschlichen Neigung, »Zwiesprache zu halten mit der Natur«, Ausdruck verliehen, obwohl diese Wendung den intellektuellen Kreisen von heute etwas lächerlich klingt. Vermutlich wird sie als eine »Wirklichkeitsflucht« angesehen, die bei denen, welche die Wirklichkeit auf das beschränken, was man über sie in den Zeitungen liest, so sehr verpönt ist.

Doch vielleicht liegt der Grund für diese Liebe zur nicht-menschlichen Natur darin, daß die Zwiesprache mit ihr uns einen Bereich unseres eigenen menschlichen Wesens zurückgibt, wo wir noch heil, frei von Allüren und unberührt von der Sorge um den Sinn und Zweck unseres Lebens sind. Denn die sogenannte »Natur« ist frei von Berechnung und Wichtigtuerei. Die Vögel und anderen Tiere widmen sich zwar mit Hingabe dem Geschäft des Fressens und der Aufzucht der Jungen, aber sie rechtfertigen sich nicht dafür. Sie tun nicht so, als würden sie damit höhere Ziele verfolgen oder einen wichtigen Beitrag zum Fortschritt der Welt leisten.

Damit will ich den Menschen keineswegs nahetreten, denn es ist nicht einfach so, daß die Vögel recht haben und wir unrecht. Der springende Punkt ist, daß wir durch den Rapport mit der wunderbar absichtslosen Welt der Natur uns selbst in einem neuen Licht sehen, in dem auch unsere Wichtigtuerei nicht verurteilt wird, sondern anders erscheint, als wofür wir sie halten. In diesem Licht werden die merkwürdig abstrakten und pompösen Bestrebungen des Menschen in Wunder der Natur verwandelt, die den gleichen Rang einnehmen wie der riesige Schnabel des Tukans und des Nashornvogels, wie der schillernde Schwanz des Paradiesvogels, der turmhoch ragende Hals der Giraffe und das in bunten Farben leuchtende Hinterteil des Pavians. Wenn man sie in diesem Sinne weder als etwas zu Verurteilendes noch im üblichen Licht einer ernsthaften Werthaftigkeit sieht, löst die Wichtigtuerei des Menschen sich in Lachen auf. Daß er immer einen Zweck haben muß und ständig irgendwelchen Abstraktionen hinterherläuft, ist zwar vollkommen natürlich, aber so übertrieben wie der ungeheure Leib eines Dinosauriers. Als Mittel des Überlebens und der Anpassung sind diese Eigenschaften überzüchtet worden und haben eine Spezies hervorgebracht, die raffinierter und praktischer ist, als ihr guttut, und eben deswegen braucht sie die Philosophie vom »Kopf der toten Katze«. Denn dies ist eine Weltanschauung, die ebenso wie die Natur keinen Zweck und keine Konsequenz hat außerhalb ihrer selbst.

Dennoch führt diese Philosophie erstaunlicherweise und ganz zwanglos zu einer unerhört vertieften Wahrnehmung der Bedeutung der Welt. Vielleicht ist »Bedeutung« das falsche Wort, denn in dieser Sicht verweist die Welt auf keine Bedeutung, auf keinen Sinn außerhalb ihrer selbst. Es ist wie reine Musik – eine Musik, die keine Worte begleitet, die keine Laute der Natur nachahmt, die – so könnten wir fast sagen – nicht Gefühle darstellt, sondern Gefühl *ist*. Sie ist am ehesten mit alten Beschwörungsformeln und Zaubersprüchen zu vergleichen, in denen die Worte selbst der Sinn sind:

> *Das Silber ist weiß, rot ist das Gold,*
> *sie legen in Falten das Gewand.*
> *Der Amtmann trägt die Glocke fort;*
> *ich lege die Lilie, die Rose, die Rose.*

Manche Leute wenden sich verständnislos von der gegenstandslosen Malerei ab und betrachten dagegen mit Entzücken ein Landschaftsbild, auf dem der Künstler Wolken und Felsen wiedergegeben hat, die in sich selbst nichts darstellen, und zollen so dem Wunder des natürlichen Un-Sinns einen unbewußten Tribut. Denn diese Formen bewegen uns ja nicht, weil sie geographischen Messungen entsprechen oder irgendwelchen Dingen ähnlich sehen. Die Wolken sind nicht weniger schön, wenn sie uns nicht an Berge und himmlische Städte erinnern. Wir lieben das Rauschen des Wasserfalls und das Murmeln des Baches nicht um ihrer Ähnlichkeit mit der menschlichen Sprache willen. Die unregelmäßig über das Firmament gestreuten Sterne erfreuen uns nicht wegen der Konstellationen, die wir Menschen zwischen den Gestirnen entdeckt haben, und wir ergötzen uns an den Schaumkronen, am geäderten Gestein oder an den schwarzen Ästen der Bäume im Winter nicht deshalb, weil sie symmetrisch sind und uns Bilder vor Augen führen.

In diesem Licht betrachtet, ist die verwirrende Mannigfaltigkeit der Natur ein Tanz, der kein anderes Ziel hat als die Figuren, die sich eben darbieten, die nicht im Einklang mit einem übergeordneten Gesetz, sondern in Wechselbeziehung miteinander scheinbar willkürlich entstanden sind. Sogar die Städte verlieren ihre berechnete Zweckhaftigkeit und werden zu pulsierenden Ganglien in einem sich über die Erde erstreckenden Netz von Arterien; sie saugen ihre Korpuskeln bei Tagesanbruch ein und spucken sie bei Sonnenuntergang wieder aus. Dem in der Illusion der Zeit und dem Streben nach einem Ziel Befangenen bleibt der Tanz und der ekstatische Rhythmus dieses Prozesses verborgen, und er sieht statt dessen nur eine rasende Jagd, die sich immer wieder über Rückschläge und Hindernisse hinwegsetzen muß. Doch wenn man schließlich die Vergeblichkeit dieser Jagd einsieht, kommt der Geist zur Ruhe und nimmt den Rhythmus wahr. Dann erkennt man, daß der zeitlose Sinn des Prozesses sich in jedem Augenblick erfüllt.

Manchmal geschieht es, wenn etwas Unbewußtes unseren Geist öffnet, daß diese Schau der Welt uns ganz plötzlich überkommt. Es ist wie mit dem weitverbreiteten Märchen, in dem jemand in einer Mauer unvermutet eine Türe findet, die er vorher nie gesehen hatte – eine Türe, die in einen verzauberten Garten führt, oder eine Felsspalte, die den Eingang zu einer Schatzhöhle freigibt. Doch wenn er an den Ort zurückkehrt und den Eingang sucht, findet er ihn nicht mehr. Genau so wurde einmal an einem Spätnachmittag mein eigener Garten verklärt – ungefähr eine halbe Stunde lang, gerade als es zu dämmern begann. Der Himmel war wie durchsichtig, sein Blau ruhig und klar, jedoch viel leuchtender von innen her als am hellen Mittag. Das Laub der Bäume und Sträucher glühte förmlich in seinem Grün, und die Blätterdolden waren nicht mehr formlose Kleckse, sondern Arabesken von wunderbarer Vielfalt und Klarheit. Das Gitter der Zweige gegen den Himmel sah aus wie Filigran oder feines Maßwerk, doch nicht, weil es den Eindruck des Künstlerischen machte, sondern wegen ihrer genauen Formen und Rhythmen. Die Blumen – ich erinnere mich besonders an die Fuchsien – verwandelten sich plötzlich in zarte Schnitzereien aus Koralle und Elfenbein.

Es ist, als ob die Eindrücke eines rastlosen, suchenden Geistes sich verwischen, weil sie zu schnell aufeinander folgen, so daß die rhythmische Klarheit der Formen untergeht und die Farben flach, ohne inneres Leuchten, erscheinen. Darüber hinaus ist es fast immer kennzeichnend für eine solche Schau, daß die Welt in jeder Einzelheit geordnet wirkt, nicht wie auf einem Paradeplatz, sondern durch den vollkommenen Zusammenhang aller Dinge, so daß nichts irrelevant, nichts unwesentlich ist. Dies erklärt vielleicht am besten das nach dem Gesetz der Logik sinnlose Gefühl, daß alles »richtig« oder in Harmonie mit dem Tao ist. Und dies gilt ebenso für Eindrücke, in denen wir normalerweise nur Unordnung und Schmutz sehen würden, wie im Abfall in der Gosse oder einem auf dem Teppich verschütteten Aschenbecher ... oder dem Kopf einer toten Katze.

In der westlichen Welt herrscht die unverwüstliche Meinung, daß jede schöpferische Tat den Ansporn der Unzulänglichkeit und Unzufriedenheit brauche. Es scheint ausgemacht, daß wir dann, wenn wir jeden Augenblick erfüllt wären und der Zeit nicht mehr bedürften, um irgend welchen Zielen nachzulaufen, uns einfach in die Sonne setzen, einen Sombrero über die Augen ziehen und mit ein paar Flaschen Tequila alle viere von uns strecken würden. Auch wenn dies zuträfe, wäre es kein so großes Unglück, wie wir meinen, denn ohne Zweifel kommt unsere extreme Geschäftigkeit ebenso sehr aus nervöser Unruhe wie aus Fleiß, und ein gewisses Maß an gewöhnlicher Faulheit würde unserer Kultur jene angenehme Milde verleihen, die ihr ganz besonders fehlt. Es kommt uns offensichtlich gar nicht in den Sinn, daß eine Aktion, die dem Gefühl der Unzulänglichkeit entspringt, nur in einem eingeschränkten Sinne schöpferisch sein kann. Sie wird die Leere zum Ausdruck bringen, der sie entstammt, und nicht die Fülle; den Mangel, und nicht die Kraft. Wenn unsere Liebe zu anderen Menschen daher nur auf gegenseitigen Bedürfnissen beruht, dann erwürgen wir den anderen damit. Dann wird sie zu einer Art Vampirismus, in dem wir die verräterischen Worte gebrauchen:

»Ich liebe dich so sehr, daß ich dich fressen könnte!« Aus diesem Verlangen heraus kann Elternliebe zu einer tödlichen Umklammerung und der Ehestand zum »heiligen Wehestand« werden.

Moderne Theologen verwenden die griechischen Worte *eros* und *agape,* um zwischen der hungrigen und der hingebenden Liebe zu unterscheiden, wobei sie die letztere allerdings nur Gott zuschreiben. Die gefallene Natur des Menschen kann nur darben, weil die Sünde ein Abstieg aus der Fülle des Seins in das Nichts ist. In Ermangelung der göttlichen Gnade kann der Mensch nur aus dem natürlichen Ansporn seiner Bedürfnisse heraus handeln, so heißt es, und diese Annahme gilt weiterhin als vernünftig, obwohl man nicht mehr an einen Gott glaubt, der aus seiner grenzenlosen Fülle die Welt geschaffen hat. Wir bilden uns ein, daß das ganze Reich der Natur nur aus dem Mangel heraus handelt, denn im Christentum gilt es als Wahrheit, daß die Natur zusammen mit Adam, ihrem Oberhaupt, gefallen ist. Und die Vorstellung, daß die Natur nur aus der Notwendigkeit handelt, steht völlig im Einklang mit der mechanistischen Weltanschauung, die den Theismus verdrängt.

Wenn aber der Sündenfall den Verlust unserer Einheit mit der Natur bedeutet, so ist die angeblich dem Mangel entspringende natürliche Tat unser eigener Seelenzustand, den wir auf die Welt projizieren. Wenn wir die Newtonsche Mechanik in der Physik aufgeben müssen, so müssen wir dies auch im psychologischen und moralischen Bereich. Ebenso wenig, wie die Atome Billardkugeln sind, die von anderen in Bewegung gesetzt werden, sind unsere Handlungen Entitäten, die durch bestimmte Motive und Triebe gezwungenermaßen ablaufen. Die Handlungen erscheinen durch andere Dinge in dem Maße verursacht, in dem der Handelnde sich mit einem einzelnen Teil der gesamten Situation identifiziert, in der die Handlung abläuft, zum Beispiel mit dem Willen, im Unterschied zu den Leidenschaften, oder mit dem Geist, im Unterschied zum Körper. Doch wenn er sich mit seinen Leidenschaften und mit seinem Körper identifiziert, so wird er anscheinend nicht von ihnen bewegt. Wenn er noch einen Schritt weitergeht und einsieht, daß er nicht einfach sein Körper, sondern die ganze Beziehung zwischen seinem Körper und der Umwelt ist, wird er sich nicht einmal durch die Umwelt zum Handeln gezwungen fühlen. Die Wirkung erscheint nur deshalb als etwas Passives, von einer Ursache Bestimmtes, weil sie als getrennt von der Ursache angesehen wird. Wenn aber Ursache und Wirkung nur als die Endpunkte eines einzigen Vorgangs betrachtet werden, dann gibt es niemanden, der bestimmt, und nichts, was bestimmt wird. So entsteht die Ansicht, daß eine Handlung einer Notwendigkeit entspringen müsse, aus dem Glauben, daß das Selbst das Zentrum des Bewußtseins im Unterschied zu seiner Peripherie sei.

Die Frage: »Warum soll man handeln?« hat nur so lange Sinn, wie die Handlung einer Motivierung zu bedürfen scheint. Wenn die Welt aber aus Handlungen oder Abläufen, und nicht aus träger Substanz besteht, dann ist es absurd, nach einem äußeren Grund für das Handeln zu suchen. In der Tat gibt es keine Alternative zum Handeln, doch das soll nicht heißen, daß wir handeln *müssen,* denn dies würde bedeuten, daß es wirklich so ist, als würde die träge Substanz des »Wir« widerstrebend von außen aktiviert werden. Es ist vielmehr so, daß wir mit oder ohne Motivation Handlung *sind.* Doch wenn eine Handlung eine Motivation besitzt, dann bringt sie die hungrige Leere des Ichs, die Trägheit der Entität zum Ausdruck, und nicht die Lebendigkeit der Tat. Wenn jedoch der Mensch kein Ziel außerhalb seiner selbst verfolgt, ist er Handlung, die ihre Fülle ausdrückt, mag er vor Kummer weinen oder vor Freude springen.

In der indischen Philosophie bedeutet *karma* sowohl die motivierte, zweckgerichtete Handlung als auch Ursache und Wirkung, und *karma* ist dasjenige Handeln, das den Menschen in Fesseln hält. Es strebt nach einem Ziel, das jedoch nie erreicht wird, und setzt immer nur das Bedürfnis nach Zielen fort. Indem es Probleme löst, schafft es in einem fort neue

Probleme, die wieder gelöst werden müssen. Karma ist deshalb ein »verweisendes« Handeln, weil es wie das Zeichen über sich selbst hinaus auf einen Sinn, auf ein Motiv weist, dem es entspringt, oder auf das Ziel, das es erreichen will. Es ist ein Handeln, das die *Notwendigkeit* weiterer Handelns erzeugt. Dagegen ist *sahaja* das spontane Handeln ohne Konsequenzen, das den *jivan-mukta,* den Befreiten, charakterisiert, dessen Leben und Bewegungen der Natur gleichen – er plätschert vor sich hin wie der Bach, seine Gebärden sind wie Bäume im Wind, er wandert dahin wie die Wolken oder existiert einfach wie die Steine im Sand. Sein Leben kennzeichnet das, was die Japaner *fura-fura* nennen – das Flattern eines Tuches im Winde oder das Tanzen einer leeren Flasche in der Strömung eines Flusses. »Der Wind weht, wo er will, und du hörst seine Stimme, aber du weißt nicht, woher er kommt und wohin er geht.« Und der Wind weiß es auch nicht.

Deshalb werden die Weisen allenthalben mit Irren verglichen, da das seltsame Verhalten beider nicht der Vernunft entspricht und weil beide die praktische Werteskale der Welt ablehnen.

Seine Tür ist geschlossen, und die Klugen kennen ihn nicht. Sein inneres Leben ist verborgen, und er geht seinen Weg außerhalb der anerkannten Tugenden. Eine Trinkflasche tragend, betritt er den Marktplatz; er bahnt sich mit dem Stab seinen Weg und kehrt nach Hause zurück. Sogar in dem Schnapsladen und auf dem Fischmarkt wird jedermann in einen Buddha verwandelt.

Mit entblößter Brust und bloßen Füßen geht er durch den Staub dieser Welt.
Mit Kot besudelt und mit Asche beschmiert, zeigt er ein breites Lächeln.
Er bedarf der geheimen Mächte der Götter nicht,
Denn auf seinen unmittelbaren Befehl brechen die toten Bäume in Blüten aus.[2]

---

[2] *Shih Niu Tou,* X. Kommentar zu dem letzten der *Zehn Bilder des Ochsenhirten,* welche die verschiedenen Stufen der Frkenntnis im Zen-Buddhismus darstellen.

Denn während der Unsinn des Verrückten ein Plappern von Worten ist, die ihn um ihrer selbst willen faszinieren, ist der Un-Sinn der Natur und des Weisen die Erkenntnis, daß die letztendliche Sinnlosigkeit der Welt dieselbe verborgene Freude enthält wie ihre Vergänglichkeit und ihre Leere. Wenn wir nach dem Sinn in der Vergangenheit suchen, verliert sich die Kette von Ursache und Wirkung wie das Kielwasser eines Schiffes. Wenn wir ihn in der Zukunft suchen, verblaßt er wie der Strahl eines Scheinwerfers am nächtlichen Himmel. Wenn wir ihn in der Gegenwart suchen, ist er so flüchtig wie ein Sprühregen, und es gibt nichts, was wir festhalten könnten. Wenn aber nur noch das Suchen übrigbleibt und wir erfahren wollen, was *dieses* ist, dann verwandelt es sich plötzlich in Berge und Gewässer, in den Himmel und die Sterne, die sich selbst genügen, und es ist keiner mehr da, der etwas von ihnen begehrte.

*

*   *

Aus dem bisher Gesagten ist vielleicht der Eindruck entstanden, als habe unsere Naturphilosophie den Punkt völliger Widersprüchlichkeit erreicht. Denn wenn sie besagt, daß es keine wirkliche Trennung zwischen dem Menschen und der Natur gibt, dann folgt daraus, daß auch keine Unterscheidung zwischen dem Künstlichen und dem Natürlichen getroffen werden kann. So sagte Goethe in dem Fragment *Die Natur:*

Auch das Unnatürlichste ist Natur. Wer sie nicht allenthalben sieht, sieht sie nirgendwo recht ... Man gehorcht ihren Gesetzen, auch wenn man ihnen widerstrebt; man wirkt mit ihr, auch wenn man gegen sie wirken will.[3]

Wenn das stimmt, dann ist alles hinfällig, was wir über den mechanischen und unnatürlichen Charakter des monotheisti-

---

[3] *Goethes Werke,* Bd. 13, S. 45 ff., Hamburg 1955.

schen Gottes und über die lineare und politische Auffassung der Weltordnung, zu der das Christentum und bis vor kurzem auch die Wissenschaftsphilosophie sich bekannte, gesagt haben. Dann ist es auch sinnlos, eine Bewußtseinshaltung irgend einer anderen vorzuziehen, die offene Aufmerksamkeit von *kuan* für natürlicher zu halten als das Zerren und Starren der ichbezogenen Einstellung. Wenn sogar die verklemmte Künstlichkeit und der Wahn unserer urbanen und industriellen Zivilisation nicht unnatürlicher sind als die protzigen Schwanzfedern des Pfaus, dann sagen wir damit, daß im natürlichen Leben alles und jedes »geht«. Wie wir sagten, ist ein Abweichen vom Tao nicht möglich.

Zumindest besteht jedoch insofern ein großer Unterschied zwischen einer solchen Position und beispielsweise dem Christentum oder einer legalistisch orientierten Wissenschaft, als die letzteren eine Unterscheidung zwischen Mensch und Natur treffen, den die Philosophie des Tao nicht kennt. Beide Positionen haben daher in gewissem Sinn »recht«, wenn wir darunter verstehen, daß sie natürlich sind, so wie ein Liberaler zu einem Anhänger des Totalitarismus sagen könnte: »Ich lehne restlos ab, was Sie sagen, aber ich werde Ihr Recht auf Ihre Meinung bis zum letzten Blutstropfen verteidigen.« Wie die Freiheit in einer idealen Demokratie auch das Recht einschließt, für die Einschränkung der Freiheit zu stimmen, so schließt die Teilhabe des Menschen an der Natur sein Recht ein, sich über die Natur zu erheben. Ebenso wie die Menschen die Freiheit besitzen, in einem demokratischen Verfahren auf ihre Freiheit zu verzichten, so kann man ebenso natürlich unnatürlich sein. Während der Anhänger des Totalitarismus dann behaupten kann, daß die Freiheit abgeschafft ist, wird der Liberale ihm nur insofern zustimmen, als der andere die Freiheit hat, eine solche Behauptung aufzustellen. Sogar unter einer Tyrannei »bekommt ein Volk die Regierung, die es verdient«, weil es die Macht, das heißt, die Freiheit, sich selbst zu regieren, immer behält. In gleicher Weise kann diese Philosophie sinnfällig behaupten, daß es völlig natürlich sei zu glauben, daß der Mensch getrennt von der Natur existiert, und diesen Glauben dennoch ablehnen.

Wenn aber ein Volk sich frei für gewisse Beschränkungen seiner Freiheit entscheidet, dann sollte es eingedenk bleiben, daß die Basis und Autorität des Gesetzes die Freiheit ist. In ähnlicher Weise läuft diese Philosophie letztlich darauf hinaus, daß ebenso, wie ein Volk sich seiner Freiheit und Verantwortung nie völlig entäußern kann, auch ein Mensch seine Natürlichkeit nie ganz und gar aufgeben kann und ihrer daher immer eingedenk sein sollte. Mit anderen Worten, Natürlichkeit ist eine sich selbst bestimmende Spontaneität *(tzu-jan)*, die wir auch in der größten Verlegenheit und in der gezwungensten Haltung bewahren. Aber dieses die Spontaneität bewahrende »Wir« ist nicht die Selbstbeschränkung, die wir das »Ich« nennen, sondern der natürliche Mensch, die Beziehung zwischen Organismus und der Umwelt.

Wenn also politische Vernunft darin besteht, daß wir Gesetze als Maßnahmen erkennen, die das Volk in seiner Freiheit sich selbst auferlegt, dann besteht die philosophische Freiheit in der Erkenntnis, daß unser wahres Selbst der natürliche Mensch, das spontane Tao ist, von dem wir nie abweichen. Psychologisch ausgedrückt ist diese Erkenntnis eine vollständige Selbstbejahung, die – wie die politische Freiheit – die bleibende Basis allen Denkens, Fühlens und Handelns ist, so eingeschränkt sie auch sein mag. Eine solche Selbstbejahung ist die Voraussetzung der tieferen Integrität, Aufrichtigkeit und Ruhe des Herzens, die der Weise trotz aller Störung des äußeren Lebens bewahrt. Es ist, kurz gesagt, die tiefe innere Zustimmung, daß wir genau das sein sollen, was wir sind, und genau das fühlen sollen, was wir in jedem Augenblick fühlen, noch bevor unser Sein sich durch diese Bejahung, wenn auch noch so geringfügig, geändert hat. Es ist die Erkenntnis, daß »mir alles erlaubt« ist, obwohl nicht alles »gut für mich« ist, doch gilt dies wahrscheinlich in einem viel umfassenderen Sinn, als der Apostel Paulus meinte. Vereinfacht gesagt, ist es die Einsicht, daß alles, was wir in diesem jetzigen Augenblick sind, unser ideales Sein im Jetzt ist. Das ist der Sinn des zen-buddhistischen Spruchs: »Dein gewöhnlicher Geist ist das Tao«, wobei der »gewöhnliche Geist« der gegenwärtige, gegebene Bewußtseinszustand ist, wie immer dieser beschaffen sein mag. Denn die Erleuchtung oder der Einklang mit dem Tao bleibt unverwirklicht, solange er als ein besonderer Zustand betrachtet wird, den man erreichen muß, den man prüfen und dem man Maßstäbe des Erfolges anlegen kann. Er ist vielmehr die Freiheit, auch im Scheitern der zu sein, der man ist.

So unwahrscheinlich es klingen mag, diese bestürzende, amoralische Freiheit ist die Basis jeder geistigen und seelischen Ganzheit, vorausgesetzt, wie hinzugefügt werden muß, daß sie nach keinem Ergebnis strebt. Doch eine so vollständige Bejahung schließt auch dieses Streben ein, mitsamt allem Tun und allen Gefühlen, die man im Augenblick durchlebt. Die scheinbar extreme Passivität dieser Bejahung ist jedoch schöpferisch, weil sie uns erlaubt, ein Ganzes zu sein, also von ganzem Herzen gut oder schlecht, gleichgültig oder bloß verwirrt zu sein. Um schöpferisch zu handeln und zu wachsen, müssen wir dort beginnen, wo wir eben stehen; wir können aber gar nicht beginnen, wenn wir ohne Vorbehalt und Reue nicht »ganz hier« sind. Wenn uns Selbstbejahung fehlt, kommen wir nie klar mit unserem Ausgangspunkt, zweifeln immer an dem Boden, auf dem wir stehen, und sind so uneins mit uns selbst, daß wir nicht aufrichtig handeln können. Abgesehen von der Selbstbejahung als Grundlage des Denkens und Handelns, ist jedes Bemühen um spirituelle oder moralische Disziplin der vergebliche Kampf eines gespaltenen und unredlichen Geistes. Die Freiheit ist die wesentliche Basis der Selbstbeherrschung.

Im Westen haben wir theoretisch immer zugegeben, daß wahre Sittlichkeit ein Ausdruck von Freiheit sein müsse. Doch wir haben diese Freiheit nie zugelassen: wir haben uns nicht erlaubt, all das zu sein, was wir sind, und zu erkennen, daß jeder Gewinn und Verlust, jedes Recht und Unrecht in unserem Leben so natürlich und »vollkommen« ist wie die Gipfel und

Täler eines Gebirgszuges. Denn indem wir Gott, das Absolute, mit dem Ideal des Guten unter Ausschluß des Bösen identifizieren, machen wir es uns unmöglich, uns selbst radikal zu bejahen: was nicht mit dem Willen Gottes übereinstimmt, so sagen wir, steht auch nicht im Einklang mit dem Sein und darf unter keinen Umständen bejaht werden. Unsere Freiheit ist daher mit so katastrophalen Belohnungen und Strafen besetzt, daß sie gar keine Freiheit mehr ist, sondern eher einem totalitären Staat gleicht, in dem man zwar gegen die Regierung stimmen *darf,* doch immer mit dem Risiko, in ein Konzentrationslager geschickt zu werden. Statt auf Selbstbejahung gründeten wir daher unser Denken und Tun auf eine metaphysische Angst, auf den Schrecken, daß wir letzten Endes schlecht, ja, bis ins Mark verdorben seien.

Aus diesem Grunde war die katholische und protestantische Orthodoxie immer eine streng exoterische Lehre, die das Absolute mit den relativen Begriffen von Gut und Böse identifiziert. Die Theologen pflegen zu sagen, daß diese Unterscheidungen nur dann wirklich gültig und wichtig seien, wenn sie ewige Gültigkeit besitzen. Doch damit sagen sie in Wirklichkeit, daß alles Endliche und Relative nicht wichtig sei – eine merkwürdige Ansicht für Leute, die außerdem darauf beharren, daß es eine wirkliche und endliche Schöpfung gibt, die getrennt von Gott existiert und von ihm geliebt wird. Wenn man nicht imstande ist, das absolut Wichtige vom relativ Wichtigen zu unterscheiden, ohne das letztere für unwichtig zu halten, so bedeutet dies, daß man sich sehr primitiver Wertmaßstäbe bedient.

Umgekehrt besteht die Gefahr, daß eine grundsätzliche Selbstbejahung den Menschen unempfänglich macht für die Bedeutung ethischer Werte, doch das heißt nur, daß es ohne Risiko keine Freiheit gibt. Die Furcht, daß Selbstbejahung das ethische Urteilsvermögen notgedrungen zerstöre, ist grundlos, denn wir sind durchaus in der Lage, an jedem Punkt der Erdoberfläche zwischen oben und unten zu unterscheiden, obwohl wir gleichzeitig wissen, daß es im größeren Zusammenhang des Weltalls kein oben und unten gibt. Die Selbstbejahung ist also das geistige und psychische Äquivalent des kosmischen Raumes, einer Freiheit, welche die Unterschiede nicht aufhebt, sondern möglich macht.

Das Fassungsvermögen des Geistes ist groß wie die Leere des Weltraums... Das wunderbare Wesen des Menschen ist im Grunde leer und ohne einen bestimmten Charakter. Wahrlich, wie der Himmel ist das natürliche Selbst... Die Leere des Weltalls enthält die Dinge ohne Zahl in jeglicher Form und Gestalt – Sonne, Mond und Sterne, die Gebirge und Flüsse, die große Erde mit ihren Quellen, Strömen und Wasserfällen, mit dem Gras, den Bäumen und dichten Wäldern, mit ihren Sündern und ihren Heiligen und den Wegen des Guten und Bösen... All dies ist im leeren Raum, und das Wesen des gewöhnlichen Menschen ist in der gleichen Weise leer.[4]

Aber die heilende und befreiende Kraft der Selbstbejahung steht derart im Widerspruch zu unserer alltäglichen Vernunft, daß ihre Macht auch dem Psychotherapeuten, der sie immer wieder beobachtet, unheimlich erscheint. Denn gerade durch sie wird die Integrität und Verantwortlichkeit des kranken Geistes wiederhergestellt, indem sie ihn von jedem radikalen Zwang befreit, etwas zu sein, was er nicht ist. Trotzdem ist diese Geburt des Gesetzes aus der Freiheit, des Kosmos aus der Leere und der Energie aus der Passivität immer so wunderbar unerwartet und unwahrscheinlich, daß sie normalerweise nur durch eine List zustandekommt, die uns die Möglichkeit gibt, diese Freiheit auf eine Weise zu leben, daß die Rechte nicht weiß, was die Linke tut. So können wir zu dieser Selbstbejahung durch die stellvertretende Vermittlung eines liberalisierten Gottes der unendlichen Liebe und Vergebung gelangen, so daß *er* uns ganz annimmt, und nicht – zumindest nicht direkt – wir selbst. Oder wir können uns das Recht auf Selbstbejahung nur unter der Bedingung zugestehen, daß wir uns einer Disziplin unterwerfen oder einen spirituellen Hürdenlauf absolvieren, wonach unsere Selbstbejahung durch die kollektive Autorität der anderen Eingeweihten, die eine geheiligte

[4] Hui-neng, Zen-Meister des 8. Jahrhunderts, in Tan-ching, II.

Tradition repräsentieren, verstärkt wird.[5] So beschwichtigen wir die Angst vor der Freiheit, die uns von der Gesellschaft von Kindheit an fast unvermeidlich eingepflanzt wird. Da es zwischen den Wert- und Wahrheitshierarchien nicht zu unterscheiden vermag, kann das Kind sagen, zwei und zwei ist fünf, wenn man ihm die höhere mathematische Wahrheit, daß zwei und zwei nicht immer und unbedingt vier sein muß, mitteilt.

Wachstum in philosophischer Erkenntnis oder einfach schlichte Weisheit ist immer eine Frage des Unterscheidungsvermögens zwischen verschiedenen Stufen der Wahrheit und der Beziehungssysteme und zugleich der Fähigkeit, das eigene Leben in seinem engen Bezug zu diesen verschiedenen und immer universaleren Ebenen zu begreifen. Da ist vor allem die Ebene jenseits aller Ebenen, das grenzenlose System der universalen Natur, der unbeschreibliche, sich selbst genügende und spontane Urgrund unseres Seins und unserer Freiheit. Das Maß unserer Freiheit und Selbstbestimmung hängt von der Ebene ab, die wir als unser Selbst, als den Grund, aus dem wir handeln, erkennen. Je enger begrenzt unser Verständnis des Selbst ist, desto mehr empfinden wir die Fesseln unseres Daseins. »Und deshalb«, sagte Ruysbroeck, »müssen wir alle unser Leben über einem unauslotbaren Abgrund errichten«, damit wir entdecken, daß wir nicht sein müssen, was wir sind, sondern daß wir die Freiheit haben, es zu sein. Denn wenn wir unserer Natur zur Seite stehen, da wir erkennen, daß wir ihr von keinem Ort aus entgegenstehen können, werden wir endlich fähig sein, uns unbewegt zu bewegen.

[5] Im Verlauf solcher Vorübungen kann der Novize verschiedene Fähigkeiten und Kräfte oder subtile Charakter- und Verhaltensmerkmale erwerben, die dann als Zeichen seiner Befreiung gelten. Hier liegt jedoch eine Verwechslung von Freiheit mit dem Erwerb besonderer Fähigkeiten vor. So kann ein Eingeweihter, der in seiner Vorschulung gelernt hat, Schmerzen zu ertragen, ohne mit der Wimper zu zucken, trotzdem unfähig sein, einen Betrieb zu leiten oder ein Haus mit dem gleichen Geschick zu bauen wie ein gewöhnlicher Neurotiker. Seine Schmerztoleranz ist möglicherweise nur ein Beweis dafür, daß er den Trick der Selbsthypnose gelernt oder es fertiggebracht hat, seine Sensibilität zu verlieren.

Teil II:
Mann und Frau

6 Spiritualität und Sexualität

Die Einteilung des Lebens in die höhere Kategorie des Geistes und die niedrigere Kategorie der Natur geht meistens Hand in Hand mit einer Symbolik, in welcher der Geist männlich und die Natur weiblich ist. Das Bild bot sich vermutlich durch den Regen an, der vom Himmel fällt und die Erde befruchtet, durch das Einpflanzen des Samens im Boden und das Reifen der Früchte durch die Wärme der Sonne. Der antike Mensch dachte weitgehend in solchen Entsprechungen und erklärte sich die Welt, indem er zwischen den natürlichen Abläufen der Natur Analogien setzte, in denen er wirkliche Beziehungen sah. Die Kunst der Astrologie etwa, mit ihren Entsprechungen zwischen Makrokosmos und Mikrokosmos, zwischen der Ordnung der Planeten und der Ordnung der irdischen Dinge, stellt das beste Beispiel für diese Denkweise dar. So lautet die Inschrift der hermetischen *Tabula Smaragdina:*

> *Himmel oben, Himmel unten;*
> *Sterne oben, Sterne unten;*
> *Alles, was droben ist, zeiget sich drunten.*
> *Glücklich, wer dies Rätsel rät.*

Diejenigen, die nach stimmigen Systemen der antiken Kosmologie suchten, hatten das Pech, daß diese Entsprechungen sowohl wie die Ordnung des Himmels und der Erde immer in verschiedener Weise gedeutet werden konnten. So konnte der Himmel männlich und die Erde weiblich sein, doch es war ebenso gut möglich, sich den Weltraum und den Himmel als einen allumfassenden Mutterschoß vorzustellen, der das Universum gebar, denn dies ist offensichtlich die Bedeutung der ägyptischen Himmelsgöttin Nut. Für uns ist es freilich leicht, derartige Denkweisen als eine reine Projektion, als eine Verwechslung der objektiven Natur mit Phantasiegebilden des menschlichen Geistes abzutun. Aber schließlich ist auch unsere Wissenschaft eine Projektion, die zwar kein locker verbundenes System poetischer Bilder in die Natur hineininterpretiert, sondern das höchst exakte, folgerichtige System der Mathematik. Beide sind Produkte des menschlichen Geistes, und insbesondere die Mathematik kann im abstrakten Raum unendlich weiterentwickelt werden als eine reine Schöpfung des Denkens ohne Bezug zu einer äußeren Erfahrung. Aber die Mathematik *funktioniert* wegen ihrer inneren Stimmigkeit und ihrer Präzision und dient uns deshalb als ein hervorragendes Werkzeug zur Vermessung der Natur, um sie den Zwecken anzupassen, die *wir* uns ausgedacht haben. Nicht alle Kulturen verfolgen jedoch denselben Zweck, so daß andere »Lesarten« der Welt ebenso gut anderen Zielen dienen können, die genau so legitim sind wie die unsrigen. Es gibt keine Gesetze, nach denen diese Ziele unabhängig von der Lesart der Welt, der sie dienen, beurteilt werden könnten.

Man kann die Welt durchaus mit einem riesengroßen, formlosen Rorschachklecks vergleichen, den wir je nach unserer inneren Einstellung lesen, so daß unsere Deutung weit mehr über uns selbst als über den Klecks aussagt. Während aber die Psychologen versucht haben, eine Wissenschaft zu entwickeln, um die verschiedenen Interpretationen des Rorschach-Tests beurteilen und vergleichen zu können, gibt es bis jetzt noch keine suprakulturelle Wissenschaft, keine »Metawissenschaft«, mit deren Hilfe wir unsere unterschiedlichen Interpretationen des kosmischen Rorschachkleckses auswerten könnten. Die kulturelle Anthropologie, die einer solchen Wissenschaft am nächsten kommt, krankt daran, daß sie ganz und gar in die Konventionen der westlichen Wissenschaft eingebettet ist und daher von einer besonderen Art der Interpretation ausgeht.

Die Zuordnung von Geist und männlichem Prinzip einerseits und der Natur und weiblichem Prinzip andererseits bedeutet, daß damit eine Einstellung auf die Welt projiziert wird, die verschiedene Kulturen, einschließlich unserer eigenen, immer noch vertreten. In dieser Einstellung steht der Bruch zwischen dem Menschen und der Natur in einem bestimmten Zusammenhang mit seinem problematischen Verhältnis zur Sexualität, obwohl es wie beim Ei und der Henne zweifelhaft ist, was zuerst da war. Vielleicht ist es am besten anzunehmen, daß sie sich gegenseitig bedingen und füreinander symptomatisch sind. Die historischen Gründe für unser problematisches Verhältnis zur Sexualität sind so obskur, daß es zahlreiche, einander widersprechende Theorien zu ihrer Erklärung gibt. Es scheint deshalb beim jetzigen Stand unseres Wissens sinnlos, den Versuch zu machen, zwischen ihnen zu unterscheiden. Wir haben daher mehr davon, wenn wir das Problem so diskutieren, daß wir es als gegeben hinnehmen und die Konsequenzen und Alternativen zu dieser Einstellung betrachten. Es ist eine Tatsache, daß aus unerfindlichen Gründen das weibliche Geschlecht mit dem erdhaften Aspekt der menschlichen Natur und mit der Sexualität als solcher assoziiert wurde. Die gleiche Einstellung hätte sich, so könnte man denken, auch gegenüber dem männlichen Geschlecht entwickeln können, denn es gibt keine schlüssigen Beweise dafür, daß Frauen begehrlicher sind und sexuelle Betätigung mehr provozieren als Männer, oder umgekehrt. Das sexuelle Verhältnis ist fast mit Sicherheit eine Sache der kulturellen Konditionierung, die jedoch nicht erklärt, warum die Kultur sich so entwickelte. Es scheint plausibel, daß die Assoziation von Frau und Sexualität an sich ein männlicher Standpunkt ist, der in männlich dominierten Kulturen entstand, was wiederum weniger eine Ursache als eine Begleiterscheinung dieser Einstellung sein könnte. Es ist jedoch sehr gut möglich, daß das Verhältnis zur Frau eher etwas Zufälliges ist als das Verhältnis zur Sexualität, denn wir wissen, daß sowohl Männer als auch Frauen die sexuelle Beziehung als eine Verführung, eine Gefahr und ein Problem erleben können. Warum sie aber in einem bestimmten Fall so reagieren, hängt vielleicht nicht mehr mit den Begleitumständen ihres ersten sexuellen Erlebnisses zusammen, so daß die Kenntnis der historischen Ursachen uns nicht unbedingt zur Lösung des Problems führt.

Wenn wir also sagen, daß die Beziehung des Menschen zur Natur sich parallel verhält zur Beziehung des Mannes zur Frau, ist dies eine symbolische Aussage. Die wirkliche Parallele liegt in der Beziehung des Menschen, sowohl des Mannes als auch der Frau, zur sexuellen Spaltung der Spezies mit allen ihren Folgen. Wenn wir daher unverbindlich von den *Gründen* für ein bestimmtes Verhältnis zur Sexualität sprechen, meinen wir nicht die ihnen zugrunde liegenden historischen Ursachen, denn diese sind genau genommen prähistorisch – nicht unbedingt, was die Zeit, sondern was den Stand unseres Wissens anbelangt. Wir werden von den Gründen sprechen, die es heute, als bewußtes Wissen oder in Form von unbewußter Konditionierung, gibt. Wir haben keinen eindeutigen Beweis dafür, daß wir durch die Ereignisse einer fernen historischen Vergangenheit konditioniert sind, und daher ist größte Vorsicht geboten, wenn wir mit Hilfe psychoanalytischer Erkenntnisse die Geschichte einer Kultur rekonstruieren wollen. Gewiß kann man die Auswirkung der christlichen, buddhistischen oder hinduistischen Lehre auf das Verhältnis zur Sexualität verfolgen, doch was hinter diesen Lehren und der Geisteshaltung liegt, der sie entstammen, können wir nur vermuten. Außerdem gibt es immer das Argument, daß wir nicht durch die Vergangenheit konditioniert sind, sondern daß wir die Vergangenheit gebrauchen, um uns in der Gegenwart zu konditionieren, und zwar aus Gründen, die nicht historisch, sondern tief in unserem Inneren verwurzelt und unbekannt sind. So braucht zum Beispiel ein Physiologe nicht die ganze Geschichte aller Lebewesen zu bemühen, um zu erklären, warum ein Mensch hungrig ist. Er erklärt den Hunger aus dem gegenwärtigen Zustand des Organismus.[1]

[1] Es ist interessant, daß in der akademischen Welt nur die mehr oder weniger »weiblichen« Disziplinen nach der historischen Methode studiert werden. In die Wissenschaft der Theologie, Philosophie oder Philologie werden gewöhn-

Sagen wir also, daß wir uns im christlichen und nachchristlichen Abendland in einer Kultur befinden, in der die Natur »die Große Mutter« genannt wird, in der Gott ausschließlich männlich ist und in der »das Weib« unter anderem die Bedeutung von Sexualität hat, während das Wort für »Mann« in verschiedenen Sprachen* den Menschen oder die Menschheit schlechthin bedeutet. Abgesehen von der historischen Erklärung finden wir außerdem, daß in den indoeuropäischen Sprachen die Worte für »Materie«, »Meter« wie für »Mutter« samt ihrer lateinischen Form *mater* und ihrer griechischen Form μήτηρ, alle von der Sanskrit-Wurzel *mā- (mātr-)* abgeleitet sind, und aus diesen Silben entstanden die Sanskrit-Worte *mātā* (Mutter) und *māyā* (die Welt der natürlichen Phänomene). Die Bedeutung der gemeinsamen Wurzel *mā-* ist »messen«, wodurch *maya* den Sinn einer »vermessenen Welt« erhält, die in Dinge, Ereignisse und Kategorien eingeteilt ist. Im Gegensatz dazu steht die unvermessene Welt, der unendliche und ungeteilte Brahman *(advaita),* die höchste geistige Wirklichkeit. Obwohl man darauf hinweisen kann, daß der Teufel *auch* männlich ist, weil er als Engel Luzifer ein reiner Geist ist, muß doch festgehalten werden, daß er in seiner volkstümlichen Gestalt einfach der Gott Pan ist – ein wollüstiger Geist der Erde und der Fruchtbarkeit, ein Genius der Schönheit der Natur. Die Hölle, seine Domäne, liegt tief im Inneren der Erde, wo alles dunkel, geschlossen und unbewußt ist im Unterschied zum strahlenden Himmel. Die Liste volkstümlicher Bilder, Redensarten und Gebräuche, die den Geist mit dem Göttlichen, dem Guten und dem Männlichen, und die Natur mit dem Materiellen, dem Bösen, Sexuellen und Weiblichen verbinden, könnte unbegrenzt fortgeführt werden. Wir kommen jedoch zum Kern der Sache, wenn wir die Natur

lich historische Einführungskurse gegeben, die Geschichte der Mathematik, Chemie oder Medizin dagegen interessiert nur wenige Spezialisten. Der durchschnittliche Student beginnt sofort bei ihren *gegenwärtigen* Grundlagen.
* Vgl. lat. *homo,* frz. *homme,* engl. *man* und das dt. unpersönliche Pronomen *man.* (Anm. d. Übers.)

im chinesischen Sinn von Spontaneität *(tzu-jan)* betrachten, denn dann sehen wir, daß der Gegensatz von Geist sowohl zur Natur als auch zur Sexualität in Wirklichkeit der Gegensatz zwischen dem bewußten Willen, dem Ich, ist zu den Dingen, die sich seiner Kontrolle entziehen. Wenn sexuelle Enthaltsamkeit in so vielen spirituellen Überlieferungen die Voraussetzung eines gesteigerten Bewußtseins ist, dann aus dem Grund, weil das Bewußtsein, so wie wir es verstehen, etwas Beschränkendes ist. Augustinus bringt dies klar zum Ausdruck, wenn er über die Spontaneität des männlichen Gliedes folgendes sagt:

Mit Recht gelten diese Glieder, da sie nicht durch unseren Willen, sondern sozusagen in einer gewissen unabhängigen Selbstherrlichkeit bewegt und zurückgehalten werden, als »unanständig«. Vor der Sünde war es anders um sie bestellt ... weil die Lust diese Glieder noch nicht ohne die Zustimmung des Willens bewegte ... Als aber (unsere Ureltern) der Gnade verlustig gingen, damit ihr Ungehorsam durch eine angemessene Vergeltung bestraft werde, da trat in der Bewegung ihrer körperlichen Glieder etwas schamlos Neues auf, wodurch die Nacktheit unanständig wurde.[2]

Hier haben wir die klare Reaktion eines Menschen, der die Seele, den Willen, den geistigen Teil des Menschen mit der Bewußtseinsform identifiziert, die, wie wir gesehen haben, eine einseitige und ausschließliche Art der Wahrnehmung ist. Diese bemächtigt sich der Welt auf eine Weise, als ob sie aus hintereinander angeordneten Dingen bestünde, wobei alles übrige ausgeschlossen oder ignoriert wird. Darin liegt die Anspannung des Geistes, zu der auch das Gefühl gehört, einen Willen zu haben und ein separates, ausschließliches Ich zu sein. Scham tritt also dann auf, wenn die konzentrierte Aufmerksamkeit und der Wille versagen, und zwar nicht nur in der spontanen sexuellen Erregung, sondern auch im Weinen, Zittern, Erröten, Erblassen und vielen anderen Reaktionen, die in unserer Gesellschaft als »beschämend« gelten.[3] Diese

---

[2] *De civitate Dei,* XIV, 17.
[3] Man beachte die »double bind«-Situation beim Erröten. Man errötet, weil man sich schämt, und man schämt sich, weil man errötet, und so bleibt einem

Reaktionen werden normalerweise dadurch vermieden, daß man die Aufmerksamkeit auf andere Dinge lenkt, und so überwindet der strenge Asket sinnliche Begierde nicht dadurch, daß er sie direkt mit seinem Willen bekämpft, sondern sich energisch auf andere Dinge konzentriert.

Offensichtlich ist der Geschlechtstrieb eine der mächtigsten Erscheinungsformen biologischer Spontaneität und kann daher vom Willen besonders schwer kontrolliert werden. Die unmittelbaren Gründe der Kontrolle reichen vom Glauben, daß Sex der Männlichkeit schade, über das Besitzrecht an der Frau bis hin zur Assoziation einer komplexen Liebesbeziehung zu einer einzigen Frau, um nur einige zu erwähnen. Doch diese scheinen weniger wichtig zu sein als die Tatsache, daß die sexuelle Beherrschung ein hauptsächlicher Test der Ichstärke ist, ebenso wie der Widerstand gegen Schmerz und die Fähigkeit, abschweifende Gedanken und Gefühle zu regulieren. Diese Art von Beherrschung macht die eigentliche Substanz des individuellen Bewußtseins aus, der Vorstellung, daß die Gefühle und Handlungen von einer begrenzten Mitte des Organismus her gesteuert werden und daß das Bewußtsein nicht der bloße Zeuge einer Handlung, sondern deren verantwortlicher Urheber ist. Doch dies ist etwas ganz anderes als die spontane Kontrolle etwa des Blutkreislaufs, bei dem die Kontrolle unbewußt und vom ganzen Organismus ausgeübt wird. Denn die willentliche Kontrolle bringt im Organismus ein Gefühl der Dualität hervor, des Bewußtseins im Widerstreit mit dem Verlangen.

Diese Art der Kontrolle bestätigt jedoch in eigenartiger Weise das Sprichwort, daß nichts so sehr zum Scheitern verurteilt ist wie Erfolg. Denn je mehr das Bewußtsein durch den Erfolg des Willens individualisiert wird, desto mehr erscheint alles eine Bedrohung, was außerhalb des Individuums liegt – nicht nur

nichts anderes übrig, als verwirrt und »von Scham übergossen« zu sein. Dies ist ein harmloses Beispiel für die Art und Weise, wie »double bind« zur schwererwiegenden »Verwirrung« des Wahnsinns, vor allem zur Schizophrenie, führen kann.

die äußere Welt, sondern auch die »äußere« und unkontrollierte Spontaneität des eigenen Körpers, der ja trotzdem entgegen unseren Wünschen altert, verfällt und stirbt. Jede erfolgreiche Kontrolle fordert daher einen weiteren Erfolg und gibt sich erst mit der Allmacht zufrieden, die aber – außer vielleicht in einer unvorstellbar fernen Zukunft – nicht zu erreichen ist. Daraus entsteht der Wunsch, das Ich vor einer bedrohlichen Spontaneität zu beschützen, indem man sich von der natürlichen Welt in ein Reich des reinen Bewußtseins oder des reinen Geistes zurückzieht.

Zum Rückzug gehört jedoch eine innere Distanz des Bewußtseins, das so lange an die Natur gefesselt ist, als es Verlangen nach ihr hat, oder, besser gesagt, solange es sich mit den natürlichen Trieben des körperlichen Organismus identifiziert. Es muß sie daher nicht nur kontrollieren, sondern es muß auch aufhören, sie zu genießen. Es spielt dabei kaum eine Rolle, ob das Reich des Geistes rein und formlos ist wie in vielen Arten von Mystik oder ob es eine Welt der verklärten, vergeistigten Materie ist wie im Christentum. In dem einen wie in dem anderen Fall triumphieren der Wille und das Bewußtsein und erreichen die Allmacht entweder von sich aus oder durch die Gnade der Vereinigung mit einem allmächtigen Gott, dessen ganzes Wesen aus einem alles, auch das Selbst, beherrschenden Willen besteht.[4]

---

[4] Es ist allerdings merkwürdig, daß sowohl die Naturmystik als auch die überirdische Mystik zu beinahe identischen Erfahrungen führen können. Es sieht nämlich so aus, als ob die letztere, indem sie nicht nur die äußere Natur, sondern auch den ungebärdigen Willen und das Verlangen bekämpft, in eine Sackgasse gerät, in der sie entdeckt, daß sogar der Wille zu kämpfen die Perversion und Selbstsüchtigkeit des Willens ausdrückt. Dann ist sie gezwungen, sich einer höheren Macht »zu überantworten«, die sie sich als den übernatürlichen Willen Gottes vorstellt. In Wirklichkeit ist diese Macht aber vielleicht die ganz andere »Allmacht« der natürlichen Spontaneität. Daher kann ein Mystiker, der in der übernatürlichen Tradition geschult wurde, nach dieser Erfahrung in die Welt zurückkehren, ohne Ekel vor der Natur zu empfinden. Im Gegenteil, er ist oft von einer völlig ungekünstelten, kindlichen Liebe zu allen Geschöpfen erfüllt. In seinen Augen ist dieselbe alte Welt durch die »Herrlichkeit Gottes« bereits verklärt, obwohl seine weniger glücklichen

In dieser Richtung liegt die Erklärung des alten und weit verbreiteten Konflikts zwischen Spiritualität und Sexualität, des sowohl im Osten wie im Westen anzutreffenden Glaubens, daß sexuelle Enthaltsamkeit und Befreiung von Wollust wesentliche Voraussetzungen für die richtige und endgültige Entwicklung des Menschen seien. Wir nehmen an, daß wir das letzte Ziel des Menschen beliebig definieren können, und sei es als Stimulus eines ewigen Konflikts oder als die Ruhe körperlicher Gefühllosigkeit. Wenn wir aber in der Spiritualität weniger das sehen, was sie vermeidet, als das, was sie im positiven Sinn ist, dann finden wir in ihr auch eine intensive Wahrnehmung der inneren Identität von Subjekt und Objekt, von Mensch und Universum, so daß überhaupt kein Grund vorliegt, warum die Sexualität abzulehnen sei. Ganz im Gegenteil, diese intimste Beziehung des Selbst mit einem anderen Menschen würde natürlich eine bedeutende Sphäre geistiger Erkenntnis und spirituellen Wachstums werden.

Damit soll keineswegs gesagt sein, daß das monastische oder zölibatäre Leben abwegig sei, denn der Mensch ist keineswegs dazu verpflichtet, sexuelle Beziehungen zu unterhalten, ebenso wenig, wie er verpflichtet ist, zu essen oder zu leben. So wie unter bestimmten Umständen der freiwillige Tod oder das freiwillige Fasten durchaus gerechtfertigt sind, so verhält es sich auch mit der sexuellen Enthaltsamkeit, durch welche die Kraft der Libido zum Beispiel in eine andere Richtung gelenkt werden kann. Der allgemeine Irrtum des religiösen Zölibats besteht in der Annahme, daß das höchste spirituelle Leben den

Glaubensbrüder sie als ebenso sündig und verderbt ansehen wie eh und je. Vgl. dazu die *Offenbarungen der göttlichen Liebe* der heiligen Juliana von Norwich (deutsch von O. Karrer, 1926): »Siehe! Ich bin Gott: siehe! Ich bin in allen Dingen: siehe! Ich wirke alle Dinge: siehe! Ich hebe nie die Hand von meinem Werk, und ich werde es nie tun, ohne jedes Ende: siehe! Ich führe alle Dinge zu dem Ziel, das ich ihnen von Anbeginn an bestimmt habe durch dieselbe Macht, Weisheit und Liebe, durch die ich sie gemacht habe. Wie sollte etwas verlorengehen?« (XI). »Die Sünde kann gebührend gemacht (d. h. zugelassen) werden, doch wird alles gut sein, und alles wird gut sein, und alle Arten der Dinge werden gut sein.« (XXVII).

Verzicht auf die Sexualität erfordert, als ob Gotteskenntnis eine Alternative zur Kenntnis des Weibes oder irgendeiner anderen Form der Erfahrung wäre.

Viele Menschen wählen das Leben der totalen Keuschheit als eine monogame Ehe der Seele mit Gott, als die alles verzehrende Liebe des Geschöpfes zu seinem Schöpfer, in der die Liebe zu einer sterblichen Frau eine verderbliche Ablenkung wäre. So entsagen manche Menschen der Sexualität oft nicht deshalb, weil sie böse ist, sondern weil sie als ein kostbarer und schöner Besitz Gott als Opfer *dargebracht* werden soll. Doch daraus erhebt sich die Frage, ob Entsagung als solche ein Opfer, ein Sacrificium, in des Wortes eigentlicher Bedeutung ist, also eine Tat, die das Dargebrachte »heiligt« *(sacer facere)*. Denn wenn die Sexualität eine Beziehung und eine Aktivität ist, kann sie dann geopfert werden, wenn weder die Beziehung noch die Aktivität existiert? Bringt eine Tänzerin ihren Tanz Gott zum Opfer dar, wenn sie aufhört zu tanzen? Etwas Dargebrachtes kann für den ursprünglichen Besitzer aufhören zu existieren, wenn es einem anderen zu dessen Gebrauch übergeben wird. Aber das Opfer *(sacrificium)* hat nur zufällig etwas mit Ende, Tod oder Verstümmelung des Dargebrachten zu tun, etwa weil man einmal glaubte, daß man nur durch die Verbrennung eines Stieres auf dem Opferaltar in den Himmel gelangen könnte.

Das Opfer der Sexualität für Gott ist höchstwahrscheinlich ein Überrest der Vorstellung, daß der Leib der Frau und dessen sexueller Genuß der Besitz ihres Gatten ist, der ausschließlich ihm zusteht, auch wenn er ihr gerade nicht beischläft. Analog dazu wird der Körper des Zölibatärs der Besitz Gottes und ist ihm allein geweiht. Das bedeutet jedoch nicht nur eine Verwechslung Gottes mit dem Stammesvater, der letztlich nur ein Symbol ist, sondern auch eine Gleichsetzung der Beziehung zwischen Schöpfer und Geschöpf mit einer rein barbarischen Auffassung der Ehe. Offensichtlich ist der Besitz eines Leibes keine Beziehung zu einer Person; man hat nur dann eine Beziehung zu einer Person, wenn man zum Organismus eines anderen in allen seinen Funktionen in Beziehung steht. Denn der Mann ist nicht ein Ding, sondern ein Prozeß; kein Objekt, sondern ein Leben.

Man kann das Opfer mit dem Argument rechtfertigen, daß Gott die sexuelle Energie seines menschlichen Ehepartners auf andere Weise gebraucht und sie dem Gebet oder wohltätigen Handlungen zuführt. Daran ist nichts auszusetzen – sofern die Möglichkeit nicht ausgeschlossen ist, daß Gott sie auch für die sexuelle Aktivität einsetzt als einen Aspekt des Lebens, der ebenso heilig ist wie das Gebet oder die Speisung der Armen. Historisch gesehen, haben die Anhänger der übernatürlichen Mystik dies nur äußerst widerstrebend zugegeben – mit Ausnahme der jüdisch-islamischen Tradition, die der sexuellen Prüderie im großen und ganzen entgangen ist. Doch die Literatur des spirituellen Lebens befaßt sich in überwiegendem Maße mit den sündigen Aspekten der Sexualität. Sie berichtet fast nichts Positives über die Heiligkeit der Sexualität, außer daß sie sich auf einen bestimmten Lebenspartner zu beschränken und nur zum Zweck der Zeugung vollzogen zu werden hat, und zwar in einer bestimmten körperlichen Stellung!

Aufgrund ihrer jüdischen Grundlage gesteht die christliche Überlieferung theoretisch zu, daß der Ehestand so heilig sein könne wie die Jungfräulichkeit[5], aber die Kraft der jüdischen Überzeugung, daß die physischen Dinge gut sind, wirkte sich auf die Gefühle und die tatsächliche Praxis der Kirche nur wenig aus. Denn seit frühester Zeit setzten die Kirchenväter die Sexualität förmlich mit dem Bösen gleich, indem sie jedes sexuelle Gefühl und Verlangen mit der Sünde der Wollust identifizierten. Gleichzeitig hielten sie gegenüber den Gnostikern und Manichäern daran fest, daß der physikalische Apparat und der mechanische Ablauf des Geschlechtsakts an

---

[5] Der Protestantismus mit seiner engeren Bindung an das biblische Christentum ist daher »jüdischer« in seiner Einstellung zur Sexualität als der Katholizismus, wie John Milton und Martin Luther bezeugen. Obwohl er bis zu einem gewissen Grad die sexuelle Zurückhaltung liberalisierte, so hatte er doch ebenso wenig Ahnung von der wirklichen Heiligkeit der Sexualität wie der Katholizismus.

sich rein seien. So schrieb Augustinus über die »ideale« Sexualität, wie sie vor dem Sündenfall bestanden haben mag:

> Diese Glieder wurden wie alle übrigen durch den Befehl seines Willens bewegt, und der Gatte konnte sich den Lenden des Weibes ohne den verführerischen Anreiz der Leidenschaft, mit der Ruhe des Geistes und ohne Verderbnis der Unschuld des Leibes nähern ... Weil die wilde Hitze der Leidenschaft diese Teile des Leibes nicht in Tätigkeit setzte, sondern, wie es sich gehört, eine willensmäßige Kontrolle sie benutzte. So ist es da möglich gewesen, den Samen in den Schoß durch die weiblichen Genitalien ebenso unschuldig einzuspritzen, wie durch sie heute der monatliche Ausfluß ausgeschieden wird.[6]

Der allgemeine Tenor läßt unmißverständlich die Einstellung des Supranaturalismus zur Sexualität erkennen: Sie ist überwiegend negativ und im Grunde nicht im geringsten dadurch modifiziert, daß der mechanische Ablauf des Geschlechtsakts von sexuellen Gefühlen getrennt wurde, eine Trennung, die auf jeden Fall die Integrität von Geist und Körper zerstört. Die praktische, wenn nicht die theoretische Basis dieser Einstellung ist der Glaube, daß Gott und Natur einfach nicht miteinander zu vereinbaren seien. Das war vielleicht nicht ursprünglich so, aber damals war die Natur etwas ganz anderes, als wie wir sie heute erleben. Wenn wir Augustinus glauben können, ermangelte sie ebenso sehr der Spontaneität wie die künstliche Befruchtung.

Die praktische Auswirkung einer Philosophie, in der Gott und Natur unvereinbar sind, ist eher überraschend. Denn wenn die Erkenntnis und die Liebe Gottes andere Ziele und andere Geschöpfe ausschließen, dann steht Gott de facto auf einer Stufe mit seinen Geschöpfen. Die Erkenntnis Gottes und die Erkenntnis der Geschöpfe schließen sich nur dann aus, wenn sie von gleicher Art sind. Man muß zwischen Gelb und Blau wählen, weil beide derselben Gattung angehören, aber es ist nicht nötig, zwischen Gelb und Rund zu wählen, da etwas Rundes auch gelb sein kann. Wenn Gott universal ist, dann

[6] *De civitate Dei*, XIV, 26.

sollte die Gotteserkenntnis jede andere Erkenntnis einschließen, so wie unser Gesichtssinn alle verschiedenen Objekte unseres Sehvermögens einschließt. Wenn jedoch das Auge das Gesicht sehen will, richtet es sich auf sich selbst und sieht nichts. Tatsächlich ist der Zölibat »weltlichen« Berufen eher angemessen als geistlichen, denn obwohl es möglich ist, sowohl ein Weiser als auch ein Arzt oder Künstler zu sein, so legen einem doch die Erfordernisse eines akademischen oder schöpferischen Berufs oft die lateinische Redensart nahe: *Aut libri, aut liberi* – entweder Bücher oder Kinder. Die Berufung zur Heiligkeit dürfte aber kaum eine Spezialisierung von der gleichen Art sein wie Schriftstellerei, Medizin oder Mathematik, denn Gott selbst – das »Objekt« der Heiligkeit – ist kein Spezialist. Wenn er einer wäre, würde das Universum aus nichts anderem bestehen als aus formal religiösen Schöpfungen – aus Klerikern, Bibeln, Kirchen, Klöstern, Rosenkränzen, Gebetsbücher und Engeln.

Heiligkeit oder Weisheit als ausschließliche Berufung ist wiederum symptomatisch für eine ausschließliche Bewußtseinsweise im allgemeinen und für das spirituelle Bewußtsein im besonderen. Dieses beruht auf der Annahme, daß Gott und Natur miteinander wetteifern und daß der Mensch zwischen ihnen wählen müsse. Es steht auf einem rein dualistischen Standpunkt, und es ist in der Tat merkwürdig, daß dieser Standpunkt auch in Traditionen auftaucht, die ansonsten den Dualismus verdammen. Dies ist eine grundlegende Inkonsequenz, die am seltsamsten in den nichtdualistischen Traditionen des indischen Vedanta und Buddhismus anmutet. Doch die Verwirrung, aus der sie entstand, ist außerordentlich lehrreich. Wie wir gesehen haben, erwächst die Zuordnung der Sexualität und der Natur zu den Kräften des Bösen aus dem Glauben, daß die Stärke und Klarheit des Bewußtseins von der Kultivierung einer ausschließlich auf ein Ziel gerichteten Wahrnehmungsweise abhängt. Dies ist, mit anderen Worten, eine Art der Wahrnehmung, die den Hintergrund ignoriert, sich nur auf die Gestalt fixiert und die Welt als eine hintereinander aufgereihte

Folge von Dingen begreift. Dies entspricht genau der Bedeutung des hinduistisch-buddhistischen Ausdrucks *avidya,* »Unwissenheit« oder »Ignoranz«, die grundlegende *Unbewußtheit,* die dazu führt, daß die Welt als eine Anhäufung voneinander *getrennter* Dinge und Ereignisse erscheint. Ein Buddha oder ein »Erweckter« ist eben der Mensch, der diese Unbewußtheit überwunden hat und nicht mehr im Banne von *sakayadrishti,* der »Schau der Getrenntheit«, steht. Mit anderen Worten, er sieht jeden »Teil« der Natur, ohne seinen Bezug zum Ganzen zu ignorieren, ohne sich von der Illusion der *maya* täuschen zu lassen, die, wie wir ebenfalls gesehen haben, auf der Vorstellung des »Messens« *(mā-, mātr-)* beruht, auf der Einteilung der Welt in Kategorien, in zählbare Dinge und Ereignisse. In dieser Weise gespalten, erscheint die Welt als dualistisch *(dvaita),* aber für die unbehinderte Schau des Weisen ist sie in Wahrheit ungespalten oder nicht-dualistisch *(advaita),* und in diesem Zustand identisch mit Brahman, der unermeßlichen und unendlichen Wirklichkeit.

Als eine Sammlung voneinander getrennter Dinge betrachtet, ist die Welt eine Schöpfung des Denkens. *Maya* oder Messen und Klassifizieren ist eine Tätigkeit des Geistes und als solche die »Mutter« *(mata)* eines streng abstrakten Naturbegriffs, der insofern illusorisch ist, als diese Spaltung der Natur nur im Geiste existiert. *Maya* ist nur dann eine Illusion im schlechten Sinn, wenn die Vision einer gespaltenen Welt der Vision einer ungespaltenen Welt nicht untergeordnet wird, wenn, mit anderen Worten, die Intelligenz des messenden Geistes zu viel des Guten tut und »vor lauter Bäumen den Wald nicht sieht«.

Doch im großen und ganzen ging das indische Denken in die Falle, die es hätte vermeiden sollen: es verwechselte die abstrakte Welt von *maya* mit der konkreten Welt der Natur, der direkten Erfahrung, und suchte dann Befreiung von der Natur in Form eines Bewußtseinszustandes, der jeder Sinneserfahrung beraubt war. Er interpretierte *maya* als eine Illusion der Sinne anstatt als eine Gedankenprojektion durch die Sinne.

Die verschiedenen Formen des Yoga kultivierten die lang anhaltende, ausschließliche Konzentration auf einen einzigen Punkt – *avidya!* –, um die Sinneserfahrung aus dem Bewußtsein auszuschließen, denn diese wurde als das höchste Hindernis für die geistige Erkenntnis angesehen. Vor allem anderen bedeutete Sinneserfahrung das »Weib«, nicht nur als eine höchst anziehende Erfahrung, sondern auch als »Ursprung« der Geburt in die natürliche Welt und daher als Inkarnation von *maya,* der kosmischen Verführerin.

So ist die Identifizierung von *maya* mit der Natur und der Frau das klassische Beispiel der Täuschung durch *maya,* der Verwechslung der Welt als Projektion des Geistes mit der Wirklichkeit. Doch obwohl *maya* im bildlichen Sinn die »Mutter« der projizierten Welt ist, ist die Projektion eher eine männliche Funktion als eine weibliche. Wie gewöhnlich projiziert der Mann jedoch seinen Samen in die Frau und beschuldigt sie dann der Verführung. So sagte schon Adam: »Diese Frau, die du mir gegeben hast, hat mich versucht, und ich habe gegessen.«

So geschah es, daß ein Großteil der indischen Philosophie in der Praxis der Archetyp aller weltverleugnenden Dualismen wurde und in der Suche nach Befreiung von der Sinneserfahrung der *maya* doppelt zum Opfer fiel. Denn durch das Ringen um Erlösung von *maya* als der konkreten Welt der Natur bestätigte sie sich immer tiefer in der Illusion, daß unsere geistige Projektion auf die Welt das ist, was wir wirklich sehen. Sie vergaß, daß die Sinne unschuldig sind und daß die Selbsttäuschung das Werk des Denkens und der Vorstellungskraft ist.[7]

---

[7] Diese Fehlinterpretation von *maya* wurde im Mahayana-Buddhismus weitgehend berichtigt, insbesondere in seiner chinesischen Form. So steht im *Lankavatara Sutra,* II, 18, daß das Nirvana oder die Erlösung von *maya* nicht als »die zukünftige Vernichtung der Sinne und ihrer Felder« zu verstehen sei. In ähnlicher Weise sagt der chinesische Zen-Meister Seng-ts'an ausdrücklich:

> Widerstrebe nicht der Welt der Sinne,
> denn wenn du ihr nicht widerstrebst,
> erweist sie sich als dasselbe wie vollständiges Erwachen.

Solche Verwechslungen verdunkeln die Art und Weise, in der sowohl die Sexualität als auch die Sensualität zu *maya* in ihrem eigentlichen Sinn werden können, das heißt, wenn der Geist mehr von der Natur verlangt, als sie bieten kann, wenn er isolierten Aspekten der Natur nachjagt in einem Versuch, ein Leben der Freude ohne Leid oder der Lust ohne Schmerz von ihnen zu erzwingen. So ist das Verlangen nach sexueller Erfahrung *maya,* wenn es »aus dem Hirn« kommt, als reines Begehren des Willens und der Phantasie, das der Organismus zögernd, wenn überhaupt erwidert. Idealisierte und modische Vorstellungen weiblicher Schönheit sind *maya,* wenn sie, wie es häufig der Fall ist, nur wenig Beziehung zur tatsächlichen Gestalt der Frau haben. Liebe ist *maya,* wie Rougemont sagte, wenn sie ein Verliebtsein in die Liebe ist, und nicht eine Beziehung zu einer bestimmten Frau. *Maya* ist tatsächlich die Frau als abstraktes Wesen.

Die Sexualität ist in diesem Sinn abstrakt, wo immer sie ausgebeutet oder erzwungen ist, wo immer sie eine willentliche, verklemmte und dennoch zwanghafte Jagd nach der Ekstase ist, die für den krassen Mangel an Ekstase in allen anderen Lebensgebieten aufkommen muß. Ekstase oder die Transzendierung des Selbst ist die natürliche Begleiterscheinung einer erfüllten Beziehung, in der wir die »innere Identität« zwischen uns und der Welt erleben. Wenn diese Beziehung aber verborgen ist und das Individuum sich als eine eingeengte Insel des Bewußtseins erlebt, wird auch seine emotionale Erfahrung weitgehend von Einengung geprägt und so unfruchtbar sein wie die abstrakte *persona,* für die es sich hält. Aber der Sexualakt bleibt ein leichter Ausweg aus dem Dilemma, nämlich der eine kurze Intervall, in dem der Mensch sich selbst transzendiert und sich der Spontaneität seines Organismus bewußt hingibt. Immer mehr wird dann von diesem Akt erwartet, daß er die fehlende Spontaneität in allen anderen Bereichen kompen-

---

Ebenso sagt Kuo-an in seinem Kommentar zu den Zehn Bildern des Ochsenhirten: »Es sind nicht objektiv in der Welt vorhandene Dinge, die uns bedrängen, sondern unser in Selbsttäuschung befangener Geist.«

siert, und so abstrahieren oder trennen wir ihn als *die* große Lust von anderen Erfahrungen.

Eine solche abstrakte Sexualität ist daher das sichere Resultat eines forcierten, künstlichen Stils der Persönlichkeit und einer Verwechslung von Spiritualität mit Willenskraft – eine Verwechslung, die bestehen bleibt, wenn man Gott seinen Willen überantworten *will.* Dem individuellen Asketen mag es gelingen, sein Verlangen nach sexueller Ekstase in irgend einer anderen Form zu sublimieren, aber er bleibt ein Teil der Gesellschaft, einer Kultur, auf die seine Einstellung zur Sexualität einen mächtigen Einfluß ausübt. Durch seine Assoziation der Sexualität mit dem Bösen macht er *die* große Lust noch faszinierender für die anderen Mitglieder der Gesellschaft und trägt damit unwissend zur Steigerung der raffinierten Wollust unserer Zivilisation bei. Vom Standpunkt der Gesellschaft als Ganzes ist der Puritanismus ebenso sexuell aufreizend wie die schwarzen Dessous der Damen, da er denselben schockierenden und erregenden Kontrast zwischen dem nackten Fleisch und dem Schwarz des klerikalen Anstands erzeugt. Es wäre gar nicht so abwegig, den Puritanismus wie den Masochismus als eine extreme Form sexueller »Dekadenz« zu bezeichnen.

Die Kultur des viktorianischen Englands bietet ein treffendes Beispiel für diesen religiösen Sinnenreiz. Sie war nämlich durchaus nicht so geschlechtslos und brav, wie oft angenommen wird, sondern es war im Gegenteil die Kultur einer höchst verfeinerten und eleganten Lüsternheit. Eine extreme Sittsamkeit und Prüderie im Hause steigerte die Faszination der Sexualität derart, daß die Prostitution auch bei den oberen Schichten weit mehr verbreitet war als in unserer vergleichsweise liberalen Zeit. Exklusive und angesehene Internate verbanden eine totale Unterdrückung offener Sexualität mit einer schamlosen Duldung der Flagellomanie. Die Kleidermode tat alles, um die weiblichen Formen zu enthüllen und zu akzentuieren, gerade indem sie den Körper vom Hals bis zu den Zehen in regelrechte Zwangsjacken aus Tweed, Flanell und

Fischbeinkorsetts steckte. Sogar die Stühle, Tische und Ornamente im Haushalt waren suggestiv gewölbt und geschweift – die Stühle hatten breite Rücken, die schmal zusammenliefen wie eine Taille, mit ausladender Sitzfläche und Beinen mit so ausgeprägten Schenkeln und Waden, daß prüde Hausfrauen die Ähnlichkeit noch betonten, indem sie diese Gebilde mit Volants verkleideten. Wenn nämlich die Sexualität in ihrer unmittelbaren Manifestation unterdrückt wird, greift sie auf andere Lebensbereiche über und weist durch Symbole und Andeutungen um so nachdrücklicher auf ihre Anwesenheit hin.

Vom Standpunkt der Kulturanthropologie ist diese anzügliche Verbrämung der Sexualität vielleicht nur eine ihrer vielen legitimen Varianten. Für ein so sensibles Geschöpf wie den Menschen ist das Künstliche natürlich. Er mag rohes Fleisch nicht mit Händen und Zähnen zerreißen, noch will er mit der gleichen »natürlichen« Unbefangenheit lieben, mit der er niest, oder in irgend einem Verhau wohnen, der ihn eben nur vor Nässe und Kälte bewahrt. Daher gibt es fast immer eine Kunst des Liebens, ob sie sich nun direkt auf den Sexualakt bezieht wie das indische *Kamasutra* oder sich mit dem langen Vorspiel der Werbung befaßt, das zum letzten, flüchtigen Höhepunkt der sexuellen Vereinigung führt. Der Puritanismus ist einfach eine dieser Varianten, wenn wir ihn als ein natürliches Phänomen und nicht gemäß seiner eigenen Wertung betrachten. Auch er dient der Natur, obwohl er versucht, gegen sie anzukämpfen, und ist mit seiner extremen Künstlichkeit nicht weniger natürlich als die angeblich so abartigen Geschöpfe der Wildnis. Es ist, wie wenn man durch die Stauung eines Flusses seine Macht nur noch vergrößert, aber das geschieht unabsichtlich und unbewußt. So hat man oft festgestellt, daß eine Epoche der Zügellosigkeit immer eine Epoche des Puritanismus ablöst: Die letztere schafft eine Erregung, die nicht länger eingedämmt werden kann, und die erstere eine Erschlaffung, die wieder der stärkeren Zucht und inneren Erneuerung bedarf. Das bessere Mittel, die Strömung bei gleicher Stärke zu erhalten, ist

Mäßigkeit, nicht Prüderie, die Steigerung der sexuellen Faszination durch ästhetische Verhüllung im Unterschied zu moralischer Verwerfung.[8]

Wenn jedoch Puritanismus und kultivierte Zügellosigkeit keine fundamentalen Abweichungen von der Natur darstellen, dann sind sie einfach die entgegengesetzten Pole ein und derselben Einstellung, daß nämlich sexueller Genuß, mag er recht oder unrecht sein, *die* große Lust ist.[9] Diese Gesinnung ist wie die Kultivierung des Ichs in der Tat eine von unzähligen Möglichkeiten der Freiheit unserer Natur, weil sie aber die Sexualität vom übrigen Leben abstrahiert (oder diese *versucht*), kann sie kaum ihre Möglichkeit erkennen. Die abstrakte Sexualität ist einseitig – eine Funktion des Gehirns anstatt des ganzen Organismus –, und daher ist sie eine einzigartige Verwechslung der natürlichen Welt mit der *maya* der intellektuellen Abteilungen und Kategorien. Denn wenn die Sexualität als ein besonders guter oder schlechter Teil des Lebens getrennt für sich betrachtet wird, steht sie nicht mehr in voller Beziehung zu allem übrigen. Mit anderen Worten, sie verliert ihre Universalität. Sie muß als ein Teil für das Ganze herhalten – so wie man ein Geschöpf als Idol anstelle Gottes anbetet, ein Götzendienst, dessen der Asket ebenso schuldig ist wie der Wüstling.

[8] So haben die Chinesen und Japaner, die nicht unter sexuellen Schuldgefühlen leiden, einen ausgeprägten Sinn für sexuelle Schamhaftigkeit, und daher fällt es ihnen schwer, unsere so selbstverständliche Darstellung des Nackten in der Kunst zu würdigen. Ein Mandarin schrieb um das Jahr 1900 aus Europa: »Die Bilder in dem Palast, der ganz ihnen gewidmet ist, würden dem kultivierten Geist meines verehrten Bruders nicht zusagen. Die weibliche Gestalt ist nackt oder halbnackt dargestellt, und das mißbilligt unser Anstand. ... In den öffentlichen Gärten sowie in diesem Palast stehen Gipsfiguren und einige Marmorstatuen, von denen die meisten nackt sind. In dieser Winterkälte möchte ich sie am liebsten bedecken. Die hiesigen Künstler kennen nicht den Reiz üppig fließender Gewänder.« Hwuy-ung, *A Chinaman's Opinion of Us and His Own Country,* London 1927.

[9] So widmet ein modernes, kurzgefaßtes Kompendium der katholischen Moraltheologie (Jone, *Katholische Moraltheologie,* Paderborn 1953, 16. Aufl.) 44 Seiten den verschiedenen Kategorien der Sünde, davon 32 kleingedruckte Seiten den sexuellen Sünden, was deren relativ große Bedeutung beweist im Vergleich zu Mord, Gier, Grausamkeit, Lüge und Selbstgerechtigkeit.

Solange die Sexualität als diese abstrakte *maya* angesehen wird, bleibt sie eine »dämonische« und ungeistige Kraft, insofern sie von der universalen und konkreten Wirklichkeit der Natur getrennt ist. Denn wir versuchen, sie aus der Einordnung in die gesamte Beziehung zwischen Organismus und Umwelt loszureißen, die in der chinesischen Philosophie *li* heißt, das ordnende Prinzip des Tao. Aber die Universalität der Sexualität bedeutet viel mehr als Freuds Erkenntnis, daß Kunst, Religion und Politik Ausdrucksformen einer sublimierten Libido sind. Wir müssen außerdem zur Kenntnis nehmen, daß sexuelle Beziehungen ihre religiösen, sozialen, metaphysischen und künstlerischen Aspekte haben. Daher kann das »sexuelle Problem« nicht einfach auf der Ebene der Sexualität gelöst werden, und aus diesem Grund unterstellen wir es in dieser Darlegung dem Problem von Mensch und Natur. Die Sexualität wird ein Problem bleiben, solange sie weiterhin ein isoliertes Gebiet ist, in dem das Individuum sich transzendiert und Spontaneität erlebt. Der Mensch muß sich also zunächst gestatten, in seinem ganzen gefühlsmäßigen Verhalten und seinen Sinnesreaktionen auf die alltägliche Welt spontan zu sein. Erst wenn die Sinne überhaupt lernen können, etwas anzunehmen, ohne danach zu greifen, oder bewußt zu sein ohne Anspannung, werden die besonderen Empfindungen der Sexualität frei sein vom Zugriff abstrakter Wollust und seinem unvermeidlichen Zwilling, der abstrakten Hemmung oder dem »geistigen« Ekel.

Nur auf diese Weise kann das Problem von dem fruchtlosen alternierenden Dualismus befreit werden, mit dem wir es belastet haben. In diesem Dualismus ist die Sexualität einmal etwas Gutes und einmal etwas Schlechtes, einmal wollüstig und einmal prüde, einmal zwanghaft zupackend und ein andermal schuldbewußt verklemmt. Denn wenn sexuelle Aktivität als etwas Abstraktes gesucht wird, sind ihre Enttäuschungen so groß wie ihre übertriebenen Erwartungen, entsprechend dem schnellen Übergang von der äußersten Erregung zur Erschlaffung, die auf die Befriedigung folgt. Das Nachspiel des

Geschlechtsaktes, das ein Zustand erfüllter Ruhe sein sollte, ist für den Prüden die Depression der Schuld und für den Zügellosen die Depression der Langenweile. Der Grund liegt darin, daß beide das Gefühl intensiver Lust festhalten wollen, das dem Orgasmus unmittelbar vorausgeht, und diesen als Ziel, nicht als ein Geschenk ansehen. Das Hochgefühl schlägt in Depression, die entgegengesetzte *maya*, um. Aber wenn die sich steigernde Erregung angenommen anstatt gierig festgehalten wird, dann wird sie zur vollen Verwirklichung der Spontaneität, und der darauf folgende Orgasmus ist nicht ein plötzliches Ende, sondern unser Durchbruch zum Frieden.

Es dürfte klar geworden sein, daß eine wahrhaft natürliche Sexualität keineswegs eine Spontaneität im Sinne einer zügellosen Promiskuität ist. Ebensowenig ist die farblose, »gesunde« Sexualität der rein animalischen Abfuhr einer biologischen Spannung gemeint. Insofern wir noch nicht wissen, was der Mensch ist, wissen wir auch noch nicht, was menschliche Sexualität ist. Und wir wissen nicht, was der Mensch ist, solange wir ihn nur in Bruchstücken, in Kategorien, als getrenntes Individuum, als ein Bündel blockhafter Instinkte, Leidenschaften und Empfindungen kennen, die wir hintereinander mit dem starren Blick des ausschließenden Bewußtseins betrachten. Was der Mensch und was die menschliche Sexualität ist, werden wir erst dann erfahren, wenn wir uns mit der ganzen, nicht zupackenden Sensibilität des Gefühls den Erfahrungen öffnen.

Die Erfahrung der sexuellen Liebe wird dann nicht mehr als Wiederholung einer gehabten Ekstase erstrebt, mit dem Vorurteil der Erwartung des bereits Bekannten. Sie wird vielmehr eine Erforschung unserer Beziehung mit einem stets sich wandelnden, immer unbekannten Partner sein, der unbekannt ist, weil er oder sie nicht wirklich die abstrakte Rolle oder Person oder die konditionierten Reflexe ist, die uns die Gesellschaft aufzwingt, nicht das stereotype männliche oder weibliche Wesen, das wir aufgrund unserer Erziehung erwarten. All dies ist *maya,* und die Liebe zu diesen Dingen ist die ewig frustrierende Liebe der bloßen Phantasie. Was nicht *maya* ist, bleibt Geheimnis, das nicht beschrieben oder gemessen werden kann, und in diesem Sinn – symbolisiert durch den Schleier wahrer Keuschheit – ist die Frau stets dem Mann ein Geheimnis, sowie der Mann für die Frau ein Geheimnis bleibt. In diesem Sinne müssen wir van der Leeuws bemerkenswerten Ausspruch verstehen, daß »das Geheimnis des Lebens nicht ein Problem ist, das es zu lösen, sondern eine Wirklichkeit, die es zu erfahren gilt«.

7 Heilige und profane Liebe

Es ist immer lehrreich, zur ursprünglichen Bedeutung eines Wortes zurückzugehen, denn dabei entdecken wir nicht nur seine gegenwärtige, sondern auch die alte Bedeutung, die es verloren hat. Das Wort »profan« zum Beispiel hatte ursprünglich nicht den Sinn von »blasphemisch« oder »irreligiös«, sondern bezeichnete einen Vorraum oder Hof vor *(pro)* dem Eingang eines Tempels *(fanum)*. Dies war der Ort, wo das gemeine Volk im Unterschied zu den Eingeweihten seine Gebete verrichtete, und das Wort »gemein« hat hier wiederum nicht die Bedeutung von »roh«, sondern von »gemeinschaftlich«, von in einer Gemeinschaft lebenden Menschen. Das Sakrale dagegen war nicht nur das Religiöse, sondern das, was außerhalb der Gemeinschaft lag, was – wiederum im Sinn der Antike – außerordentlich, das heißt, außerhalb der sozialen Ordnung war.

Wir scheinen jedoch den Blick für die Tatsache verloren zu haben, daß es eine Position außerhalb der gemeinschaftlichen und konventionellen Ordnung geben kann, die nicht subversiv, die zwar unabhängig von der Norm, aber nicht gegen sie ist. Fast immer verwechseln wir diese Position mit ihrem Gegenteil, das der Ordnung widerstrebt, und nicht Freiheit, sondern Chaos bedeutet. Dieselbe Verwechslung liegt vor, wenn wir unter »Autorität« die Berufung auf eine Regierung, eine Kirche, die Tradition oder die Rückversicherung wohldokumentierter Fußnoten verstehen. Es ist aber etwas anderes gemeint, wenn es von Jesus Christus heißt: »Er spricht wie einer, der Autorität besitzt, und nicht wie die Schriftgelehrten.« Das Entscheidende ist, daß er mit einer inneren Überzeugung sprach, die etwas anderes ist als der Dogmatismus, der aus innerer Unsicherheit kommt. In ähnlicher Weise bedeutet das

Wort »Originalität« heute das Neue oder sogar das Ausgefallene, doch der tiefere Sinn von Autorität und Originalität ist, Urheber *(auctor)* und Ursprung *(origo)* seiner Taten als ein frei Handelnder zu sein. Die von der Gesellschaft konditionierte *persona* oder das rollenspielende Ich handelt jedoch niemals frei. Der Mensch ist in dem Maße frei, als er sein wahres Selbst als den Urheber und Ursprung der Natur erkennt.

Wiederum aber macht es unsere übliche Verwechslung der Ebenen unmöglich, dies von dem irrsinnigen Anspruch: »Ich selbst bin Gott!« zu unterscheiden. Diese Verwechslung ist der Grund, warum die abendländische Kirche die Erkenntnis Meister Eckharts verwarf, der sagte:

Gott muß wahrhaft ich, ich muß wahrhaft Gott sein, und zwar so, daß dieses Er und dieses Ich ein »ist« sind, und in dieser Istigkeit ewiglich ein Werk wirken. Solange aber dieses Er und dieses Ich, das heißt, Gott und die Seele, nicht ein einziges Hier, ein einziges Jetzt sind, kann das Ich weder mit Ihm wirken noch mit Ihm eins sein.[1]

Denn der Grund der Verwechslung liegt darin, daß der christlichen Tradition des Abendlandes das fehlt, was wir »Innerlichkeit« genannt haben. Ihre offizielle Haltung war immer profan, konventionell und exoterisch, ohne daß es ihr bewußt wurde. So kam es, daß sie das Profane mit dem Sakralen, das Relative mit dem Absoluten, die soziale Sphäre von Gesetz und Ordnung mit der göttlichen Natur verwechselte. Die soziale Ordnung wurde daher durch zu strenge Sanktionen erzwungen und ihre Gesetze zu absoluten Imperativen erhoben. Dies haben wir bereits anhand der Vorstellung gesehen, daß die Liebe zu Gott und die Liebe zur Natur Alternativen darstellen, wie Geschöpfe und Dinge, die sich gegenseitig ausschließen. Wenn aber Gott, das Absolute, in das Reich der Schöpfung hinabgezogen wird und mit ihr wetteifern muß, dann ist die Ordnung der Schöpfung, der Gesellschaft und der Konvention zerstört. Denn wenn das Ohr klingt, gehen alle anderen Töne unter.

---

[1] Nach der Übers. von Evans (Bibl.), Bd. 1, S. 247.

Aus diesem Grund ist das offizielle Christentum selbst die Ursache des Säkularismus und seichten Relativismus, den es so scharf verurteilt. Denn die weltliche Revolution der Renaissance und der Aufklärung mit ihren Folgen war eine Verzerrung des »Mysteriums«, das die Kirche vernachlässigt hatte. Es besteht in der streng innerlichen oder heiligen Lehre von der Freiheit und Gleichheit aller Menschen in der göttlichen Wirklichkeit, in der Lehre also, daß es in Gott keine Klassen oder Unterschiede und kein Ansehen der Person gibt. Der in dieses Mysterium Eingeweihte hat

den neuen Menschen angezogen, der sich erneuern läßt, um Erkenntnis zu gewinnen nach dem Bilde seines Schöpfers. Hier gibt es keinen Griechen und keinen Juden, keine Beschneidung und kein Unbeschnittensein, keine Barbaren, Skythen, Sklaven und Freie, sondern alles und in allen ist Christus.[2]

Eine Staatskirche, also eine profane Kirche, konnte eine solche Lehre unmöglich gelten lassen. Als man sie der Vergessenheit entriß, wurde sie zum revolutionären Zündstoff, denn die Kirche konnte sie nicht für sich beanspruchen und sagen: »Das ist doch nichts Neues. Wir haben es schon immer gewußt und sind jetzt bereit, es euch richtig zu erklären.«
Statt dessen verleugnete die Kirche ihre Innerlichkeit, zog sich immer mehr auf eine starre Identifizierung Gottes mit dem Gesetz zurück und überließ ihre Stellung jenseits von Gut und Böse und jenseits aller Unterscheidungen den Säkularisten. Doch diese stellten sich damit *unterhalb* von Gut und Böse. Sie transzendierten nicht die Normen, sondern verneinten sie, und die Gleichheit vor Gott sank zu der Annahme herab, daß alle Menschen gleich minderwertig seien. Die Freiheit verkam zu einem reinen Individualismus und die klassenlose Gesellschaft zu einer öden Gleichförmigkeit. Die Kunst wurde zur monotonen Exzentrizität, und das Handwerk zur eintönigen Massenproduktion. Dies sind grobe Verallgemeinerungen, von denen

[2] Kolosser, 3.10–11.

es immer glückliche Ausnahmen gegeben hat, aber der Trend des sogenannten modernen oder fortschrittlichen Zeitgeistes geht dahin, soziale Unterschiede zu verwischen, was einer Auflösung der Gesellschaft gleichkommt. Denn das Organische ist immer differenziert, wenigstens seinen Funktionen, wenn auch nicht seinem Wert nach.

Eine der extremsten Formen dieser Verzerrung ist die Auffassung vieler Freudianer, die jede schöpferische Tätigkeit – Kunst, Philosophie, Religion und Literatur – zu Äußerungen einer oralen oder analen Erotik oder zu einem infantilen Inzestkomplex reduziert, mit der zynischen Voraussetzung, daß alle Menschen in gleicher Weise schuldig sind. Aus dieser Einstellung geht nicht hervor, daß diese Grundlage in der Libido etwas Natürliches und Reines ist, sondern daß Dichter und Weise dadurch, daß sie auf eine sogar für Psychologen obszöne Ebene herabgezerrt werden können, ihren Wert verlieren. Dieser Einstellung gleicht nichts so sehr wie die »Polizeipsychologie«, die annimmt, daß alle Menschen, einschließlich der Polizisten, Verbrecher sind, und sie ständig an dieses Urteil erinnert. Anhand solcher Beispiele wird deutlich, daß diese Verzerrung der Lehre von der Gleichheit der tragische und destruktive Haß der Zurückgesetzten oder Ungeliebten auf die Kreativität ist.

Dies sind jedoch nicht Menschen *niedrigen* Standes, sondern Menschen *ohne jeden* Stand, wie sie massenweise von einer Gesellschaft hervorgebracht werden, die moralische Gesetze mit dem Wesen des Göttlichen verwechselt. Denn eine solche Gesellschaft kann dem Niedrigen gar keinen Rang zubilligen – dem Spieler, der Kurtisane, dem Trinker, dem Bettler, dem sexuell Andersartigen oder dem Landstreicher. In einem absolutistischen Moralsystem haben solche Leute überhaupt keinen Platz. Sie sind unannehmbar für Gott, weil es im Himmelreich keine *Letzten* mehr geben und weil die Sonne nicht auf Ungerechte scheinen darf, wenn diese sich nicht zur Besserung bereit erklären. Doch die Ungerechten sind nicht bestimmte Sorten von Menschen. Jedes Mitglied der Gesellschaft trägt ungerechte oder unangepaßte Elemente in sich, nämlich die unterdrückten Aspekte der Natur, die sich nicht der *maya,* der konventionellen Ordnung, fügen. Sie sind in einem technischen Sinn obszön oder »hinter der Szene« (off-scene)[3], weil sie nicht im Bild erscheinen. Sie spielen im Drama des sozialen Lebens äußerlich keine Rolle. Dennoch sind sie für das Drama so wesentlich wie die Bühnenarbeiter hinter den Kulissen, die Gesichter hinter den Masken und die Körper unter den Kostümen.

Wenn aber die konventionelle Ordnung für die göttliche Natur steht, wird das Ungerechte und Obszöne im metaphysischen Sinn sündhaft und absolut untragbar für Gott. Und was für Gott untragbar ist, wird in anderer Weise auch für den Menschen untragbar. Er kann keine Situation ertragen, in der die unterdrückten und obszönen Teile seiner Natur auf die Bühne gebracht und verurteilt werden. Er kann sich nur verteidigen, indem er den Ankläger verklagt, jedermann die Maske vom Gesicht und die Kleider vom Leib reißt und sagt: »Sieh doch, du bist *in Wirklichkeit* genau so wie ich!« Doch dies ist ebenso ein Fehler wie die Verwirrung, die ihn produzierte. Denn das, was sich hinter der Szene abspielt, ist keine *Wirklichkeit* hinter dem äußeren Drama, sondern gehört ebenso der Illusion an. Denn was hinter der Szene geschieht, wird durch die Auswahl dessen bestimmt, was auf der Szene geschieht. Was unterdrückt wird, steht in Beziehung zu dem, was sichtbar ist. So herrscht die irrtümliche Meinung, daß die unterdrückten Kräfte der Sexualität die Realität hinter den kulturellen Errungenschaften seien, denn die Beziehung zwischen beiden beruht auf Gegenseitigkeit, nicht auf Unterordnung. Das Böse wird zwar von der Wahl des Guten definiert, doch ist es nicht die Wirklichkeit, welche die Wahl bestimmt. Wenn man daher die heilige Idee der Gleichheit profaniert,

---

[3] Lat. *ob-scaenum* hat die Bedeutung von links, düster, unheilvoll. Sowohl das Abseitige (»hinter der Szene«, off-scene) als auch das Düstere deuten auf die unvermeidliche Kehrseite, den dunklen Aspekt oder »Schatten« der Dinge. Auch wenn es unheilvoll ist, muß das Linke doch immer das Rechte begleiten.

wird ihr Inhalt verzerrt, als ob in der göttlichen Wirklichkeit alle Menschen nur in ihrer Obszönität gleich seien. Dagegen sollte sie bedeuten, daß alle Menschen in der Unschuld ihres Wesens gleich sind – daß die Spaltung ihrer Natur in Gutes und Böses, in das »auf der Szene« und das »hinter der Szene« Spielende, ein willkürliches Urteil unseres alten Bekannten, des isolierten, beobachtenden Ichs, ist. Aber für das Auge Gottes gibt es eine solche Unterscheidung zwischen dem, was auf, und dem, was hinter der Bühne ist, nicht, sondern alle Menschen sind das, was sie sind, oder, wie die Buddhisten sagen würden, von »einer So-heit«. Wenn der Vorhang fällt und alle Schauspieler mit dem Autor und dem Regisseur in *eigener Person,* und nicht mehr in ihren Rollen vor die Rampe treten, dann erhalten der Held und der Bösewicht, die Menschen auf der Bühne und hinter der Bühne, den gleichen Applaus.

Darum fällt nicht vorzeitig euer Urteil, (sondern wartet,) bis der Herr kommt; er wird ans Licht bringen, was bis dahin in der Finsternis verborgen ist, und bloßstellen, worauf die Herzen heimlich sinnen. Dann wird jedem von Gott sein Lob zuteil werden.[4]

Manchmal jedoch fühlt sich das Publikum zu Buh-Rufen veranlaßt. Es wird den Bösewicht aber nicht deshalb auspfei-

---

[4] I Korinter, 5. Paulus läßt sich oft in einem Sinn zitieren, der dem Kontext wahrscheinlich nicht entspricht und den Autor zweifellos entsetzt hätte. Doch ich möchte denjenigen sehen, der einen Beweis dafür erbringen kann, daß die Apostel wirklich eine esoterische Tradition an die Kirche weitergegeben hätten, die von der Kirche während all der Jahrhunderte vor der Öffentlichkeit geheimgehalten worden wäre. Dann wäre sie nämlich noch viel geheimer und »esoterischer« gewesen als alle großen spirituellen Überlieferungen der Welt, und daher ist es zweifelhaft, daß es sie je gab. Denn im Westen ist die *philosophia perennis* immer eine Sache des einzelnen gewesen, die von der offiziellen Hierarchie oft verurteilt und manchmal kaum toleriert wurde. Es wäre jedoch viel leichter, einen solchen Beweis für die orthodoxe Kirche des Ostens zu erbringen als für die römisch-katholische Kirche. Andererseits beruht wahre Esoterik nicht auf »geheimer Information«, die der Öffentlichkeit vorenthalten wird. Sie ist geheim im Sinn des Unbeschreiblichen, als eine Art der Erkenntnis, die sich jeder Beschreibung und Klassifizierung entzieht.

fen, weil er diese Rolle spielte, sondern weil er sie nicht ihrem Charakter entsprechend verkörperte. Es wird auch dann pfeifen, wenn das, was hinter die Bühne gehört, auf der Bühne erscheint, oder umgekehrt. Mit anderen Worten, das Obszöne ist nicht anstößig, solange es hinter der Bühne bleibt, wo es hingehört. Aber in einem moralischen Absolutismus hat es gar keinen Platz – vielleicht deshalb, weil das Publikum nicht weiß, daß dieses Drama ein Spiel ist. Das soziale Drama mit seinen Konventionen wird mit der Wirklichkeit verwechselt.

Die richtige Unterscheidung zwischen dem Sakralen und dem Profanen und zwischen dem Profanen und Obszönen ist von größter Bedeutung für eine Philosophie der Liebe zwischen Mann und Frau. Die Unfähigkeit, zwischen dem Sakralen und dem Profanen zu unterscheiden, ist einer der Hauptgründe, warum die christliche Tradition keine angemessene Vorstellung der heiligen Liebe besitzt. Denn diese heilige Liebe ist nicht die Liebe zu Gott als Alternative zur Liebe zu den Geschöpfen. Sakrale Liebe ist auch nicht der Ehestand, obwohl sie in einer Ehe auftreten kann. Ebensowenig ist sakrale Liebe die »große Leidenschaft« in ihrem landläufigen und romantischen Sinn. So wie es einen verzerrten Begriff der Gleichheit vor Gott gibt, so gibt es auch eine Verzerrung der sakralen Liebe, die in ähnlicher Weise entstand.

Es ist allgemein bekannt, daß die Institution der Ehe, wie sie in einigen romanischen Ländern noch heute besteht, als eine formale familiäre Regelung in den Westen kam. Die Gründung einer Familie war keineswegs eine Sache der persönlichen Wahl, sondern eine weitreichende, viele Menschen betreffende Entscheidung. Sie wurde daher nicht von dem jungen Paar, sondern von Großvätern und Großmüttern geregelt und durch gesetzliche Verträge bekräftigt, die auch noch zur modernen Form der Ehe gehören. Ob das Paar sich »liebte« oder sich einmal lieben würde, war von zweitrangiger Bedeutung. Die Ehe stellte eine Familienallianz dar und war von politischen, sozialen und, wenn auch noch so »primitiven«, eugenischen Erwägungen bestimmt. In Kulturen, in denen diese Art der

Ehe noch existiert, blühen andere Formen der außerehelichen Sexualität wie das Konkubinat, das den *Männern* als etwas Selbstverständliches offensteht, auch wenn es eher toleriert als gesetzlich verankert ist. Im allgemeinen spielen sich solche außerehelichen Beziehungen »hinter der Bühne« ab, aufgrund einer stillschweigenden gesellschaftlichen Übereinkunft, über die nie nicht gesprochen wird. Die Ehe war daher eine profane Institution – eine Angelegenheit der gesellschaftlichen Konvention zwischen Menschen, die eine bestimmte soziale Rolle spielen. Individuen, die über einer weltlichen Rolle oder wie in Indien über der Kaste standen, heirateten deshalb nicht oder gaben zumindest die Ehe auf, wenn die Zeit für ihre Befreiung von *maya* gekommen war.

Das Christentum breitete sich im Abendland als eine äußerst merkwürdige Mischung sozialer und religiöser Ideen verschiedenen Ursprungs aus. Es enthält legale und soziale Vorstellungen von der Ehe, hauptsächlich jüdischer Herkunft, griechische oder essenische Begriffe moralischer und geistlicher Keuschheit und vermutlich auch verstümmelte Einflüsse aus Indien. Daraus ergab sich eine so heillose Verwirrung, daß wir vielleicht besser durchblicken, wenn wir die wichtigsten Faktoren einzeln anführen:

1. Die jüdische Vorstellung, daß das physikalische Universum von Natur aus gut ist.

2. Die orphische und verstümmelte indische Vorstellung, daß das physikalische Universum böse ist.

3. Die jüdische Institution der Ehe als eine vertragliche Regelung der Besitzverhältnisse und Familienbeziehungen.

4. Die jüdische Vorstellung von der Heiligkeit der Zeugung, die Pflicht zur Vermehrung der Bevölkerung und die Sünde der Ausschüttung männlichen Samens ohne Zeugung.

5. Die orphisch-essenisch-indische Vorstellung der Abkehr vom Fleisch durch Enthaltsamkeit, aus der sich die größere Heiligkeit des jungfräulichen Zustands ableitet.

6. Die jüdische Vorstellung von der Sünde des Ehebruchs als ein Verstoß gegen Besitzrechte.

7. Die allgemein verbreitete griechisch-indische Anschauung, daß der heilige oder geweihte Mensch außerhalb der sozialen Ordnung steht.

8. Die jüdische Vorstellung, daß die gesellschaftlichen Konventionen die Gesetze Gottes sind.

9. Die Idee Jesu Christi, daß auch Frauen einige Rechte haben, da sie dem Mann wenigstens insofern ebenbürtig sind, als sie eine Seele besitzen.

Kein Wunder, daß der Versuch, diese Ideen miteinander zu verbinden, die Beziehungen zwischen Mann und Frau in ein fürchterliches Chaos gestürzt hat. Vielleicht hat er aber trotzdem etwas für sich, wenn auch nur wegen des letztgenannten Punktes, nämlich des Zugeständnisses, daß auch »Frauen Menschen sind«.

Um das volle Ausmaß dieser Verwirrung zu verstehen, müssen wir die Tatsache berücksichtigen, daß indisches Gedankengut den Westen in einer vulgarisierten, buchstabengetreuen Form erreichte, wie sie sich zunächst in Indien entwickelt hatte. Die Verfälschung bestand hauptsächlich in der Verwechslung von *maya* mit dem Bösen einerseits und mit dem natürlichen Universum andererseits. Daraus folgte die weitere Verwechslung der jungfräulichen oder heiligen Person mit dem total enthaltsamen Menschen, der sich nicht nur von der Gesellschaft, sondern auch von der Natur zurückzieht. Die ursprüngliche Bedeutung von *parthenos*, »Jungfrau«, meinte jedoch eine Frau, die sich nicht der arrangierten Ehe unterwarf, sondern sich einen Partner in eigener Wahl aussuchte. Sie wurde eine »ledige Mutter«, nicht, weil sie lasterhaft oder böse, sondern weil sie eine selbständige Person war.

Die frühe Kirche kombinierte diese verschiedenen Faktoren, indem sie an der legalen, von der Familie bestimmten Ehe festhielt, sie auf *eine* Frau beschränkte und die Ehescheidung aus Achtung vor den Rechten der Frau so gut wie verbot. Der konsequente nächste Schritt wäre gewesen, die stillschweigende Anerkennung der illegalen Sexualität auch auf die Frauen auszudehnen, aber statt dessen wurde sie nur den Männern untersagt. Jesus griff die Ehescheidung an, weil eine geschiedene Frau als eine Ware angesehen wurde, die man dem Verkäufer als untauglich zurückgab, wodurch sie jede Stellung in der Gesellschaft verlor. Der springende Punkt ist jedoch, daß dieser Typ der Ehe, den die Kirche monogamisierte, den sie gegen die Ehescheidung schützte und von dem sie das Konkubinat ausschloß, die von der Familie *arrangierte* Ehe war.[5] Sexuelle Liebe in irgend einem anderen Sinn als dem der illegitimen, sündhaften Lust wird vom Neuen Testament vollständig ignoriert.[6]

Kurzum, die Kirche verband die jüdische Betonung der Zeugung mit dem griechisch-indischen Ideal der sexuellen Enthaltsamkeit in einer Form der Ehe, die dem sexuellen Empfinden die größtmögliche Beschränkung auferlegte. In dieser Weise wurde die profane Institution der Ehe mit dem

---

[5] »Das Mädchen wird über seine Verlobung nicht befragt, denn es erwartet die Entscheidung seiner Eltern, da die mädchenhafte Sittsamkeit es verbietet, daß sie selbst einen Gatten wählt.« Ambrosius, *De Abraham,* I, *ad fin.* Basilius sagt in seiner *Ep. ad Amphilocium,* II, daß eine Ehe ohne väterliche Sanktion Unzucht sei, und unter den Gesetzen von Constantius und Constans war sie ein Kapitalverbrechen.

[6] Die berühmte Stelle bei Matthäus 5,28, die besagt, daß schon derjenige des Ehebruchs schuldig sei, der eine Frau auch nur begehrlich ansehe, muß in ihrem Kontext verstanden werden. Die ganze Passage, angefangen von Vers 17 bis zum Ende, wirft ein ironisches Licht auf die gesetzestreue Gerechtigkeit der Pharisäer. Jesus demonstriert die Oberflächlichkeit dieser Gesetzesgerechtigkeit, indem er sie ad absurdum führt. Er beginnt mit dem offensichtlichen Scherz, den nur der einfältigste Pedant für bare Münze halten würde, daß sogar die Interpunktionszeichen und kalligraphischen Schnörkel der Gesetze sakrosankt zu sein haben. Dann zählt er verschiedene Arten des Zorns und der Beschimpfung auf, zuerst die schwereren, dann die leichteren, mißt ihnen jedoch Strafen in der umgekehrten Reihenfolge zu. Wegen unmäßigen Zorns solle man dem Gericht übergeben werden; wenn man einen anderen »Racha« oder »Dummkopf« nennt, solle man vor den Hohen Rat, und wer zu einem anderen sagt, »Du Narr«, solle dem Höllenfeuer überantwortet werden. Doch bei Matthäus 23,17 verwendet Jesus denselben Ausdruck »ihr Narren«, wenn er zu den Pharisäern und Schriftgelehrten spricht. In dem betreffenden Vers verspottet er das Eigentumsrecht im Rahmen des Ehebruchs, indem er es in ähnlicher Weise überspitzt, und fährt dann fort mit dem Rat, das begehrliche Auge auszureißen. Wenn wir diese Stelle für bare Münze nehmen wollen, sind wir genötigt zu glauben, daß Jesus Christus nicht einen Funken Humor besaß.

heiligen Zustand der Keuschheit gleichgesetzt, und letzterer wurde fälschlich für freudlose Sexualität oder besser: für enthaltsame Jungfräulichkeit gehalten. Wie Paulus sagte: »Hinfort sollen die, die Frauen haben, sich verhalten, als hätten sie sie nicht.« Das Resultat, das Sakrament der Ehe, sollte die Heiligung des Profanen durch das Sakrale sein, analog zur Vereinigung des Wortes mit dem Fleisch in der Inkarnation. Weil jedoch das Wort und der Geist ihrem Begriff nach in Antithese zum Fleisch und das Sakrale im Gegensatz zum Profanen standen, so konnte eine Verbindung beider Prinzipien keine Vereinigung, sondern nur eine Versklavung sein. In ähnlicher Weise steht das Männliche für den Geist und das Weibliche für das Fleisch, und so durfte die Frau sich ihren Partner nicht wählen und mußte sich ihrem Mann unterwerfen. Das war eine Konzeption der Ehe, die offensichtlich nicht Bestand haben konnte. Es dauerte jedoch einige Zeit, bis sie insofern modifiziert wurde, als die beiden Partner gegenseitig ihre Wahl treffen durften. Als die Kirche sich mit dem Staat identifizierte und als ihr früherer Eifer nachließ, wurde die heilige Ehe in der Praxis in verschiedener Weise abgewandelt, hauptsächlich durch die Rückkehr zur Vielweiberei, zum Konkubinat und zur Prostitution.[7] Der Faktor jedoch, der die christliche Auffassung von der Ehe stärker als alles andere prägte, war die im Mittelalter entstandene höfische Minne, die historische Grundlage des neuzeitlichen romantischen Liebes- und Ehebegriffs.

Die Historiker sind sich nicht ganz einig über den Ursprung und das Wesen dieser außerordentlichen Bewegung, aber es überwiegt die Meinung, daß sie aus der Häresie der Katharer hervorging. Diese ist eine Form der persischen Religion des Manichäismus, von dem sich in Westeuropa seit der Zeit des römischen Reiches Überreste erhalten hatten oder den die heimkehrenden Kreuzritter in die Heimat mitbrachten. Der Manichäismus war eine synkretistische Bewegung und scheint

<hr>

[7] G. R. Taylor (Bibl.), S. 19–50.

einer der hauptsächlichen Vermittler entstellten indischen Gedankenguts im Abendland gewesen zu sein. Dazu gehörte der an die Samkhya-Philosophie erinnernde extreme Dualismus von Geist und Natur und ein Liebesbegriff des »reinen Begehrens«, der eine seltsame Ähnlichkeit mit manchen Formen des indischen Tantra-Kultes aufweist, in dem die Erregung und Verwandlung des sexuellen Triebes als eine Yoga-Disziplin eingesetzt wird. Das spirituelle Ideal des Manichäismus war die Erlösung der Welt des Lichts von der Welt der Finsternis, und dies bedeutete die Befreiung des menschlichen Geistes aus dem Gefängnis des Fleisches.

Der Begriff des »reinen Begehrens« sowie die dualistische Entstellung der *maya*-Doktrin hatte das Abendland sogar schon vor dem Auftreten der Katharer erreicht, denn wir finden bereits bei Johannes Chrysostomus, Gregor von Nazianz und Hieronymus die Verurteilung der unter Christen verbreiteten Gewohnheit, sich *agapetae* oder *virgines subintroductae* zu nehmen. Es handelte sich dabei um die Praxis, eine Liebesbeziehung mit jungfräulichen christlichen Mädchen einzugehen, die zu Zärtlichkeiten und Beischlaf führte, vielleicht mit *coitus reservatus,* der die Ejakulation des Samens vermied. Auf diese Weise wurde das sexuelle Begehren nicht im Orgasmus »vergeudet«, sondern zurückgehalten und zur Leidenschaft gesteigert. Anders ausgedrückt: weil das sexuelle Zentrum Zurückhaltung übte, strahlte das Begehren auf den ganzen Organismus aus und übertrug die Atmosphäre des sexuellen Empfindens auf jede Phase der Beziehung zwischen den Partnern. Dadurch wurde die sexuelle Anziehung personalisiert. Sie war nicht mehr ein Verlangen nach »*der* Frau«, sondern nach einer bestimmten Frau, deren ganzer Leib und täglicher Umgang mit ihrem Liebhaber von der zurückgenommenen und alles überstrahlenden Begierde »durchtränkt« war. So wurde die Geliebte zu einer Idealgestalt erhöht. Sie war mehr als eine bloße Frau. Sie wurde zur Göttin, zum Bildnis des Göttlichen stilisiert.

Nachdem sie eine Zeitlang von der offiziellen Kirche unterdrückt worden war, tauchte diese Praxis im zwölften Jahrhundert in Europa wieder auf, diesmal in Form der Lehre der Katharer und der höfischen Minne. Die Frauen waren hier nicht nur oder nicht in erster Linie Jungfrauen, sondern verheiratete Damen, oft die Gemahlinnen von Feudalherren, mit denen die jungen Ritter das Band der *Minne* knüpften. Dies war, so schien es, eine »ideale« oder »sexuell reine« Liebesbeziehung, in der das sexuelle Gefühl in die Huldigungen und ritterlichen Dienste verwandelt wurde, die man von einem *Edelmann* einer Dame gegenüber erwartete. Diese Beziehungen bilden das Thema des Minnesangs, der eine der wichtigsten Quellen der späteren weltlichen Dichtung in Europa und die Grundlage der westlichen Vorstellung der idealen oder romantischen Liebe wurde.

Die Historiker sind sich nicht einig darüber, ob diese Beziehungen wirklich »ideal« oder einfach ein Deckmantel für raffinierten Ehebruch oder Unzucht waren. Auf das letztere deuten die zahlreichen Hinweise auf Liebkosungen und Umarmungen des nackten Leibes der geliebten Dame in der poetischen Literatur. Gleichzeitig finden wir ebenso viele Hinweise auf die Notwendigkeit, die sexuelle Vereinigung zu vermeiden, denn wie ein Dichter sagte: »Wer seine Dame ganz zu besitzen wünscht, weiß nichts von Minne.« Obgleich es keinen unmittelbaren Beweis dafür gibt, legt die Zweideutigkeit der Anspielungen die Vermutung nahe, daß die Beziehung oft bis zum *coitus reservatus* oder, um einen anderen Ausdruck zu gebrauchen, bis zu *karezza* ging, der anhaltenden sexuellen Vereinigung ohne Orgasmus auf seiten des Mannes.

Ob nun *karezza* praktiziert wurde oder nicht, es liegt auf der Hand, daß die höfische Minne eine kontemplative Form der Sexualität im Unterschied zur aktiven einführte, analog zur religiösen Unterscheidung zwischen kontemplativem und aktivem Leben. Denn das Ideal des Minnesängers oder Troubadours war es zumindest, die unverhüllte Gestalt seiner Dame schauen und verehren zu dürfen. In dieser Hinsicht hatten die Minnesänger ein Element der sakralen Liebe erfaßt, einer

Liebesbeziehung also, die dem kontemplativen Leben entspricht. Es sei nochmals betont, daß das kontemplative Leben nicht mit dem reinen klösterlichen Leben zu verwechseln ist, obwohl es dieses manchmal einschließt. Im wesentlichen ist das kontemplative Leben der Gipfel spiritueller Erkenntnis – die Vision oder *theoria* Gottes –, die alle gewöhnlichen und praktischen Tätigkeiten durchdringt. Ebenso möchte der Minnesänger sich in die Anschauung seiner Dame versenken und sein ganzes Leben durch den Hauch ihrer Anwesenheit verklären.

Obwohl die höfische Liebe von einzelnen Vertretern des Klerus übernommen wurde und die Minne-Beziehung oft kirchliche Weihen erhielt, wurde der Kult jedoch schließlich ein Opfer der grausamsten Verfolgung, die vor der Reformation von der Kirche ausging. Als die Dominikaner gegen die Katharer und Albigenser zu Felde zogen, wollten sie anstelle der idealisierten Dame als Gegenstand ritterlicher Verehrung die Jungfrau Maria einsetzen. Doch die Verfolgung konnte den Prozeß, durch den die christliche Ehe in das Ideal der Erfüllung romantischer Liebe verwandelt wurde, nicht mehr rückgängig machen, und in späterer Zeit übernahm die Kirche selbst dieses Ideal. Daher unterscheidet sich die moderne katholische Auffassung der christlichen Ehe so radikal von der des patristischen Zeitalters, eben weil sie so viel von dem Grundgedanken der höfischen Minne aufgenommen hat. Dies, und nicht die seltenen Anspielungen darauf in den Evangelien und beim Apostel Paulus, sind die wahre Wurzel unserer heutigen christlichen Lehre von der ehelichen Liebe. Wenige katholische Theologen würden heute die Ehe als eine bloße Einschränkung der sexuellen Beziehungen auf eine Frau zum Zweck der Zeugung christlicher Kinder betrachten. Jetzt geht es vielmehr um die Idee, eine Frau als Person, als *diese* Frau, und nicht einfach als »Frau« zu lieben, denn dadurch erhält sie eine Analogie zur Liebe Gottes, die wir uns als seine ewige Treue zu jedem individuellen Menschen vorstellen.

Ohne Zweifel ist diese moderne Auffassung des heiligen

Sakraments der Ehe ein ungeheurer Fortschritt gegenüber der früheren Auffassung, die nichts weiter war als eine starre Beschränkung auf die arrangierte Ehe und eine vollständige Verurteilung der sexuellen Gefühle. Aber sie ist immer noch ein Zerrbild der sakralen Liebe, weil die Kirche unfähig ist, zwischen dem Profanen und dem Sakralen zu unterscheiden; sie erklärt sie als miteinander unvereinbar, also zu Dingen gleicher Art.[8]

Einer der besten Apologeten des modernen Ideals des Ehesakraments ist der katholisch denkende Protestant Denis de Rougemont, dessen bedeutendes Werk *L'amour et l'Occident* eine glänzende Erhellung sowie ein gründliches Mißverständnis der Unterschiede zwischen der sakralen und profanen Liebe darstellt. Im wesentlichen besagt seine These, daß die reife sexuelle Liebe eine totale Hingabe an die ganze Person des anderen Menschen sei, im Unterschied zur körperlichen Lust oder Leidenschaft, die er als ein Verliebtsein in die Liebe beschreibt. Insbesondere die Leidenschaft sei in die subjektiven Gefühle vernarrt, die durch das Hinauszögern des Sexualverkehrs mit einer idealisierten Frau geweckt würden. Doch sicher hat er unrecht, wenn er meint, daß die Leidenschaft, wie

---

[8] Es gibt noch weitere lehrreiche Beispiele für diese Verwirrung. So dient der Ausdruck »Person«, ursprünglich die *per-sona* oder die im antiken Drama vom Schauspieler zur Charakterisierung seiner Rolle getragene Lautsprecher-Maske, zur Bezeichnung der grundlegenden spirituellen Wirklichkeit sowohl des Menschen als auch Gottes. Dem Menschen eignet spirituelle Würde, weil er Person ist, so wie Gott aus drei Personen besteht. Person ist aber streng genommen das, was man als Maske oder Rolle auf der gesellschaftlichen und konventionellen Ebene darstellt. Das Wort, welches das Ich hätte bezeichnen sollen, wird für das Selbst *(atman)* oder den Geist *(pneuma)* gebraucht, der in anderen Traditionen als überindividuell gilt. So kommt es zu der christlichen Identifizierung des Geistes mit dem Ich und der Unfähigkeit zu erkennen, daß der Mensch viel mehr ist als das Ich, daß sein wahres, tiefstes Selbst göttlich ist. Ein anderes Beispiel ist der Zölibat der *weltlichen* Priester, in dem sich die Verwechslung der priesterlichen *Kaste* (profan) mit den kastenlosen (heiligen) Kontemplativen zeigt – mit den Mönchen und Eremiten, die den weltlichen (oder sozialen) Stand (oder ihre Kaste) aufgegeben haben. Wie wir gesehen haben, wird die Sache noch schlimmer dadurch, daß das Aufgeben des Standes mit dem Aufgeben der Natur gleichgesetzt wird.

sie von den Minnesängern kultiviert wurde, auf eine Stufe zu stellen sei mit reiner Erotik oder »heidnischer Liebe«, im Gegensatz zu seinem Ideal der Ehe. Denn er sieht in den beiden ersteren eine Einstellung zur Frau, in der diese nur der Vorwand für eine Ekstase ist, sei es nun durch eine sich selbst frustrierende Leidenschaft oder eine sich selbst nachgebende Begierde. Doch das Problem ist nicht so einfach, denn das neuzeitliche Christentum hat eben aus der höfischen Minne die Vorstellung gewonnen, daß im heiligen Stand der Ehe die sexuelle Liebe sich vollkommen mit der personalen Liebe vereinen könne.

Wir wiederholen noch einmal, daß während der ersten christlichen Jahrhunderte die Heiligung der sexuellen Gefühle ein unbekannter Begriff war. Der Geschlechtsverkehr zwischen Eheleuten war insofern rein, als er auf einen kurzen physischen Kontakt zum Zweck der Zeugung beschränkt blieb. Die Frau wurde insofern geliebt und verehrt, als sie eine unsterbliche Seele besaß und daher so gut war wie jeder *Mann*. Doch die Begierde nach dem eigenen Weibe grenzte förmlich an Ehebruch. So lernten die Christen von den Manichäern und Katharern die Kunst, das sexuelle Begehren zu personalisieren, das heißt, die Befriedigung der drängenden Lust vorzuenthalten, so daß die sexuellen Gefühle sich nicht nur auf die subpersonalen Organe und Glieder der Frau richteten, sondern auf ihre gesamte Persönlichkeit. Die neuzeitliche Auffassung der Ehe ist daher eine mittlere Position zwischen dem frühchristlichen und dem höfischen Ideal, da sie genügend Leidenschaft oder Lustverzögerung gestattete, um die Beziehung zu personalisieren, und da sie im Gegensatz zu den Katharern den männlichen Orgasmus erlaubte, um Kinder zu zeugen und zu verhindern, daß die Leidenschaft zum Selbstzweck wurde. Die historischen Wurzeln dieser Auffassung sind jedoch nicht rein christlich.

Trotzdem ist dieser Ehebegriff weit davon entfernt, die Möglichkeiten der sexuellen Beziehung auf einer sakralen Ebene zu erkennen. Dies geht aus der Tatsache hervor, daß de

Rougemont das sakrale Element der Ehe mit der Treue zum legalen oder profanen Kontrakt zwischen den Partnern identifiziert. In seinen Augen liegt die ganze Würde und Verantwortlichkeit des personalen Vollzugs in der Willensstärke – in der Fähigkeit, zu seinem *Wort* zu stehen, in der unwiderruflichen Entscheidung des Paares, ein vertragliches Versprechen gegen alle nichtverbalen, natürlichen, fleischlichen oder gefühlsmäßigen Widerstände einzuhalten. Dies ist, wie er bekennt, etwas Absurdes, das jeder praktischen Vernunft widerspricht, aber darin besteht eben die göttliche Absurdität des Christentums, von der Tertullian sagte: *Credo quia absurdum est,* »Ich glaube, weil es absurd ist.«

Ich verzichte auf jede rationalistische und hedonistische Apologie und möchte nur von einem Gelöbnis sprechen, das *kraft des Absurden* eingehalten wird; das heißt, einfach deshalb, weil es gelobt wurde und weil es ein Absolutes ist, durch das der Gatte und die Gattin sich in ihrem Personsein verwirklichen. ... Ich behaupte, daß eine so verstandene Treue das beste Mittel ist, das wir besitzen, um Personen zu werden. Die Person drückt sich im Werden aus. Das Personhafte in jedem von uns ist eine Wesenheit, die wie ein Kunstwerk aufgebaut ist, dank seiner Formbarkeit und aufgrund derselben Bedingungen, mit denen wir Dinge aufbauen. Weder die Leidenschaft noch die ketzerische Lehre, der sie entsprang, hätten den Glauben inspirieren können, daß die Kontrolle der Natur das Ziel unseres Lebens sein solle.[9]

Hier haben wir *in nuce* die ganze Geschichte der Identifizierung des Absoluten, des Persönlichen und des Göttlichen als etwas Künstliches im Gegensatz zur Natur. Die ursprüngliche Bedeutung von *persona,* Maske, ist in der Tat ein Konstrukt, eine Form von *maya* im wahren Sinn des Wortes. Doch eben deshalb hätte man sie vom Göttlichen und Absoluten unterscheiden müssen. Denn das Göttliche, das Wirkliche, ist kein Konstrukt, sondern die natürliche, nichtverbale und unbeschreibliche Ordnung *(li),* aus der die Konstruktion hervorgeht und der sie

---

[9] De Rougemont, zitiert nach der englischen Ausgabe (Bibl.), S. 307f.

untergeordnet ist. Wenn man das Prinzip des Künstlichen und Konstruierten außerhalb und gegen die Natur setzt, würde man damit das Universum auf eine Weise zerreißen, daß die Kluft nur durch die totale Unterwerfung der Natur unter den Willen und dessen gesetzlich befugte Gewalttätigkeit zu überbrücken wäre. Eine solche Ansicht der Göttlichkeit des Gesetzes und des Wortes führt zu dem Konzept eines Ehekontraktes, in dem der Mensch für den Sabbath und nicht der Sabbath für den Menschen geschaffen ist. Denn dem Menschen wird nur insofern Persönlichkeit und geistige Würde zugebilligt, als er sich unwiderruflich einem absoluten Gesetz unterwirft. So wird Treue mit restlosem Mißtrauen gegen das eigene Selbst verwechselt, denn nach dieser Auffassung ist dem menschlichen Organismus nur in dem Maße zu trauen, als er sich einem Gesetz verpflichtet, das er selbst erfunden hat, dessen Ordnung und Struktur dem Organismus jedoch weit unterlegen ist.

Aus diesem Grund erhob Konfuzius *jen* oder den »Besitz eines menschlichen Herzens« zu einer viel höheren Tugend als *i* oder »Rechtschaffenheit«, und weigerte sich, das erstere Prinzip klar zu definieren. Denn der Mensch kann seine Natur nicht definieren oder in Gesetze einzwängen. Er kann dies nur auf Kosten seiner Identifizierung mit einem abstrakten und unvollständigen Bild seiner selbst tun, also einem mechanischen Prinzip, das qualitativ weniger ist als der Mensch. So vertrat Konfuzius die Ansicht, daß den menschlichen Leidenschaften und Gefühlen auf lange Sicht mehr zu trauen sei als den von Menschen gemachten Prinzipien von Recht und Unrecht und daß der natürliche Mensch in höherem Maße Mensch sei als der konzipierte Mensch, die konstruierte Person. Prinzipien sind etwas Vorzügliches und in der Tat Notwendiges, wenn sie durch das menschliche Herz, durch den Sinn für das rechte Maß und den dazugehörigen Humor abgemildert werden. So ist zum Beispiel ein Krieg weniger destruktiv, wenn er aus Habsucht, als zur Rechtfertigung ideologischer Prinzipien geführt wird, denn die Habsucht zerstört nicht, was sie zu besitzen trachtet, während der Kampf um ein Prinzip ein abstraktes Ziel hat und ohne Rücksicht auf die humanen Werte des Lebens, des Leibes und Eigentums vorgeht.

Eiferer und Fanatiker aller Art rebellieren gegen die konfuzianische Vernunft mit ihrer Kompromißbereitschaft und ihrem weisen Humor. Sie halten sie für unehrenhaft und zahm, weil ihr der Heroismus und das Feuer der unwiderruflichen Verpflichtung auf ein Prinzip fehlt. – Genau dies ist die Gesinnung der chinesischen Kommunisten, die gegenwärtig versuchen, die konfuzianische Tradition zu zerstören.[10] Doch vom konfuzianischen Standpunkt ist das auf ein Prinzip eingeschworene Zelotentum nicht nur die großspurige Gebärde eines törichten Heroismus, sondern auch eine völlige Gefühllosigkeit gegenüber dem inneren Empfinden und der subtilen Intelligenz der natürlichen Ordnung. »Der überlegende Mensch«, sagt Konfuzius in den Analekten, »geht ohne vorausgeplantes Tun und ohne Tabu durchs Leben. Er entscheidet nur für den Augenblick, was zu tun ist.«[11]

Von unserem Standpunkt wäre eine solche Regel ein Bekenntnis zu launenhaftem Handeln und zu Unordnung, denn wir meinen immer, daß wir dann, wenn das Damoklesschwert künstlicher Gesetze nicht über unserem Haupte schwebt, in unsere »ursprüngliche« und »natürliche« Verdorbenheit zurückfallen werden, als ob wir unter der »Tünche« der Zivilisation wirklich so verdorben wären. Doch das sind wir unserem Wesen und unserem Ursprung nach nicht wirklich. Das sind wir »hinter der Bühne«, was nicht mehr Wirklichkeit besitzt, wie wir gesehen haben, als das, was wir »auf der Bühne« sind. Unziemliche Unordnung ist denn auch das letzte, was man den Anhängern der konfuzianischen und taoistischen Philosophie vorwerfen könnte, die immerhin die Grundlage für

---

[10] Vgl. Arthur F. Wright, »Struggle versus Harmony: Symbols of Competing Values in Modern China«, in Bryson, et al., *Symbols and Values*, S. 589–602, Harper, New York 1954.

[11] Vgl. de Rougemont, S. 308: »Das bei der Eheschließung ausgetauschte Versprechen ist im eigentlichen Sinn eine *ernsthafte* Handlung, weil das Versprechen ein für allemal gegeben wird. Nur das Unwiderrufliche ist ernsthaft!«

eine der stabilsten Gesellschaftsformen der Welt geschaffen haben.

Jetzt dürfte klar geworden sein, daß wir das Wesen der sakralen Liebe in der Analogie zu anderen Aspekten des sakralen oder kontemplativen Lebens suchen müssen. Zunächst aber mußte deutlich werden, daß das Sakrale in keiner Konkurrenz zum Profanen steht, als sei beides von gleicher Art. Mit anderen Worten, das Sakrale steht über der begrifflichen und konventionellen Ordnung der Dinge, und daher bekämpft es sie weder, noch vermeidet es sie und strebt nicht danach, sie zu beherrschen. Das hat es gar nicht nötig, denn es gehört einer höheren Ordnung an, aus der jene hervorgehen und der sie letztlich immer untergeordnet sind. Daher verwandelt sich jeder Versuch, sich der Sexualität zu entziehen, in Lüsternheit. »Tao ist das, von dem man nicht einen Augenblick abweichen kann. Das, von dem man abweichen kann, ist nicht das Tao.«[12] Im spontanen Leben geht das menschliche Bewußtsein von der Haltung angespannter, willkürlicher Aufmerksamkeit zu *kuan* über, der Haltung weit geöffneter Aufmerksamkeit oder Kontemplation. Diese Haltung ist die Grundlage einer »weiblicheren« und empfänglicheren Einstellung zur Liebe, die aus diesem Grunde rücksichtsvoller gegenüber Frauen ist. Es dürfte deutlich geworden sein, daß die meisten Verhaltensweisen, die wir bisher erörtert haben, in einseitiger und geradezu lächerlicher Weise männlich waren. Von denjenigen abgesehen, die *karezza* praktizieren, wissen die meisten nichts vom weiblichen Orgasmus, der für den Zweck der einfachen Zeugung so gut wie irrelevant ist. Sie befassen sich daher ausschließlich mit Recht und Unrecht der sexuellen Lust des Mannes und darüber hinaus mit einer rein männlichen Sicht der Dinge, die einseitig aggressiv, dominierend und besitzergreifend ist. Kurz gesagt, es sind Versuche, Regeln für das Geschlechtsleben aufzustellen durch Leute, die äußerst wenig davon verstehen.

[12] Chung-yung, I.

196

Unter der Idee der Gleichheit in der sakralen Sphäre hat man oft ein Verschwinden der Sexualität verstanden, da der Apostel Paulus verkündete, daß es in Christus weder Männliches noch Weibliches gebe, und Jesus sagte, daß es im Himmel weder Ehen gebe, noch Ehen geschlossen würden. Doch der letztere Ausspruch bedeutet lediglich, daß der Himmel, die sakrale Sphäre, über den sozialen Institutionen der profanen Sphäre steht. Umgekehrt erteilt der säkulare Begriff der sexuellen Gleichheit den Frauen einfach die Erlaubnis, sich wie Männer zu verhalten, so daß beide, der kirchliche wie der weltliche Begriff, eher eine Absage an die Sexualität als sexuelle Gleichheit sind. Wahre sexuelle Gleichheit sollte sexuelle Erfüllung bedeuten, in der die Frau ihre Männlichkeit durch den Mann und der Mann seine Weiblichkeit durch die Frau verwirklicht. Denn das »rein« Männliche und das »rein« Weibliche haben nichts gemeinsam, und zwischen ihnen kann es keine Kommunikation geben. Sie sind Stereotypen und Entartungen unserer Kultur. Was ein *wirklicher* Mann und eine *wirkliche* Frau ist, bleibt immer unbegreiflich, da ihre Wirklichkeit in der Natur, und nicht in der Welt der Worte und Begriffe liegt.

Sexuelle Gleichheit setzt daher ein Geschlechtsleben voraus, das von Definitionen des Männlichen und Weiblichen frei ist, aber sich nicht gegen sie stemmt. Es setzt voraus, daß das Paar es nicht nötig hat, in seiner Liebe zueinander Rollen zu spielen, sondern daß es in eine Beziehung tritt, für die wir die Worte entlehnen, die der heilige Augustinus in anderem Zusammenhang gebrauchte: »Liebe – und tu, was du willst.« Vorausgesetzt, daß die Partner einander mit einer offenen Haltung gegenseitiger Rücksicht begegnen, sind sie in einer Situation, in der ohne Einschränkung »alles geht«.

Das Rollenspiel läuft so automatisch ab, daß wir nur selten bemerken, wie sehr es unser Leben durchdringt, und wir verwechseln seine Attitüden leicht mit unseren natürlichen und echten Neigungen. Das geht so weit, daß die Liebesbeziehung häufig viel mehr »Theater« ist als irgend etwas anderes. Die

Liebe ist oft ein Scheingefühl, das wir meinen, empfinden zu müssen. Man glaubt, ihr Vorhandensein an bestimmten geläufigen Symptomen feststellen zu können, die Männer und Frauen voneinander erwarten, und die wir sehr geschickt nachzuahmen verstehen, so daß die rechte Hand nicht weiß, was die linke tut. Von Liebenden wird erwartet, daß sie aufeinander eifersüchtig sind. Der Mann soll als Beschützer auftreten, und die Frau soll eine gewisse Hilflosigkeit zur Schau tragen. Im Ausdruck der Liebe soll der Mann die Initiative ergreifen, und die Frau soll sehnsüchtig auf seine Zuwendung warten. Ein bestimmter Typ des Gesichts, der Stimme und der Figur gelten als besonders liebenswert oder sexuell erregend, und der intime Ablauf des Geschlechtsverkehrs besteht in Ritualen, in denen der Mann aktiv und die Frau passiv zu sein hat und in denen die verbalen und symbolischen Äußerungen der Liebe an einen äußerst beschränkten Rahmen gebunden sind.

Das ist noch nicht alles, denn Rollen sind in andere Rollen eingebettet wie die Schalen einer Zwiebel. Der Mann, der seiner Frau gegenüber den Ehemann spielt, kann auch den Sohn gegenüber der Mutter spielen, und die Frau die Tochter gegenüber dem Vater. Oder man läßt das übliche Rollenspiel bewußt fallen, um die Rolle der »Natürlichkeit«, »Aufrichtigkeit« oder »Emanzipiertheit« zu übernehmen. Sogar Lüsternheit kann im Unterbewußtsein gepflegt werden, so daß der Mann sich versichern darf, daß er wirklich ein Mann ist und von den Frauen die Lustgefühle und die sinnliche Erregung geliefert bekommt, die ihm von der Erwartung der Gesellschaft her zustehen. Allzu oft lassen wir uns auf das Liebesspiel ein, um zu beweisen, daß wir liebenswert sind, das heißt, daß wir uns mit einer Rolle identifizieren *können,* die von der Konvention gebilligt wird.

Jeder, der sich seines Rollenspiels bewußt wird, entdeckt sehr schnell, daß sein Verhalten in fast *jedem* Bereich von Rollen geprägt ist, daß er sein wahres Selbst nicht finden kann und nicht weiß, wie er sein echtes Wesen ausdrücken soll. Er wird gehemmt und in seinen Beziehungen blockiert, denn er befindet sich in der Zwangslage des »double bind«, aus der es keinen Ausweg gibt. So gerät er in einen Zustand vollkommener Lähmung, wenn er sich in die Meinung verbohrt, daß es eine »richtige« Handlungsweise und ganz bestimmte Gefühle gibt, die sein wahres Selbst ausmachen. Wo er die spezifische Wahrheit über sich selbst zu finden hoffte, fand er Freiheit und hielt sie fälschlich für ein Nichts. Denn die menschliche Freiheit enthält zwar eine Ordnung, aber es ist die nichtlineare Ordnung des *li* oder Tao, die sich jeder Klassifizierung und jeder Identifizierung mit einer bestimmten Rolle entzieht. Wenn er in seiner Zwangslage an diesen Punkt gekommen ist, muß er deshalb warten und zusehen, was sich von selbst, spontan ereignet. Dann wird er finden, daß die Wege, die ihm früher versperrt waren, nun plötzlich alle offen sind. Er kann alle Rollen spielen, so wie in der hinduistischen Mythologie das wahre Selbst als die Gottheit dargestellt wird, die in der Mannigfaltigkeit der irdischen Geschöpfe in Erscheinung tritt. Genau genommen, stimmt es nicht ganz, daß man darauf *warten* muß, daß etwas spontan geschieht. Denn das Herz schlägt ja, der Atem geht auf und ab, und alle Sinne nehmen wahr. Eine ganze Welt der Erfahrung kommt dem Organismus ganz von selbst, ohne die geringste Anstrengung, entgegen. Diese Erfahrungen nehmen wir nicht wirklich passiv auf; sie sind bereits spontanes *Handeln*. Wenn dieses Tun als solches beobachtet und wahrgenommen wird, mündet es ganz natürlich in weiteres Tun. Dagegen findet eine Blockierung statt, wenn dieses Tun ignoriert und seine scheinbare Passivität so gesehen wird, als ob »nichts geschähe«. Möglicherweise geschieht nicht das, was man erwartet hatte, aber das Erwartete neigt immer dazu, forciert anstatt spontan zu sein. Das beständige Tun der spontanen Erfahrung, die, als ein Wirken betrachtet, die Schöpfung der Welt durch den Organismus und die Schöpfung des Organismus durch die Welt ist, bestimmt die Grundlage und die Art und Weise des Handelns, aus der die Liebe und ihre Ausdrucksformen wachsen können. In dieser offenen, nicht zupackenden Art des Erkennens wird der

Geliebte, das Du, nicht in Besitz genommen, sondern vielmehr mit der ganzen Fülle und Herrlichkeit einer unerwarteten Überraschung vom Selbst empfangen.

In fast allen Kulturen ist die Liebe ein intimes Verhältnis zwischen zwei bestimmten Menschen, in dem die Konventionen, die andere Beziehungen bestimmen, keine Gültigkeit haben. Schon dadurch wird das Sakrale, nicht das Profane angerufen, und das Ablegen der Kleider vor dem Geliebten ist bereits ein Zeichen, daß man die Maske fallen läßt und aus seiner Rolle heraustritt. Nur eine Gesellschaft, die zum Sakralen durchaus keinen Zugang mehr hat, konnte das Tabu, die Heimlichkeit der Liebe, als einen Deckmantel für den bedauerlichen, aber notwendigen Rückfall in animalisches Verhalten ansehen. Von einer Kultur, die den Geist als einen Gegensatz zur Natur begreift, und die versucht, die Ordnung der Natur durch die Ordnung des Wortes zu beherrschen, ist füglich nichts anderes zu erwarten. Für eine solche Mentalität ist die Identifizierung der Sexualität mit dem Sakralen eine weitaus ernstere Bedrohung als die krasseste und gemeinste Unzucht. Ihre Zensur kann die Sexualität so lange tolerieren, als sie der Gegenstand »schmutziger« Witze ist oder auf der physiologischen Ebene eines medizinischen Jargons abgehandelt wird; solange sie, mit anderen Worten, soweit wie möglich vom Sakralen entfernt gehalten wird. Die Assoziation der Sexualität mit dem Sakralen beschwört tiefsitzende Ängste, abergläubische Phantasien und den Verdacht, daß sie etwas mit Satanismus und den unheimlichen Praktiken der schwarzen Magie und dem »Weg der linken Hand« zu tun haben.

Wenn jedoch die Vereinigung der Liebenden bereits einen symbolischen Übergang vom Profanen zum Heiligen, von der Rolle zur Realität darstellt, dann ist diese Beziehung besonders geeignet für die Verwirklichung einer Befreiung von *maya*. Das kann aber nur eintreten, wenn Geist und Sinne der Beteiligten sich in einem Zustand offener Aufmerksamkeit befinden, in dem die Natur in ihrer unbekannten Realität aufgenommen wird, da die beschränkte oder angespannte Aufmerksamkeit nur ihre eigene Projektion des ihr Bekannten wahrnehmen kann. Diese Sphäre ist der ideale Nährboden für die Art von Bewußtsein, die Freud in der Psychoanalyse für wesentlich ansah:

> Sowie man nämlich absichtlich seine Aufmerksamkeit bis zu einer gewissen Höhe anspannt, beginnt man auch unter dem dargebotenen Material auszuwählen; man fixiert das eine Stück besonders scharf, eliminiert dafür ein anderes, und folgt bei dieser Auswahl seinen Erwartungen oder Neigungen. Gerade dies darf man aber nicht; folgt man bei der Auswahl seinen Erwartungen, so ist man in Gefahr, niemals etwas anderes zu finden, als was man bereits weiß; folgt man seinen Neigungen, so wird man sicherlich die mögliche Wahrnehmung fälschen.[13]

Es wird für gewöhnlich angenommen, daß Liebende mehr als andere Menschen sich gegenseitig in einem unrealistischen Licht sehen und daß ihre Begegnung nichts als die gegenseitige Projektion überspannter Ideale ist. Wäre es aber nicht möglich, daß die Natur ihnen zum ersten Mal die Augen für das Wesen eines Menschen öffnet und daß die darauf folgende Ernüchterung nicht das Verblassen eines Traums vor der Wirklichkeit ist, sondern die Strangulation der Wirklichkeit durch eine zu heftige Umarmung?

[13] S. Freud (2), S. 377.

8 Der Vollzug der Liebe

Die Liebe bringt uns die reale, nicht nur die ideale Wesens-schau eines anderen Menschen, weil sie uns ermöglicht, in das Leibwesen einzudringen. Denn was normalerweise Leib ge-nannt wird, ist eine bloße Abstraktion. Es ist die konventionel-le Fiktion eines Objekts außerhalb seiner Beziehung zum Weltganzen, ohne die es nicht die geringste Realität besitzt. Aber das geheimnisvolle, spontane Erwachen der Liebe ist die Erfahrung einer ganzheitlichen Beziehung zu einem anderen Menschen, die nicht nur unsere Schau des Geliebten, sondern unsere Sicht der ganzen Welt verwandelt. Das bleibt so, bis die Beziehung selbst durch die Angst des besitzergreifenden Geistes abstrahiert wird, der sie vor dem übrigen Leben als sein Eigentum bewahren will.

Das Leibhafte und Körperliche darf nicht mit der Welt der atomaren und getrennt existierenden Entitäten verwechselt werden, und körperliche Vereinigung ist mehr als das augenfäl-lige Verwachsensein siamesischer Zwillinge. Wir müssen er-kennen, daß die physische Realität einer Beziehung zwischen Organismen ebenso viel »Substanz« besitzt wie die Organis-men selbst, wenn nicht noch mehr. So viel die Lehre von der Ehe auch zu wünschen übrig läßt, so hat die christliche Kirche doch völlig recht, wenn sie sagt, daß Mann und Frau *ein* Fleisch sind. Es ist ebenso richtig, die Mitglieder der Kirche als *Leib* Christi zu bezeichnen, insbesondere dann, wenn wir die Kirche als einen Erkenntnisprozeß betrachten, durch den wir das ganze Weltall als den Leib Christi erfassen, denn dies ist die eigentliche Bedeutung der Inkarnationslehre.[1]

Um so merkwürdiger ist es, daß die konventionelle Spiritualität

---

[1] So sagt Kyrillos von Alexandria in seiner *Epist. ad Rom.*, VI, daß in gewissem Sinn das Fleisch Christi »die ganze Natur in sich enthält, ebenso wie die ganze Natur den Fluch Adams wie eine Krankheit auf sich nahm, als er der Verdammung anheimfiel.«

die körperliche Vereinigung von Mann und Frau als die fleischlichste, animalischste und entwürdigendste Phase menschlicher Aktivität verwirft und dadurch das Ausmaß ihrer falschen Wahrnehmung und ihrer Fehldeutung der natürlichen Welt verrät. Sie verwirft die konkreteste und kreativste Form der Beziehung des Menschen zur Welt außerhalb seines Organismus, denn es geschieht durch die Liebe einer Frau, daß er nicht nur inbezug auf sie, sondern auch inbezug auf alles andere sagen kann: »Das ist mein Leib.«

Trotz der christlichen intuitiven Erkenntnis der Welt als Leib Christi galt das natürliche Universum als von Gott getrennt, ja, ihm entgegengesetzt, weil es nicht als ein Leib erfahren wurde. Weil die natürliche Welt lediglich als eine Vielzahl vergänglicher Körper betrachtet wurde, scheint sie begrenzt und von etwas anderem abhängig zu sein, das nicht sie selbst ist. Kein Teil von ihr hat Bestand, kein Teil *ist* Sein, sondern *hat* nur Sein, und wenn das Ganze nur die Summe seiner Teile ist, kann es nicht aus sich selbst existieren. Doch das alles kommt daher, daß wir übersehen haben, daß individuelle Körper nur *Termini*, Endpunkte einer Beziehung sind – kurzum, daß die Welt ein System untrennbarer Beziehungen und nicht ein reines Nebeneinander von Dingen ist. Die verbale, bruchstückhafte und analytische Wahrnehmungsweise hat uns blind für die Tatsache gemacht, daß Dinge und Ereignisse nicht getrennt voneinander existieren. Die Welt als ein Ganzes ist größer als die Summe ihrer Teile, weil die Teile nicht einfach addiert und zusammengeworfen werden können, sondern zueinander in Beziehung stehen. Das Ganze ist ein Gefüge, das bestehen bleibt, während die einzelnen Teile kommen und gehen, so wie der menschliche Körper ein dynamisches Gefüge ist, das fortdauert trotz des rapiden Entstehens und Vergehens der einzelnen Zellen. Das Gefüge existiert selbstverständlich nicht körperlos, getrennt von seinen individuellen Formen, sondern gerade durch ihr Kommen und Gehen, ebenso wie ein Felsblock durch die strukturierte Bewegung und Schwingung seiner Elektronen seine Festigkeit erhält.

Die naive philosophische Denkweise, auf der die westliche Theologie beruht, nahm an, daß alles, was sich bewegt, nicht voll existiere, da die wahre Existenz stabil und statisch sein müsse. Wir sehen heute, daß Sein und Bewegung, Masse und Energie voneinander nicht zu trennen sind, und brauchen nicht mehr anzunehmen, daß das, was sich bewegt und verändert, eine unzulängliche Form der Wirklichkeit sei. Wir erkennen, daß das Ewige das Vergängliche *ist,* denn das wechselnde Panorama der sinnlichen Erfahrung ist nicht nur die Summe von Dingen, die auftauchen und wieder verschwinden, sondern ein stabiles Gefüge oder Bezugssystem, das sich in bzw. durch die vergänglichen Formen manifestiert. Unsere Schwierigkeit besteht darin, daß das menschliche Bewußtsein sich der Natur als ein aus Beziehungen bestehendes Ganzes nicht angepaßt hat. Wir müssen begreifen, daß das Bewußtsein weder eine isolierte Seele noch die bloße Funktion eines einzelnen Nervensystems ist, sondern eine Funktion der totalen Wechselbeziehung zwischen den Sternen und Galaxien, die ein Nervensystem erst möglich macht. Wir müssen so weit kommen, daß wir *spüren,* was wir theoretisch als wahr erkennen, damit wir ein Verständnis unseres Selbst gewinnen, das mit unserem Wissen von der Untrennbarkeit der Teile in der Natur in Einklang steht.

Dann wird uns klar werden, daß das Bewußtsein nicht etwas ist, das wie phosphoreszierender Schaum aus dem Feuer oder von Felsmassen aufsteigt – eine späte Ergänzung zur Welt, die ihrem Wesen nach gefühllos und mineralisch ist. Das Bewußtsein ist vielmehr eine Entfaltung, eine »E-volution« dessen, was seit Urzeiten im Herzen des Weltalls der Planeten verborgen liegt. Denn auch ein Universum, in dem das Bewußtsein nicht mehr ist als eine statistische Wahrscheinlichkeit, ist immer noch ein Universum, das ein Bewußtsein voraussetzt. Nur durch den lebendigen Organismus kann die ganze Welt fühlen; nur durch die Augen sind die Sterne selbst Licht. Beziehung ist eine Art von Identität. Die Sterne und die menschlichen Augen sind nicht fremde Gegenstände, die durch ihre bloße Gegenüberstellung zueinander in Beziehung gesetzt wurden. Die Sonnen, Sterne und Planeten schaffen die Bedingungen, durch die und aus denen die Organismen entstehen können. Ihre spezifische Struktur setzt die Organismen auf eine Weise *voraus,* daß die Struktur des Universums völlig anders beschaffen wäre, wenn es keine Organismen gäbe, so daß die Organismen wiederum ein Universum von eben dieser Struktur voraussetzen. Nur wegen des zeitlichen Abstands und der ungeheuren Komplexität der Beziehungen zwischen Sternen und Menschen fällt es uns so schwer zu erkennen, daß sie einander bedingen, so wie Mann und Frau oder die beiden Pole der Erde sich gegenseitig bedingen.

Das Unvermögen, diese Wechselseitigkeit und die körperliche Einheit des Menschen mit der Welt zu begreifen, liegt sowohl der sinnlichen als auch der asketischen Haltung zugrunde. In der Gier nach Sinnenlust und ihrem Genuß als Zweck des Lebens drückt sich bereits eine Haltung aus, in welcher der Mensch eine Spaltung zwischen sich und seiner Erfahrung empfindet und letztere als etwas erlebt, was er ausbeuten und dem er nachjagen muß. Doch der so gewonnene Genuß ist immer fragmentarisch und unbefriedigend; der Asket reagiert darauf, indem er die Jagd nach der Lust aufgibt, aber nicht das Gefühl der Spaltung, die eigentliche Wurzel des Problems. Er verschärft die Spaltung noch, indem er dem Fleisch seinen Willen entgegensetzt, indem er sich auf die Seite des Abstrakten gegen das Konkrete stellt und auf diese Weise das Gefühl noch verstärkt, aus dem das Streben nach Genuß hervorging. Die asketische Spiritualität ist ein Symptom eben der Krankheit, die sie zu heilen sucht. Sensualität und konventionelle Spiritualität sind keine wirklichen Gegensätze; ihr Konflikt ist ein Scheingefecht, das die Partisanen einer einzigen »Verschwörung«[2] einander liefern.

---

[2] Vgl. die glänzende Darstellung von L. L. Whyte (Bibl.), Kap. 3, in der der Autor eine physiologische und historische Analyse der Ursprünge des Konflikts zu geben versucht. Ein geläufiges Beispiel für dieses Scheingefecht ist

Der Asket, ebenso wie der Sensualist, verwechselt die Natur und »den Körper« mit der abstrakten Welt getrennter Entitäten. Durch die Identifizierung mit dem isolierten Individuum fühlen sie sich innerlich unvollkommen. Der Sensualist versucht dieses Mangelgefühl dadurch wettzumachen, daß er Genuß oder Vollkommenheit in einer Welt erstrebt, die von ihm getrennt zu sein scheint und etwas, das ihm fehlt. Der Asket huldigt der Einstellung der »sauren Trauben« und macht aus dem Mangel eine Tugend. Beide scheitern, weil sie nicht zwischen Lust und dem Streben nach Lust, zwischen dem natürlichen Trieb oder Begehren und der Ausbeutung des Begehrens unterscheiden und daher nicht begreifen können, daß die Lust, der man nachjagt, keine wirkliche Lust ist. Denn Lust ist eine Gnade, die dem Befehl des Willens nicht gehorcht. Mit anderen Worten, sie ergibt sich aus der Beziehung des Menschen zu seiner Welt. Sie muß, ebenso wie die mystische Erfahrung, immer von selbst kommen: das heißt, daß eine Beziehung nur dann voll gelebt werden kann, wenn Geist und Sinne offen sind und keine Muskeln sein wollen, die sich krampfhaft an etwas klammern. In der sinnlichen Lust, die sich von selbst einstellt, ohne daß man nach ihr giert, ist nichts Entwürdigendes. Es gibt in der Tat keine andere Lust, und der Irrtum des Sensualisten besteht weniger darin, daß er etwas Böses tut, als daß er das Unmögliche versucht. Natürlich ist es möglich, die Muskeln einzusetzen für etwas, das einem Lust verschafft oder auch nicht, aber die Lust wird einem erst dann geschenkt, wenn die Sinne auf Empfangen, nicht auf Nehmen eingestellt sind. Aus diesem Grund dürfen sie nicht durch das Begehren gelähmt und starr ausgerichtet sein, aus einem Objekt einen Lustgewinn »herauszuholen«.

All dies gilt in besonderem Maße für die Liebe und die geschlechtliche Vereinigung von Mann und Frau. Deshalb ist

das Bündnis zwischen organisiertem Verbrechen und konservativen kirchlichen Kreisen zum Zweck der gesetzlichen Unterdrückung gewisser Arten des Lasters.

sie in so hohem Grad vergeistigt und mystisch, wenn sie sich spontan vollzieht, und so erniedrigend und frustrierend, wenn sie erzwungen ist. Aus diesem Grund stellt die sexuelle Liebe ein solches Problem in Kulturen dar, in denen der Mensch sich stark mit einer abstrakten, getrennten Wesenheit identifiziert. Das Erlebnis entspricht dann weder der Erwartung, noch erfüllt es die Beziehung zwischen Mann und Frau. Gleichzeitig gewährt es, wenn auch splitterhaft, Befriedigung genug, so daß die Befreiung, die es zu versprechen scheint, desto heftiger begehrt wird. Sex ist daher für sehr viele Menschen buchstäblich eine Religion, ein Lebensziel, das sie mit größerer Hingabe verfolgen als irgend etwas anderes. Konventionell religiösen Leuten erscheint diese Vergötzung des Sex als ein gefährlicher und durchaus sündhafter Ersatz für die Verehrung Gottes. Das kommt daher, daß die Sexualität, wie jede andere Lust, durch die Art, wie wir sie gewöhnlich verfolgen, niemals eine wirkliche Erfüllung sein kann. Aus diesem Grund ist sie *nicht* Gott, aber keineswegs deshalb, weil sie »nur physisch« ist. Die Kluft zwischen Gott und der Natur würde verschwinden, wenn wir die Natur wirklich erleben könnten. Was zwischen Gott und Natur steht, ist kein Wesensunterschied, sondern unser gespaltener Geist.

Wie wir gesehen haben, können die Probleme der Sexualität jedoch nicht auf ihrer Ebene gelöst werden. Die ganze Fülle der sexuellen Erfahrung offenbart sich nicht, wenn wir nicht eine neue Art und Weise finden, die Welt als Ganzes wahrzunehmen. Andererseits ist die sexuelle Beziehung ein Rahmen, in dem völlige Offenheit der Wahrnehmung verhältnismäßig leicht verwirklicht werden kann, weil sie so unmittelbar befriedigend ist. Sie ist die einfachste und überwältigendste Art der Vereinigung zwischen dem Selbst und einem anderen Menschen. Damit sie aber zu einer Initiation auf dem Weg zur Erkenntnis des »eines Leibes« des Universums werden kann, ist das erforderlich, was wir die kontemplative Geisteshaltung genannt haben. Dies ist nicht eine Liebe »ohne Begehren«, im Sinne einer Liebe ohne Lust, sondern eine Liebe, die nicht erzwungen und nicht willkürlich provoziert wird, um dem gewohnheitsmäßigen Gefühl der Leere des isolierten Ichs zu entfliehen.

Es ist nicht ganz richtig zu sagen, daß eine solche Beziehung weit über das »bloß Sexuelle« hinausgeht. Vielmehr ist es so, daß die sexuelle Berührung jeden Aspekt der Begegnung durchdringt und ihre Wärme auch auf die Arbeit und das Gespräch außerhalb des eigentlichen Liebesaktes überträgt. Die Sexualität läßt sich vom übrigen Leben nicht trennen. Ihre Ausstrahlung wirkt sich auf alle menschlichen Beziehungen aus, wenn sie auch in einem bestimmten Bereich eine besondere Intensität erlangt. Umgekehrt könnte man sagen, daß die Sexualität eine besondere Weise oder ein besonderer Grad der totalen gegenseitigen Durchdringung von Mensch und Natur ist. Ihre Lust gibt uns eine Vorahnung der meist unterdrückten Lust, die dem Leben selbst durch unsere wesenhafte, doch normalerweise unverwirklichte, Identität mit der Welt innewohnt.

Eine derartige Beziehung kann nicht so behandelt werden, als sei sie nur eine Frage der richtigen Technik, wie das in Handbüchern der Sexualhygiene geschieht. Es stimmt zwar, daß es im Taoismus und im tantrischen Buddhismus bestimmte sexuelle Techniken oder »Praktiken« gibt, doch sind diese wie die Sakramente die »äußerlichen und sichtbaren Zeichen einer inneren und geistigen Gnade«. Ihre Anwendung ist die Folge, nicht die Ursache einer bestimmten inneren Haltung, denn sie tritt fast natürlich bei Partnern auf, die ihre Liebe kontemplativ hinnehmen, wie sie eben kommt, und keinem bestimmten Lustgefühl nachjagen. Der sexuelle Yoga muß von einem Mißverständnis befreit werden, das alle Formen des Yoga, der spirituellen »Praxis« oder »Übung«, betrifft. Diese schlecht gewählten Worte legen die Vermutung nahe, der Yoga sei eine fortgeschrittene Methode, um bestimmte Resultate zu erreichen, und genau das ist er nicht.[3] Yoga bedeutet »Vereini-

[3] Siehe die ausgezeichnete Erörterung dieses Gedankens bei Guénon (Bibl.), S. 261–67.

gung«, das heißt, die Verwirklichung der inneren Identität des Menschen mit Brahman oder dem Tao. Das ist kein Ziel, zu dessen Erlangung es Mittel und Wege gibt, da es nicht zum Objekt des Begehrens gemacht werden kann. Der Versuch, es erreichen zu wollen, rückt es nur weiter in die Ferne. Yoga-»Praktiken« sind daher der sakramentale Ausdruck oder ein »Zelebrieren« dieser Vereinigung, ähnlich wie die Katholiken die Messe als Ausdruck des »vollständigen, vollkommenen und *hinreichenden* Opfers« Jesu Christi zelebrieren. Es bedarf der Mittel nicht für etwas, das bereits hinreichend ist. So ist die Kontemplation oder Meditation, die auf ein Ergebnis abzielt, weder Kontemplation noch Meditation, aus dem einfachen Grund, weil Kontemplation *(kuan)* ein Bewußtsein ohne Streben ist. Natürlich ist ein solches Bewußtsein konzentriert, aber es »praktiziert« nicht Konzentration, sondern ist auf das konzentriert, was ihr jeweiliges »ewiges Jetzt« ist.

Der sexuelle Yoga oder *maithuna,* wie der Terminus technicus lautet, ist als Gegenstand indischer Bildhauerkunst häufig anzutreffen, obwohl er im Zuge der Verbreitung des Buddhismus ursprünglich von China nach Indien gekommen sein soll. Abendländer, einschließlich Missionare und Theosophen, sowie unter deren Einfluß stehende Inder, haben natürlich die Ansicht verbreitet, daß diese Bildnisse pornographisch seien und daß der sexuelle Yoga eine perverse, unzüchtige Degenerationserscheinung östlicher Spiritualität darstelle. Eine solche Reaktion ist nur von einem Betrachter zu erwarten, dem die Vorstellung einer vergeistigten Sexualität etwas völlig Fremdes ist. Seriöse und verantwortungsbewußte Gelehrte wie Woodroffe, S. B. Dasgupta und Coomaraswamy haben gezeigt, daß derartige Bilder nicht nur keine pornographische Absicht haben, sondern vielmehr eine metaphysische Lehre und eine symbolische Bedeutung enthalten, die mindestens ebenso heilig ist wie das christliche Sakrament der Ehe. Denn die *maithuna*-Gestalten haben nichts mit wüsten rituellen Orgien zu tun. Es sind Sinnbilder der ewigen Vereinigung des Geistes mit der Natur und zugleich Darstellungen des Vollzugs der

kontemplativen Liebe zweier einander hingegebener Partner.[4]
Die tantrische *maithuna*-Praxis sowie ihr taoistisches Gegen-
stück beruhen auf der Grundvorstellung, daß die sexuelle
Liebe in eine heilige Handlung verwandelt werden könne, in
der die Partner füreinander eine Inkarnation des Göttlichen
sind. Vielleicht sollte diese Feststellung im Hinblick auf den
Buddhismus und Taoismus insofern modifiziert werden, als
beiden die Gottesverehrung im wesentlichen fremd ist und man
statt dessen die Betrachtung der Natur in ihrem wahren
Zustand setzen muß. Die Umarmung in *maithuna* bedeutet
eine Transformation der von ihr geweckten sexuellen Energie
und wird symbolisch als ein Aufwärtsströmen der Kraft von
den Lenden in den Kopf beschrieben. Im Yoga hat die

---

[4] Woodroffe (Bibl., S. 578) bemerkt, daß die Partner normalerweise ein
verheiratetes Paar sind, doch unter den besonderen Umständen einer
polygamen Kultur ist der weibliche Partner die ewige *dharma*-Gattin, die der
Mann aufgrund der Übereinstimmung ihrer Seelen erkoren hat. Die Vorstellung, daß der sexuelle Yoga etwas mit »schwarzer Magie« zu tun habe, ist eine
der zahlreichen Entstellungen asiatischer Philosophie, die von der Theosophie
in Umlauf gebracht wurde, dieser abendländischen Version hinduistisch-budd-
histischer Lehren mit einem Begriff des Bösen, der im wesentlichen christlicher
Herkunft ist. Die Theosophen wurden zunächst durch die Tatsache irregeführt,
daß diejenigen, die den sexuellen Yoga praktizierten, Anhänger des »Weges der
linken Hand« waren, ein Terminus, der mit den rein abendländischen
Assoziationen des »Sinistren« in Verbindung gebracht wurde. In der indischen
Symbolik führen die Wege der rechten und linken Hand jedoch nicht in
entgegengesetzte Richtung: sie treffen wie die zwei Hälften eines Kreises in
demselben Punkt zusammen. Der Weg der rechten Hand sucht die Befreiung
durch die Ablösung von der Welt, der Weg der linken Hand durch die
vollkommene Bejahung der Welt; der rechte symbolisiert den männlichen und
der linke den weiblichen Weg, auf dem der Mensch durch die Natur und durch
die Frau zur Befreiung gelangt. Daher heißt diese Disziplin *sahaja,* der
natürliche oder spontane Weg. Ferner muß daran erinnert werden, daß die
theosophischen Anschauungen die Prüderie des bürgerlichen England und
Amerika im 19. Jahrhundert spiegelten. Um ein ähnliches Mißverständnis
handelt es sich bei der theosophischen Erfindung einer »Loge« der »*dugpas*«
oder Schwarzmagier, die sich damals auf bloße Gerüchte über die heute
bekannte Drugpa-Sekte des tibetischen Buddhismus stützte. Über die komplexe metaphysische Symbolik der Figuren von *maithuna* und *yab-yum* (Tibet)
siehe S. B. Dasgupta (Bibl.), S. 98–134. Die Entsprechung ist nicht unbedingt
diejenige von Geist und Natur, sondern auch von Weisheit *(prajna)* und
Tätigkeit *(upaya),* von Leere *(sunyata)* und Mitleid *(karuna).*

menschliche Anatomie bekanntlich eine bestimmte Symbolik, in der die Wirbelsäule als Lebensbaum dargestellt ist, dessen Wurzeln in die untere Welt und dessen Zweige oder Blüten in den Himmel unterhalb des »Firmaments« des Gehirns reichen. Die Basis dieses Baumes der Wirbelsäule ist der Sitz von *kundalini,* der »Schlangenkraft«, eines Sinnbilds der göttlichen Lebenskraft, die sich in der Welt verkörpert und unter der Illusion von *maya* schlummert. Yoga-Praxis besteht darin, die Schlange zu erwecken und den Baum empor in den Himmel zu leiten, von wo sie befreit das »Sonnentor« am Scheitelpunkt des Hauptes durchschreitet. Wenn die Schlangenkraft an der Basis der Wirbelsäule ist, manifestiert sie ihre Macht als Sexualenergie; wenn sie in die Krone des Baumes aufsteigt, äußert sie sich als spirituelle Energie.

Gemäß der tantrischen Symbolik wird im gewöhnlichen Sexualakt die Energie der *kundalini* geweckt, aber einfach vergeudet. Sie kann jedoch in der prolongierten Umarmung transformiert werden, wobei der männliche Orgasmus zurückgehalten und die Sexualenergie in eine Kontemplation des Göttlichen umgeleitet wird, die sich in der Frau inkarniert.[5] Die Partner sitzen einander mit gekreuzten Beinen in Meditationshaltung gegenüber, die Frau umfaßt die Taille des Mannes mit ihren Schenkeln, die Arme um seinen Hals geschlungen. In dieser Stellung, die für Bewegung ungeeignet ist, sollen die Partner verweilen und ihre Umarmung so prolongieren, daß der Austausch zwischen ihnen passiv und rezeptiv, nicht aktiv wird. Es wird nichts *getan,* um die Sexualenergie zu erregen. Man läßt ihr freien Lauf, ohne sie durch die Vorstellungskraft oder den Willen »fassen« oder benützen zu wollen. Dabei werden Geist und Sinne nicht der Phantasie überlassen, sie bleiben einfach offen für das, »was ist«, ohne daß man – wie wir in der Umgangssprache sagen würden – versucht, etwas »daraus zu machen«.

---

[5] Die taoistische Praktik gestattet den Orgasmus nach einiger Zeit, und der weibliche Orgasmus wurde für die männliche Kraft als nährend und stärkend angesehen. Siehe Needham, Bd. 2, S. 149f.

Wer als moderner westlicher Mensch ein Verständnis dieser Dinge gewinnen will, muß sich davor hüten, die Symbolik von *kundalini* und des Aufsteigens der Sexualenergie mit irgendeinem physiologischen Vorgang zu verwechseln. Anatomische Symbole dieser Art sind uns so fremd, daß sie einem Verständnis ihrer wirklichen Bedeutung eher hinderlich als förderlich wären. Außerdem sind fast alle antiken Auffassungen der Sexualität an Vorstellungen über den Samen und seine Eigenschaften gebunden, die wir heute nicht mehr teilen. So sehen wir den Samen nicht mehr als eine vitale Flüssigkeit an, die wie das Blut erhalten werden muß. Die wissenschaftliche Physiologie unterstützt nicht die Meinung, daß der Ausfluß des Samens die Manneskraft schwäche, und daher hat die bloße Vermeidung des Orgasmus nur wenig Bedeutung in der heutigen Anwendung des sexuellen Yoga.

Der Sinn dieser alten Vorstellungen liegt für uns weniger in ihren konkreten technischen Aspekten als in ihrer psychologischen Intention. Sie drücken eine Einstellung zur Sexualität aus, die, wenn wir sie uns zu eigen machen könnten, mehr als alles andere dazu beitragen könnte, die Verwirrungen und Frustrationen unserer ehelichen und sexuellen Beziehungen zu heilen. Wir müssen also die dem Tantrismus und Taoismus zugrundeliegende Philosophie der Sexualität von ihren symbolischen und rituellen Elementen trennen, die für uns keine Bedeutung haben, und prüfen, ob wir die Grundgedanken im Rahmen unserer eigenen Kultur anwenden können.

Um zu klären, worauf der sexuelle Yoga eigentlich abzielt, müssen wir seine Anwendung im Zusammenhang mit den grundlegenden Prinzipien der buddhistischen und taoistischen Philosophie untersuchen. Dem Buddhismus geht es vor allem darum das Bewußtsein frei von *trishna*, dem zupackenden Begehren, zu halten, ohne daß den Sinnen ein verzerrtes, fragmentarisches Bild der Welt geboten wird. Das Grundprinzip des Taoismus unterscheidet sich nur in der Terminologie und heißt *wu-wei,* das bedeutet Nichteingreifen in das Tao oder den Lauf der Natur, die organische und spontane Übereinstimmung des Menschen mit seiner Umgebung. Beide, das buddhistische *dhyana* (das japanische *zen*) und das taoistische *kuan,* meinen die kontemplative oder sinnlich offene Einstellung zur Erfahrung. In ihren entsprechenden Yoga-Formen üben beide die »Kontrolle des Atems«, weil der Rhythmus des Atems die gesamte Disposition des Organismus bestimmt. Diese Einstellung zum Atmen ist ein wesentlicher Schlüssel zum Verständnis der östlichen Einstellung zur Sexualität.

Nach bestimmten Darstellungen wird die vollkommene Meisterschaft des Atmens dann erreicht, wenn der Rhythmus zu einem völligen Stillstand kommt, ohne daß das Leben aufhört. Dies ist offensichtlich eine wörtliche Übertreibung der Interpretation von *nirvana* im Sinne von »ausgeatmet«. In Wirklichkeit besteht die »Kontrolle des Atems« darin, den Atem zwanglos und unverkrampft kommen und gehen zu lassen, wie er will. In der Folge verlangsamt der Rhythmus sich automatisch, und er fließt geschmeidig ein und aus, ohne jedes röchelnde oder zischende Geräusch, *als ob* der Atem zum Stillstand gekommen wäre. Dies ist sowohl ein Symbol als auch eine praktische Hilfe, um das ganze Leben kommen und gehen zu lassen, ohne nach ihm zu greifen, da die Weise, wie ein Mensch atmet, bezeichnend dafür ist, wie er lebt.

Auch das angebliche Zurückhalten des männlichen Orgasmus in der sexuellen Sphäre ist wie das Zurückhalten des Atems eine zu wörtliche Auslegung. In beiden Fällen kommt es nicht darauf an, etwas zurückzuhalten, sondern darauf, es nicht zu forcieren. So wie die Kontemplation der Bewegung des Atems diesen automatisch verlangsamt, so wird auch der Orgasmus durch die sexuelle Kontemplation natürlich hinausgezögert. Nicht im prolongierten und bewegungslosen Geschlechtsakt als solchem liegt der Wert, sondern in der Spontaneität des sexuellen Vorgangs, und dieser ist erst dann möglich, wenn das Ich, die sexuelle Lust als Zwang, verschwunden ist. So kommt der Orgasmus spontan *(tzu-jan),* wenn er von alleine und zu seiner Zeit eintritt und wenn der übrige Körper mit seiner Bewegung darauf *antwortet.* Der aktive oder forcierte Sexualakt ist die bewußte Nachahmung von Bewegungen, die sich von selbst einstellen sollten. Wenn die offene Haltung des Geistes und der Sinne gewährleistet ist, dann wird die sexuelle Liebe zu einer Offenbarung. Lange bevor der männliche Orgasmus einsetzt, manifestiert sich der sexuelle Impuls, psychologisch gesprochen, als eine Wärme zwischen den Partnern, so daß sie buchstäblich ineinander zu verschmelzen scheinen. Anders ausgedrückt, verwandelt »körperliche Lust« sich in die rücksichtsvollste und zärtlichste Form der Liebe, die man sich vorstellen kann.

Ein wertvoller Versuch, etwas Ähnliches für moderne Lebensverhältnisse zu erarbeiten, wurde durch v. Urban (siehe Bibl.) unternommen, doch für unseren Zusammenhang ist seine Auffassung zu stark an die Sexualhygiene gebunden, mit technischen Anweisungen, die zu rigoros und zu wenig flexibel anmuten. So wie die tantrischen Darstellungen durch eine komplizierte anatomische Symbolik überlagert sind, so hat auch v. Urban gewagte Spekulationen über eine elektrische Strömung zwischen den Geschlechtspartnern eingeführt, die an die Orgon-Theorie von Wilhelm Reich erinnern. Ein mechanistischer Symbolismus geheimnisvoller »Kräfte« und »Säfte« zur Erklärung des intensiven Gefühlsaustausches zwischen den Partnern ist jedoch in einer Naturphilosophie überflüssig, die der Tatsache Rechnung trägt, daß der Organismus nur durch die Beziehung zum anderen Menschen und zu seiner Umwelt existiert. Die sexuelle Liebe im kontemplativen Geist schafft lediglich die Bedingungen, unter denen wir unserer Wechselbeziehung und unserer »Einheit« mit dem Partner inne werden können.

Dieser Punkt ist so wichtig, daß eine Wiederholung angebracht scheint: Die kontemplative Liebe – wie die kontemplative Meditation – ist erst in zweiter Linie eine Sache der Technik. Denn sie hat kein bestimmtes Ziel; sie will kein besonderes Ereignis herbeiführen. Es ist einfach so, daß ein Mann und eine Frau sich auf ihre spontanen Empfindungen einlassen – ohne vorgefaßte Idee, worin diese Empfindungen bestehen sollen, denn in der Sphäre der Kontemplation geht es nicht darum, was sein soll, sondern was *ist*. In einer Welt der Uhren und Terminkalender ist die einzige technische Erwägung, die wirklich wichtig ist, diejenige, sich genügend Zeit zu nehmen. Doch damit ist weniger die Uhrzeit, sondern die psychologische Zeit gemeint, die Einstellung, die Dinge von selbst geschehen zu lassen, den nicht besitzergreifenden, gelassenen Austausch der Sinne mit den Objekten. Weil diese Einstellung fehlt, erreicht der Großteil der sexuellen Erfahrungen in unserer Kultur nicht das Niveau, das sie erreichen könnten.[6] Die Liebesbegegnung ist kurz, der weibliche Orgasmus relativ selten und der männliche Orgasmus überstürzt oder durch vorschnelle Bewegung »forciert«. Im Gegensatz dazu ermöglicht die kontemplative und inaktive Form des Verkehrs, den Austausch beinahe unbegrenzt zu verlängern und den männlichen Orgasmus ohne Unbehagen oder die Notwendigkeit, die volle Aufmerksamkeit von der Situation abzulenken, zu verzögern. Wenn der Mann sich an dieses Vorgehen gewöhnt hat, kann er außerdem den Verkehr über eine viel längere Zeit

---

[6] Kinsey (Bibl., S. 580) stellt fest, daß »etwa drei Viertel aller Männer den Orgasmus innerhalb von zwei Minuten nach Aufnahme der sexuellen Beziehung erreichen; eine nicht unerhebliche Anzahl davon erreicht die Klimax in weniger als einer Minute oder sogar innerhalb von zehn oder zwanzig Sekunden nach dem Koitus«. Er fährt fort mit dem Hinweis darauf, daß dies durchaus natürlich ist, wenn man den Menschen mit anderen Säugetieren vergleicht, doch dadurch wird es leider für die meisten Frauen schwierig, einen Orgasmus zu erleben. Er meint daher, daß man dem »Mann eine geradezu abnorme Fähigkeit zumute, die sexuelle Aktivität ohne Ejakulation zu verlängern, wenn man von ihm verlangt, daß er seine Partnerin befriedigen soll«. Ford und Beach (Bibl., S. 30–31) haben darauf hingewiesen, daß wir wenig Beweismaterial besitzen, um das Vorkommen des weiblichen Orgasmus bei Säugetieren zu bestimmen, daß er aber bei Primaten wahrscheinlich selten oder gar nicht eintritt. Die beträchtlichen physischen Unterschiede zwischen dem Menschen und den höheren Säugetieren nötigen uns jedoch zur Vorsicht bei der Definierung dessen, was für den Menschen »natürlich« ist. Kinseys umstrittene statistische Schätzungen lassen sich mit denjenigen von Dickinson und Beam (Bibl.) vergleichen, die von Ford und Beach (S. 32) zitiert werden. Laut diesen Angaben dauert der Geschlechtsverkehr bei 74 Prozent von 362 befragten amerikanischen Paaren weniger als zehn Minuten und bei 91 Prozent weniger als zwanzig Minuten.

hin ausdehnen und auf diese Weise die größtmögliche Erfüllung der Frau gewährleisten.[7]

In einer der ersten Phasen der kontemplativen Liebe entdeckt man die tiefe Befriedigung ganz einfacher Berührungen, die gewöhnlich das »Vorspiel« des Geschlechtsakts genannt werden. Aber in einer Beziehung, die kein anderes Ziel hat als sich selbst, ist nichts ein bloßes Vorspiel. Man entdeckt, was es bedeuten kann, die andere Person einfach nur anzusehen, die Hände des anderen zu berühren oder seiner Stimme zu lauschen. Wenn diese Kontakte um ihrer selbst willen erlebt werden, ohne notwendigerweise zu etwas anderem zu führen, wenn sie einem zu Bewußtsein kommen, so daß alles Tun aus sich selbst, und nicht aus dem Willen geschieht, dann können sie zu Empfindungen von ungeheurer Subtilität und Fülle werden. In dieser Weise empfangen, gewinnt die äußere Welt eine Lebendigkeit, die man gewöhnlich nur von der Aktivität des eigenen Leibes her kennt, und daraus kommt die Empfindung, daß der eigene Körper die äußere Welt irgendwie miteinschließt.

Durch die Übung des *za-zen*, die »sitzende Meditation«, in dieser bestimmten Geisteshaltung entdeckten die japanischen Zen-Buddhisten, welche Möglichkeiten Künste wie die Teezeremonie *(cha-no-yu)* boten, in der man durch die einfache Form des geselligen Teetrinkens mit ein paar Freunden intensive ästhetische Freude erleben kann. Denn diese Kunst entwickelte sich zu einer kontemplativen Betrachtung der Schönheit, die man in den »primitiven« und anspruchslosen Geräten und in der natürlichen Einfachheit der Natur entdeck-

---

[7] *Karezza* oder der Verkehr ohne männlichen Orgasmus *(coitus reservatus)* kann auch auf diese Weise ausgeführt werden, doch sind die Meinungen über seine psychischen Auswirkungen geteilt, insbesondere bezüglich seiner häufigen Anwendung zur Empfängnisverhütung. Die möglichen psychischen Gefahren werden vielleicht durch die große Befriedigung der sexuellen Berührung in der kontemplativen Geisteshaltung verringert. Die »Spiritualität« von *karezza* ist jedoch mit unbewiesenen Vorstellungen der Sublimierung des Samens und des Verlust an psychischer »Kraft« durch die Ejakulation verbunden.

te: in den unbehauenen Felsblöcken im Garten, in der feinen Oberflächenstruktur der Papierwände und in der Maserung der rohen Holzbalken. Die Pflege dieser Betrachtung kann offensichtlich zu einem höchst raffinierten Snobismus führen, wenn man den Blick dabei auf sich selbst richtet – wenn es, mit anderen Worten, nicht um die Gegenstände der Betrachtung, sondern um die »Übung« der Betrachtung geht. Aus diesem Grund brauchen Liebende, die erst damit beginnen, sich auf diese Weise zu einander in Beziehung zu setzen, nicht zu denken, daß sie eine Fertigkeit einüben, mit bestimmten Normen der Vollkommenheit, die sie erreichen *sollten*. Es wäre schlicht absurd, wenn sie sich hinsetzen und sich bewußt darauf beschränken würden, den anderen anzuschauen, während sie gegen das intensive Verlangen ankämpfen, einander in die Arme zu sinken. Es geht darum, die Wunder der einfachen Berührungen zu entdecken, ohne eine Pflicht daraus zu machen, und deshalb ist es wohl besser, diese Art der Beziehung nach dem Verkehr zu erproben und nicht vorher.

Die Tatsache bleibt jedoch bestehen, daß Liebende, die sanft und ohne Eile zur Berührung übergehen, eine Situation schaffen, in der die Sinne wirklich lebendig sind. Wenn sie entdecken, was für ein tiefes Erlebnis es sein kann, sich bloß an den Händen zu halten, dann wird ein inniger Kuß oder auch nur die Nähe ihrer Lippen wieder so »elektrisierend« wirken wie bei der ersten Begegnung. Mit anderen Worten, sie entdecken, was ein Kuß *wirklich* bedeutet, so wie tiefe Liebe das offenbart, was andere Menschen wirklich sind: Wesen, die in Beziehung stehen, nicht isolierte Wesen.

Wenn wir sagen, daß solche Berührungen in die Bewegung münden, die zum Liebesakt führt, dürfen wir annehmen, daß dies von selbst so geschieht. Intimität führt nun einmal zur Leidenschaft und braucht nicht die Unterstützung des Willens. Doch es ist ein himmelhoher Unterschied, ob man die Nahrung hinunterschlingt, wenn man hungrig ist, oder ob man sie wirklich genießt. Es geht nicht nur darum, die Begierde zu zügeln, sondern man soll ihrer gewahr sein, indem man den ganzen Prozeß wahrnimmt, wie Organismus und Umwelt von sich aus in die Bewegung münden. Wie Führen und Geführtwerden bei guten Tänzern nicht zu unterscheiden ist, als wären sie ein einziges Wesen, so kommt in der sexuellen Berührung ein Augenblick, in dem eine gesteigerte Intimität sich mit einem außerordentlichen Grad an Wechselseitigkeit einstellt. Der Mann führt nicht, und die Frau folgt nicht einfach; die Beziehung zwischen Mann und Frau wird selbsttätig. Das Gefühl dieser Gegenseitigkeit ist etwas ganz anderes, als wenn der Mann den Sexualkontakt mit einer bereitwilligen Frau eröffnet. Seine »Initiative« und ihre »Erwiderung« scheinen die *gleiche* Bewegung zu sein.

In einem bestimmten, vorher nicht festgelegten Augenblick können sie zum Beispiel ihre Kleider ablegen, als ob die Hände des einen dem anderen gehörten. Die Geste hat weder etwas Unschönes noch etwas Dreistes. Sie ist der simultane Ausdruck einer Einheit jenseits der Masken des gesellschaftlichen Rollenspiels mit seinen Anstandsregeln, indem sie die intimen Körperregionen, die sonst »hinter die Bühne« verbannt sind, enthüllt und miteinander in Berührung bringt. Diese Regionen werden normalerweise besonders geschützt, weil sie hochsensibel und auf Beziehung angelegt sind. Von gleicher Sensibilität sind sonst nur noch die Augen, und daher vermeiden wir im gewöhnlichen Umgang mit Menschen einen längeren Augenkontakt wegen seiner peinlichen Intimität. Er berührt uns deshalb so peinlich, weil er eine Beziehung schafft, weil er die getrennten Rollen, die wir mit solcher Mühe aufrechterhalten, Lügen straft und sich über sie hinwegsetzt. Denn die sensibelsten Organe des Körpers, die auch unsere intimsten sind, sind nicht, wie man vielleicht annehmen würde, unsere »ichhaftesten«. Im Gegenteil, es sind diejenigen Organe, die am ehesten das Ich transzendieren, weil ihre Sensibilität den größten Kontakt mit der Außenwelt und die intimste Beziehung mit dem herstellt, was äußerlich gesehen das »Andere« ist.

Die psychische Entsprechung zu dieser körperlichen und sinnlichen Intimität ist eine ähnliche Offenheit für die Gedanken des anderen, und diese Form der Kommunion kann ebenso sexuell »aufgeladen« sein wie die physische Berührung. Dies ist das Gefühl, daß man seine Gedanken dem anderen gegenüber so ausdrücken kann, wie sie sind, weil nicht der geringste Zwang zur Verstellung vorhanden ist. Dies ist vielleicht der seltenste und schwierigste Aspekt jeder menschlichen Beziehung, da im gewöhnlichen gesellschaftlichen Umgang nichts so sorgfältig verborgen wird wie die spontanen Gedanken. Bei unbewußten und humorlosen Menschen, die ihre eigenen Grenzen nicht kennen und nicht akzeptieren, ist das fast unmöglich, denn die Dinge, die wir bei anderen am heftigsten kritisieren, sind gewöhnlich diejenigen, deren wir uns in uns selbst am wenigsten bewußt sind. Doch eben dies ist der wichtigste Teil einer tiefen sexuellen Beziehung, in der eine Verständigung sogar dann stattfindet, wenn die Gedanken nicht ausgesprochen werden.[8]

Bezeichnenderweise sagen wir im allgemeinen, daß wir bei den Menschen am meisten wir selbst sind, bei denen wir uns am spontansten ausdrücken können. Denn darin kommt bereits zum Ausdruck, daß das volle und wirkliche Selbst keine vom Willen bestimmte, absichtliche Funktion, sondern etwas Spontanes ist. In der gleichen Weise, wie unsere sensibelsten Organe geschützt sind, weil sie das Ich überschreiten und seine Fesseln sprengen, ist auch der Fluß des Denkens und Fühlens – unser

[8] Wir reden freilich hier von einer ganz besonderen Beziehung, wie sie in der normalen Ehe selten anzutreffen ist, denn diese wird zwischen emotional unreifen und gesellschaftlich fixierten Menschen geschlossen, während ein reiferer Partner seine Gedanken mit der größten Rücksichtnahme für den anderen äußern sollte. Rückhaltloser Selbstausdruck ist in Wirklichkeit nur eine Form von Egoismus, weil diese vollständige Mitteilung unter Umständen nicht angebracht ist. Obwohl es manchmal für einen Menschen »gut« sein mag, wenn man offen mit ihm redet, sollten Eheleute es sich am wenigsten angelegen sein lassen, einander gegenseitig bessern zu wollen. Es mag vielleicht zynisch klingen, jedoch im Sinne eines gutmütigen, menschlichen Zynismus, wenn wir annehmen, daß unser Ehepartner so bleiben wird, wie er nun einmal ist, und daß wir mit seinen Grenzen leben müssen. Wenn man sich überhaupt ändert, muß man mit dieser Einsicht beginnen. Denn darin drückt sich bereits ein tiefes Annehmen des anderen aus, das durch eine Art psychischer Osmose zum gegenseitigen Annehmen führen kann.

»inneres Selbst« – die spontanste, von allen Rollen freie Aktivität. Je innerlicher und je mehr von der Wesensmitte ausgehend eine Handlung ist, desto weniger Anteil hat sie an den Masken des Ichs. Die Bloßlegung des Gedankenflusses vor einem anderen Menschen kann daher eine tiefere sexuelle Bedeutung haben als physische Nacktheit.

In der kontemplativen Liebe sprechen wir nicht vom sexuellen »Akt«, denn mit dieser Ausdrucksweise dissoziieren wir ihn von allem übrigen. Ein Grund, warum Sex zum Gegenstand schlüpfriger Witze wurde, liegt nicht zuletzt darin, daß es lächerlich erscheint, den Geschlechtsakt zu einem bestimmten Zweck und mit bewußter Absicht »durchzuführen«, auch wenn man ihn wie die Chinesen malerisch als eine »Blumenschlacht« beschreibt. Wir wollen für diese freieste aller menschlichen Verbindungen keine Regeln aufstellen, aber sicher ist es am besten, wenn man sie ohne bewußte Aktivität auf sich zukommen läßt. Denn wenn das Paar einander so nahe ist, daß die Geschlechtsteile sich berühren, dann bedarf es nur des gelassenen Stillehaltens, so daß die Frau, wenn die rechte Zeit dafür gekommen ist, das Glied des Mannes in sich aufnehmen kann, ohne daß es sie aktiv durchdringt.[9]

An diesem Punkt ist es das Beste, mit offener Aufmerksamkeit einfach zu warten. Wenn kein Versuch gemacht wird, den Orgasmus durch körperliche Bewegung herbeizuführen, dann wird die gegenseitige Durchdringung des sexuellen Zentrums zu einem Kanal für den lebendigsten seelischen Austausch. Wenn keiner der beiden Partner in das Geschehen eingreift,

---

[9] Von Urban empfiehlt nicht die »tantrische« Position mit gekreuzten Beinen, die naturgemäß denjenigen schwerfällt, die an diese Sitzhaltung nicht gewöhnt sind. Statt dessen schlägt er vor, daß die Partner im rechten Winkel zueinander liegen, die Frau in Rückenlage, mit einem Bein zwischen den Schenkeln des Mannes und dem anderen auf seiner Hüfte. Auf diese Weise findet eine rein genitale Berührung statt, und die ganze Beziehung »strömt« durch dieses Zentrum. Dies ist eine ausgezeichnete Lage für den Anfang, aber man braucht keine feste Regel daraus zu machen, obwohl es ein außerordentlich intensives Erlebnis bedeutet, das ganze Gefühl nur durch das sexuelle Zentrum fließen zu lassen. Die »Aufnahme« des männlichen Gliedes hängt natürlich von einer genügenden Ausscheidung der Vaginalsekrete ab.

können sie sich völlig dem hingeben, was durch den Prozeß selbst ausgelöst wird. Das Gefühl des Einsseins mit dem anderen erreicht einen Grad besonderer Intensität, und doch scheint es, als ob zwischen ihnen ein neues Leben mit seiner eigenen Identität sich bildete. Dieses Leben – man könnte auch sagen: dieses Tao – hebt sie über sich hinaus, so daß sie sich gemeinsam von einem Lebensstrom getragen fühlen, den man nur kosmisch nennen kann, weil kein »Du« oder »Ich« mehr etwas vollzieht. Obgleich der Mann nichts tut, um den Orgasmus herbeizuführen oder zurückzuhalten, kann dieser Austausch eine Stunde oder länger dauern. In dieser Zeit kann der weibliche Orgasmus mehrere Male mit nur geringer Stimulierung stattfinden, je nachdem, wie sehr die Frau fähig ist, sich diesem Prozeß einfach zu überlassen.

Allmählich fällt von den Partnern die Sorge ab, ob der Orgasmus eintreten wird oder nicht, und so können sie sich allen Formen des sexuellen Spiels hingeben, so aktiv und selbst gewaltsam diese auch sein mögen. Dieses Spiel ergibt sich von selbst; es ist eine Sache des unmittelbaren Gefühls, nicht einer erlernten Technik. Es ist die Antwort auf den wunderbar überwältigenden Drang, sich dem anderen mit allen Sinnen zu öffnen. Es kann sich aber auch so vollziehen, daß die Partner es vorziehen, einfach stillzuhalten und zuzulassen, daß der Prozeß sich auf der Ebene des reinen Fühlens entfaltet, was meistens wohl der tiefere und seelisch befriedigendere Weg ist.

Die Gefühle, die auf dem Höhepunkt des Verkehrs als Empfindungen äußerster Lust – welch ein unzulängliches Wort! – gelten, sind einfach *ananda,* die Ekstase der Wonne, welche die Erfahrung einer Beziehung im Unterschied zum isolierten Selbst begleitet. »Hingabe« drückt diese Gestimmtheit besser aus als »Lust«, weil die beiden Individuen sich dem Prozeß ihrer Beziehung zueinander hingeben, und dieses Aufgeben des eigenen Willens kann sich so steigern, daß es zu einem Verlangen wird, das Leben selbst hinzugeben – im anderen zu vergehen. De Rougemont behauptet zu Unrecht, wie ich meine, daß dieses »Todesverlangen« bloße Leiden-

schaft oder Eros von der göttlichen Liebe oder Agape
unterscheidet. Er ist der Ansicht, daß die erstere als rein
kreatürliche Liebe das Nichtsein erstrebt, aus dem es hervorging, während die letztere die Liebe des Schöpfers ist, die nach
Leben strebt, weil ihr Ursprung das reine Sein ist. Diese
Anschauung läßt das Mysterium von Tod und Auferstehung
völlig außer acht, diese christliche Version der weit verbreiteten
Wahrheit, daß Tod und Leben keine Gegensätze, sondern sich
gegenseitig bedingende Aspekte des Ganzen sind, so daß
Leben durch das Eingehen in den Tod entsteht und umgekehrt.
Doch das Todesverlangen in der Liebe ist als Metapher zu
verstehen, das Aufgeben des Lebens ist ein Gleichnis für die
mystische, das Selbst transzendierende sexuelle Ekstase.
Ebenso, wie man im figurativen Sinn »sich selbst sterben«
kann, finden wir in der mystischen Literatur oft den Tod als
Sinnbild für den Prozeß der Verwandlung, durch den das
Individuum Göttlichkeit erlangt. Das ist nicht wörtlicher zu
verstehen als der »Tod« eines Samenkorns, das in die Erde
gepflanzt wird, oder einer Raupe, die in ihrer Puppe
schlummert.
Die Hochstimmung der sexuellen Ekstase ist jedoch nicht
immer so überwältigend, daß sie den »Tod« ersehnt. Das
Gefühl der Hingabe oder des Sichverströmens kann sich
ebensogut in Fröhlichkeit ausdrücken, besonders dann, wenn
das Erlebnis tiefe Erfüllung bringt. So selten eine solche
Fröhlichkeit in Kulturen zu finden sein mag, in denen
Sexualität und Schuld miteinander verbunden sind, so löst die
Befreiung vom Ich in der Liebesbeziehung Heiterkeit aus,
ebenso wie beim mystischen Erlebnis. Erinnern wir uns daran,
daß Dante den Gesang der Engel im Himmel als »Lachen des
Universums« beschrieb. »Die Liebe«, sagt Coventry Patmore,
»erhebt den Geist über die Sphäre der Ehrfurcht und Verehrung in die des Lachens und Scherzens.« Das gilt vor allem
dann, wenn die Partner sich nicht angestrengt bemühen, ihre
Liebe zu einem »wirklichen Erlebnis« zu machen. Die besitzer-
greifende Einstellung zur Sexualität zerstört vor allem ihre

Fröhlichkeit und blockiert ihre tiefste und geheimnisvollste Quelle. Denn die Schöpfung hat in Wahrheit keinen anderen Grund als den der reinen Freude.

Das rechte Maß für die Dauer dieses Spiels richtet sich nach keiner Uhr. Wir wiederholen noch einmal, daß seine Zeitlosigkeit nicht durch Ausdauer und auch nicht durch bloße Dauer erreicht wird, sondern durch die Abwesenheit von Absicht und Eile. Die schließliche Befreiung des Orgasmus wird weder forciert noch zurückgehalten, sondern der Höhepunkt darf einfach »kommen«, wie wir ja auch umgangssprachlich sagen, aus dem intuitiven Wissen, daß er keine Tat, sondern ein Geschenk und eine Gnade ist. Wenn dieses Erlebnis über die offenen Empfindungen hereinbricht, dann findet nicht nur ein bloßes »Niesen in den Lenden«, eine Entladung physischer Spannung statt, sondern eine Explosion, deren äußerste Funken die Sterne sind.

Das mag denen ehrfurchtslos oder zu anspruchsvoll erscheinen, die nicht gewillt sind, das Ganze zu fühlen, und die sich weigern, etwas Mystisches oder Göttliches in dem Augenblick der Geburt des Lebens zu sehen. Aber gerade dadurch, daß wir diesen Augenblick als eine animalische Zuckung betrachten, offenbaren wir die tiefe Kluft zwischen uns und dem Leben. Genau an diesem äußersten Punkt müssen wir die Einheit zwischen dem Physischen und dem Spirituellen finden, denn sonst ist unsere Mystik in ihrer Reinheit sentimental oder steril und unsere Sexualität vulgär. Ohne die Wollust der Sexualität im rechten Sinn des Wortes ist auch die Religion freudlos und abstrakt, und ohne die Selbsthingabe der Religion ist auch die Sexualität nur eine mechanische Selbstbefriedigung.

Auf dem Gipfel der Geschlechterliebe, der sich von selbst einstellt, erleben wir die Beziehung zu einem anderen Menschen in seltener Vollkommenheit, aber Vorurteile und mangelndes Feingefühl hindern uns zu erkennen, daß eine derartige Wonne unter anderen Umständen mystische Ekstase genannt würde. Denn was die Liebenden in diesem Augenblick füreinander empfinden, ist nichts anderes als Anbetung im vollen Sinn ihrer religiösen Bedeutung, und der Höhepunkt ist fast buchstäblich das Ineinanderströmen ihres Lebens. Eine solche Anbetung, die nur Gott gebührt, wäre in der Tat Götzendienst, wenn nicht die Liebe in diesem Augenblick die Illusion aufhöbe und den Geliebten als das zeigte, was er in Wahrheit ist – nicht der Mensch mit seinen gesellschaftlichen Masken, sondern das natürliche Göttliche.

Die mystische Schau kann, wie sich immer wieder gezeigt hat, nicht ständig auf dem Gipfel der Ekstase verharren. Wie in der Liebe führt die Ekstase zu Klarheit und Frieden. Das Nachspiel der Liebe ist nur dann eine Ernüchterung, wenn der Höhepunkt genommen, anstatt empfangen wurde. Aber wenn man das ganze Erlebnis als ein Geschenk hinnimmt, dann hat man danach das Gefühl, als sei die Welt auf wunderbare Weise verwandelt und doch dieselbe geblieben, und diese Wirkung bringt sowohl die Spiritualität als auch die Sexualität hervor. Denn Geist und Sinne brauchen sich jetzt nicht mehr zu öffnen; sie sind auf natürliche Weise offen, und es hat den Anschein, als ob die göttliche Welt nichts anderes sei als die alltägliche Welt. Der einfachste Anblick, die einfachsten Töne genügen, wie sie eben kommen und wie sie eben sind. Der Geist braucht sie nicht mehr beiseitezuschieben in seinem eiligen Bestreben, etwas Bedeutsameres zu finden. So erlebt man den Übergang von der Welt der Uhrzeit zur Welt der wirklichen Zeit als eine Einweihung, und die Ereignisse kommen und gehen in zwangloser Folge, im Einklang mit ihrer eigenen Zeit, nicht der Zeit des Willens. Wie der vollendete Sänger ein Lied nicht singt, sondern es mit seiner Stimme sich selbst singen läßt – da er sonst den Rhythmus verlieren und den Ton pressen würde –, so erkennt man, daß der Ablauf des Lebens sich von selbst vollzieht, in dem ewigen Strom, in dem das Aktive und Passive, das Innere und Äußere in eins zusammenfallen. So finden wir zuletzt das wahre Verhältnis des Menschen zur Natur, wie der chinesische Dichter[10] es bildlich zum Ausdruck brachte:

[10] *Teiwa shu*, II, nach der englischen Übersetzung von Ruth Fuller Sasaki, in: *Zen Notes*, III, 10. New York 1956.

Laßt uns leben
unter den weißen Wolken
und in den roten Wäldern;
laßt uns gemeinsam singen
die Lieder des Großen Friedens.

Literaturhinweise

Die folgenden Buchtitel stellen weder eine Bibliographie zum Thema
des Buches dar noch eine Liste der zu seiner Vorbereitung gelesenen
Werke, sondern lediglich eine Dokumentation der erwähnten oder
zitierten Quellen.

Avalon, A. (Sir J. Woodroffe), *Shakti und Shakta.* Lehre und Ritual
der Tanta-Shāstras. O. W. Barth Verlag, Weilheim 1962.

Augustinus, *Der Gottesstaat* (De civitate Dei).

Bateson, G., D. D. Jackson, J. Haley und J. H. Weakland, »Towards
a Theory of Schizophrenia«, in: *Behavioral Science,* Bd. 1, 4. 10.
1956, S. 251–64.

Bonpensiere, L., *New Pathways in Piano Technique,* Philosophical
Library, New York 1953.

Burrow, T., *Science and Man's Behavior,* Philosophical Library, New
York 1953.

Ch'u Ta-kao, *Tao Te Ching,* The Buddhist Society, London 1937.

Coomaraswamy, A. K., *The Dance of Shiva,* Noonday Press, New
York 1957.

Dasgupta, S. B., *An Introduction to Tantric Buddhism,* University of
Calcutta Press 1950.

De Rougemont, D., *L'amour et l'Occident,* erw. Ausgabe, Plon, Paris
1956 (engl.: *Love in the Western World,* Pantheon Books, New
York 1956).

Dickinson, R. L. und L. A. Beam, *A Thousand Marriages,* Williams
and Wilkins, Baltimore 1931.

Eckermann, J. P., *Gespräche mit Goethe.*

Ellis, H., *Studies in the Psychology of Sex,* 2 Bde., Random House,
New York 1942.

Evans, C. de B., *Meister Eckhart,* 2 Bde., Watkins, London 1924.

Ford, C. S. und F. A. Beach, *Patterns of Sexual Behavior,* Harper, New
York 1951.

Freud, S., *Gesammelte Werke,* London 1946ff. (1) Das Unbehagen in
der Kultur, Wien 1930 – London 1948, Bd. XIV. – (2) Ratschläge
für den Arzt in der psychoanalytischen Behandlung, Bd. VIII,
S. 376ff.

Fung Yu-Lan, *History of Chinese Philosophy,* 2 Bde., Princeton
University Press 1953.

Giles, H. A., *Taoist Teachings,* Translations from Lieh-tzu, John
Murray, London 1925.

Guénon, R., *Introduction to the Study of the Hindu Doctrines*, Luzac, London 1945.

Hume, D., *Traktat über die menschliche Natur*, Felix Meiner, Hamburg, 3. Aufl. 1978.

Jung, C. G., *Antwort auf Hiob*, Rascher, Zürich 1953.

Kinsey, A. C., W. B. Pomeroy und C. E. Martin, *Das sexuelle Verhalten des Mannes*, G. B. Fischer 1955.

Lin Yutang. (1) *My Country and My People*, Halcyon House, New York 1938. – (2) *The Wisdom of Lao-tzu*, Modern Library, New York 1948 (deutsch: Laotse, Tao te king, Fischer-Bücherei, Frankfurt 1956).

Needham, J., *Science and Civilization in China*, 2. Bd., Cambridge University Press 1956.

Northrop, F. S. C., *The Meeting of East and West*, Macmillan, New York 1946.

Reich, W., *Die Funktion des Orgasmus*, Nachdruck der Ausgabe: Bumms-Verlag, Hamburg (Underground Press, Berlin 1968).

Siu, R. G. H., *The Tao of Science*, John Wiley, New York 1957.

Suzuki, D. T. (1) *Essays in Zen Buddhism*, 2. Bd., London und Kyoto 1933, 2. Aufl., Rider, London 1950. – (2) *Manual of Zen Buddhism*, Kyoto 1935, 2. Aufl. Rider, London 1954. – (3) *Training of the Zen Buddhist Monk*, Eastern Buddhist Society, Kyoto 1934.

Taylor, G. R., *Sex in History*, Thames and Hudson, London 1954.

Vatsyayana, *Kamasutram*. Die indische Liebeskunst, Kindler, München 1966.

Von Urban, *Sex Perfection and Marital Happiness*, Dial Press, New York 1955.

Waley, A., *The Nō Plays of Japan*, Allen and Unwin, London 1950.

Watts, A. W. (1) *The Supreme Identity*, Noonday Press, New York 1957. – (2) *Mythos und Ritus des Christentums*, O. W. Barth, München-Planegg 1956.

Welch, H., *The Parting of the Way*, Beacon Presss, Boston 1957.

Whitehead, A. N., *Wissenschaft und moderne Welt*, Conzett und Huber, Zürich 1949.

Whyte, L. L., *The Next Development in Man*, Henry Holt, New York 1948.

Zimmer, H. (1) *Myths and Symbols in Indian Art and Civilization*, Pantheon Books (Bollingen Series), New York 1946. – (2) *Philosophie und Religion Indiens*, Suhrkamp, Frankfurt/M. 1976. – (3) *The Art of Indian Asia*, 2 Bde., Pantheon Books (Bollingen Series), New York 1955.

Weitere Werke von Alan Watts

Psychotherapie und östliche Befreiungswege
1981. 216 Seiten. Kartoniert

In den westlichen Ländern nimmt das Interesse, vor allem der jungen Menschen, an östlicher Philosophie und Meditation weiter zu. Gleichzeitig wächst die Kritik an im Westen entwickelten Verfahren der Bewußtseinsveränderung, insbesondere an der Psychoanalyse, deren Ergebnisse vielfach enttäuscht haben. Alan Watts vergleicht östliche und westliche Psychotherapie und fördert verborgene, höchst bedeutsame Aspekte beider zutage.

Die Illusion des Ich
Westliche Wissenschaft und Zivilisation in der Krise. Versuch einer Neuorientierung
1980. 160 Seiten. Kartoniert

Was wir dringend brauchen, ist ein neues Verständnis unserer Existenz, das mit den Tatsachen der Physik vereinbar ist und unser Gefühl der Entfremdung vom Universum zu bewältigen hilft: Alan Watts öffnet den Weg zu einem neuen Verständnis unserer Existenz, indem er auf Einsichten der hinduistischen Vedanta-Lehre zurückgreift. Dabei gelingt ihm in zeitgemäßer, humorvoller Neuformulierung eine Synthese von westlicher Wissenschaft und östlicher Intuition.

Kösel